I0645980

Ashot Yerkat

Bagrat Ayvazyan

ԱՇՈՏ ԵՐԿԱԹ

ԲԱԳՐԱՏ ԱՅՎԱԶՅԱՆ

Ashot Yerkat

Copyright © 2015, Indo-European Publishing

All rights reserved.

Contact:

IndoEuropeanPublishing@gmail.com

ISNB: 978-1-60444-828-3

Աշոտ Երկաթ

© Հնդեվրոպական Հրատարակչություն, 2015

Հրատարակված է Ամերիկայի Միացյալ Նահանգներում:

Կապ՝

IndoEuropeanPublishing@gmail.com

ISNB: 978-1-60444-828-3

ՄԱՍՆ ԱՌԱՋԻՆ

Ա

Կապույտ[1] բերդը պաշարված էր ...

Դեռ նոր էր բացվել գարունը, նոր հալվել ձյունն ու սառույցը և թավշյա կանաչով պատել բերդի շրջակայքը, երբ Յուսուֆ սպարապետը յուր հրոսակներով կանգ առավ Կապույտ բերդի պատերի տակ և բազմաթիվ սպիտակ վրաններով շրջապատեց բերդը, ուր ամրացել էր հայոց թագավոր Սմբատը յուր հավատարիմ խմբով:

Արեգակը նոր էր թաքնվել լեռների քամակին՝ յուր ետևից թողնելով ծիրանագույն շերտեր, որոնք հետզհետե անհետանում էին, մեկ գույն մյուսի հետ խառնվում, ոչնչանում և ապա թողնում ամպերի գորշ կույտեր: Կամաց-կամաց հեռավոր լեռներն ընկղմվում էին խավարի մեջ և անհետանում, այնինչ Կապույտ բերդի շրջակա բլուրները և դաշտերը ծածկվում էին խարույկներով:

Մեկը մյուսի ետևից աճում էին խարույկները և գիշերային խավարի մեջ տարածում իրենց կարմրած ծիրանագույն ցոլքերը, որոնց թույլ փայլի տակ, ինչպես մի վիթխարի, մեջտեղը կանգնել էր Կապույտ բերդը և դառն արհամարհանքով նայում էր խարույկներին...

Բայց խարույկների առաջ վխտում էին Յուսուֆի զինվորները դաժան և ահարկու տեսքով. սոցանից մի քանիսը թեք էին ընկած կրակի շուրջը և պատմում էին իրար իրենց ախրագործությունները. նրանք

---

[1] Կապույտ բերդը գտնվում է Արարատյան երկրում և կառուցված էր Կապույտ կոչված քարանձավի վրա, Երասխ գետի ձորում: Այս գավառը Երասխի ձորի անունով էլ կոչվում էր Երասխաձոր: Ստեփանոս Օրբելյանը այս ձորը կոչում էր նաև Աշորնյաց (կամ Արշարունյաց): Այս բերդը չպետք է խառնել Սունյաց երկրում գտնվող Հրաշկաբերդի հետ, որ կոչվում էր նաև Կապույտ բերդ Վայոց ձորի:

Ինճիճյան. Հին Հայաստան, էջ 398.

Մեզ ավելի հավանական է կարծես, որ «ամուրք Կապույտ լերին» ասածը կամ Պարխա լեռների մեջ գտնվող Գյոք դաղն է (Կապույտ սար) և կամ նույնիսկ Կապույտ բերդն է, որ իբրև անառիկ տեղ հայտնի է մեր պատմության մեջ և գտնվում էր Արշարունիքում, ոչ հեռու այն տեղից, ուր խառնվում է Ախուրյանը Երասխի հետ՝ Բորդողի հյուսիսային թևում:

Ոմանք Արտագերսն ու Կապույտ բերդը նույնն են համարում , բայց Եղիշեն Արտագերսի և կապույտի անուններն առանձին է հիշում:

Կ. Կոստանյանց, «Հյուսվածք», գիրք երրորդ, էջ 125:

ծիծաղում էին, հռհռում: Մյուս խարույկի մոտ, ընդհակառակը, զինվորները խմբվել էին մի կրակի շուրջը, ուր փայտյա շամփրի վրա խորովվում էր մի ամբողջ ոչխար: Հայաստանի օդն ու ջուրը նրանց ախորժակը բաց էր արել. իսկ կերակուր ամեն կողմ կար, հարկավոր էր մի փոքրիկ արշավանք գործել մոտակա գյուղերը, և ահա ոչխարների հոտերը պատրաստ էին նրանց անկուշտ որովայնը հագեցնելու:

Արաբական վրանից մի փոքր ցած, բաց երկնքի տակ, կանաչ խոտի վրա, համարյա իրար վրա թափված էր խառնիճաղանջ մի բազմություն՝ բաղկացած կանանցից և երիտասարդներից, որոնց վզերից, իրարից շատ մոտիկ, անցկացրած էին շղթաներ: Նրանք ծանր կերպով հեծեծում էին, շղթաների ամուր կապերը ուռցրել էին նրանց վզերը, իսկ պատառոտուն հանդերձների տակից, մերկ մարմիններից հոսում էր արյունը, որով ողողվում էին դաշտի ծաղիկները: Սարսափելի, աղիողորմ տեսարան էր ներկայացնում այդ վայրը, ուր խմբված էին հայ գերիները և որոնց շուրջը պտտվում էին արաբ զինվորներն իրենց արյունաթաթախ նիզակներով:

Դեռ անցյալ օրը այդ գերիները ազատ, իրենց հարկի տակ, իրենց սիրելիների գրկումն էին, երբ վրա հասան անգութ Յուսուֆի հրոսակները և ծերերին ու անկարներին սպանելով, իրենց աչքի առաջ մորթոտելով իրենց փայփայած զավակներին, ծանր շղթաներով շղթայեցին նրանց և քարերի ու մացառների միջով, նիզակներով և սրերով քշելով հոգնած, քաղցած ու ծարավի տարան մինչև Կապույտ բերդի պարիսպները: Ո՞ւր պիտի տանեն նրանց, ի՞նչ պետք է անեն նրանց հետ:

— Ո՜հ, պապակեցա, մի կաթիլ ջուր, — շշնջում էր մի նորատի գեղեցիկ աղջիկ և վայրենի հայացքը դարձնում շուրջը:

— Մեռա՜, շղթան մի՛ ձգիր, մոտեցի՛ր ինձ, — կրկնում էր մի ուրիշը, որ սարսափից ապշության մեջ ընկած՝ ուժով ձգում էր յուր ընկերոջ շղթան:

Բայց ողորմելիների հեծկլտանքի պատասխանը լինում էր պահապանների մտրակների և նիզակների հարվածները, որոնք մեկը մյուսի ետևից անխնա իջնում էին սրա ու նրա գլխին:

Ցավից նրանք մի փոքր լռում էին և ապա միաձայն, իբրև մի մարմին, արսափելի կերպով հառաչում...

Թող հառաչեն, թող հեծկլտան որքան կուզեն, ո՞ւմ ինչ փույթ: Դրանք ընտրված գեղեցիկ կանայք ու պատանիներն էին, որոնք վաղ թե ուշ պիտի վաճառվեին և կամ զինվորների կրքերին զոհ գնային:

Մի այլ բանակ բռնել էր Կապույտ բերդի աջակողմը:

Այդտեղ էլ շարված էին վրաններ, այդտեղ էլ վառվում էին խարույկներ, բայց այդտեղի զինվորները բոլորովին այլ տպավորություն էին թողնում: Սրանց դեմքն այնքան ահարկու և վայրենի չէր, ինչպես առաջիններինը և այնքան խիստ ու ահարկու տպավորություն չէր գործում: Թուխ դեմքերով էին, բայց կորովի և քաջ, և հայկական արյունը հոսում էր նրանց երակների մեջ: Այդ գունդը հայկական գունդն էր, որ բռնում էր Յուսուֆ ոստիկանի աջ կողմը և արաբական հրոսակների հետ միասին եկել պաշարել էր Կապույտ բերդը: Նա հայոց թագավորին բռնել էր ուզում: Նա ծարավի էր նրա արյան... Ինչո՞ւ, ի՞նչ էր պատահել, և ինչո՞ւ հայը հայի դեմ էր զինվել... Բայց այդ ինչ զինվորների գիտենալու բանն էր, նրանց հրամայված էր կռվել հայոց թագավորի դեմ, և նրանք պիտի կռվեին: Նրանցից շատերը թեև զգում էին իրենց արարքի վատությունը, բայց լռում էին: Նրանք վախենում էին իրենց իշխան Գագիկից, որի հրամանատարության տակ եկել, ժողովվել էին այդտեղ: Եվ Արծրունյաց իշխան Գագիկի գունդը վաղը առավոտյան պիտի կռվեր ու գերեր հայոց թագավորին և հանձներ արաբական Յուսուֆ սպարապետին: Իսկ թե ինչո՞վ կվարձատրեր ամիրան հայի այդ դավաճանությունը Սմբատի քեռորդի Գագիկին, այդ կախված էր ամիրայի վեհանձնությունից:

Լուռ ընթրիք էին անում հայ զինվորները և սպասում վաղվա ճակատամարտին:

Այդ միջոցին հեռվում, լեռների քամակին մի լույս երևաց: Այդ լույսը հետզհետե աճում էր և գիշերային խավարի մեջ կազմում մի բոցավառ փունջ: Ի՞նչ է դա... հրդե՞հ թե խարույկ: Եվ ինչո՞ւ գիշերը, հեռու լեռների մեջ վառել են այդ խարույկը, և ինչքան նա մեծ է ու ահավոր և րոպե առ րոպե աճում է ու ծավալվում: Նրա բոցերը մինչև երկինք են հասնում:

Նայում են հայկական գնդի զինվորները դեպի այդ բոցը, և նրանց երեսները կնճռոտվում են:

— Տեսնո՞ւմ ես այն բոցը, — հարցնում է մի հաղթանդամ, գեղեցկատեսիլ զինվոր յուր երիտասարդ ընկերակցին, որ խորին մտածմունքի մեջ ընկղմված, թիկն է տվել կրակի մոտ և լուռ նայում է հեռվում երևացող բոցին:

— Հա, տեսնում եմ: Ի՞նչ բան է:

— Մի՞թե չգիտես, որ այնտեղ գյուղ է այրվում:

— Ի՞նչ գյուղ:

— Հայոց գյուղ:

— Եվ, ո՞վ է այրել:

— Իհարկե Յուսուֆի հրոսակները: Այնտեղ հիմա մորթում են, կողոպտում, ոտնատակ տալիս ամեն սրբություն, իսկ նորատի կույսերին և հարսներին ոչ սպանում են, ոչին առևանգում, իսկ ոմանց շղթայում և գերեվարում են: Վաղը եթե, տերը մի՛ արասցե, առնվի բերդը, սա էլ նույն օրին կհասնի:

— Իսկ հայոց թագավո՞րը...

— Հայոց թագավո՛րը... հը՛մ... նրա արյանը վաղուց է կարոտ Յուսուֆը:

— Իսկ մենք մի՞թե պետք է կռվենք Սմբատի դեմ:

— Այո՛, էլ ինչո՞ւ համար ենք եկել: Մենք եկել ենք, որ մեր արյունը թափենք և բռնելով Սմբատին՝ հանձնինք Յուսուֆին:

— Դավի՛թ, ի սեր աստծո, ասա՛, ինչո՞ւ մենք պետք է պատերազմենք հայոց թագավորի դեմ: Մի՞թե...

— Սս՛ս... այդ քո գիտենալու բանը չէ, դու պարտավոր ես հնազանդվել մեծից և ինչ որ հրամայում են՝ առանց բացատրություն պահանջելու պիտի կատարես:

— Բայց մի՞թե դու պիտի վաղը կռվես...

— Ե՞ս, իհարկե: Իսկ թե ո՞ւմ դեմ և ինչո՞ւ համար, այդ էլ իմ գիտենալու բանն է:

Այդ միջոցին թմբուկները խփեցին, ընթրիքը վերջացավ, և բանակը խոր քուն մտավ: Պահակները միայն արթուն հսկում էին ամեն կողմը, իսկ հեռվում դեռ ծխում էր հայոց գյուղը և ավելի բոցավառվում, այնինչ բանակի խարույկները հետզհետե հանգչում էին:

Բ

Խոր գիշեր էր...

Անամպ երկնակամարի վրա փայլուն աստղերը լուռ կատարում էին իրենց գիշերային ճանապարհորդությունը: Փչում էր գարնանային ցուրտ զեփյուռը, որ շոյելով Կապույտ բերդի պարիսպները՝ կամացուկ համբուրում էր նրան, յուր կարոտն առնում և գնում կորչում հեռո՜ւ-հեռո՜ւ... Հայրենի քամին կարծես կարոտել էր հայրենի բերդի պարիսպներին, որ այսօր շրջապատված էր թշնամիներով:

Այդ միջոցին, երբ հսկական դավաճան գունդն էլ խոր քուն էր մտած, զինվորական մի վրանից զգուշությամբ մի գլուխ երևաց, որ աջ ու ձախ նայելով, համարյա դուրս սողաց վրանի տակից, կանգնեց, աչքերն ուղղեց դեպի Կապույտ բերդը և զգույշ քայլերով բլրից իջավ ցած: Հաղթանդամ, բայց գեղեցկատեսիլ զինվոր էր դա, նոր էր ծածկվել նրա երեսը աղվամազով, և երկու փայլուն աչքեր վառվում էին գիշերային խավարի մեջ, այնինչ նրա սիրտը արագ տրոփում էր: Վախ չուներ նա մահից, բայց նրա մտքի մեջ պտտվում էր մի բան, որն աշխատում էր շտապ ի կատար ածել: Զգուշությամբ նա անցավ մի փոքր տարածություն և ապա հանկարծ կանգ առավ ու թաքնվեց մի թփի տակ: Իրենից մի փոքր հեռու նա մի շշունջ լսեց, որ սառեցրեց նրա արյունը երակների մեջ: Ի՞նչ էր այդ, խոսակցությո՞ւն, թե՞ հառաչանք, նա պարզ չկարողացավ լսել: Հակառակ քամին թույլ չտվեց նրան իմանալու, և նա, մի քանի վայրկյան պահվելով թփի տակ, հենց ուզում էր վեր կենալ և շարունակել ճանապարհը, երբ ձայները նորից կրկնվեցին: Այժմ նա պարզ լսեց հառաչանքի և խոսակցության ձայներ: Ապա նայեց այն կողմը և տեսավ երկու ստվեր, որ զգուշությամբ առաջ էին գնում:

— Ո՜հ, կամաց գնա, ես չեմ կարող քայլել, ոտքերս ուռած և արյունլվա են, — ասում էր մեկը մյուսին:

— Կամաց գնալով բան չի լինի, Ավո՛, արշալույսը կբացվի և մենք կրկին կբռնվենք, հարկավոր է շտապել, փախչել դեպի լեռները, դեպի մեր գյուղը, — պատասխանեց մյուսը:

— Ա՜խ, եղբա՛յր, ես այս րոպեիս վայր կընկնեմ, աչքերս մթնում են և գլուխս պտտվում է: Բավական չէ շղթաներից առաջացած վերքերս, քաղցն էլ մի կողմից է նեղում ինձ: Մի ամբողջ օր է, որ ոչինչ չեմ կերել: Ես տանջվում եմ:

— Լռի՛ր, էլ ինչո՞ւ փախար, երբ չէիր կարող հետևել ինձ...

Երկու ստվերներն անցան թփի տակ պահված զինվորի մոտից, և վերջինս, լավ նայելով նրանց, տեսավ, որ բանակից փախչող երկու հայ տղաներ են:

Զինվորը խոր ախ քաշեց, մի փոքր կանգ առավ, մի միտք անցավ նրա գլխով, և նա սկսեց կամաց հետևել փախստականներին, որոնք հետզհետե արագացնում էին իրենց քայլերը, թեև փշերն ու քարերը արյունլվա էին անում նրանց բոբիկ ոտքերը:

Լուռ հետևում էր զինվորը, որի մեջքից միայն մի սուր էր կախված, երբ անզգուշաբար ոտքը քարին կպավ, և այդ քարը ցած գլորվելով՝ աղմուկ հանեց: Փախստականները սրտատրոփ կանգ առան և նայեցին: Նրանք տեսան իրենց հետևը մի մարդ, որ լուռ իրենց էր նայում: Սարսափը պատեց, և սառը մահվան դողը անցավ նրանց մարմնով: Այդ ժամանակ զինվորը մոտեցավ:

— Ի սե՛ր աստծո, մեզ մի՛ սպանի, — ասացին նրանք միասին:

— Լո՛ւռ, ձայն մի հանեք, թշվառականնե՛ր, թե չէ կորած ենք:

Փախստականները լռեցին և ուրախացան՝ լսելով հայ լեզուն:

— Ո՞վ եք և ո՞ւր եք գնում,— հարցրեց զինվորը:

— Մենք զարիշատցի ենք և գերի էինք Յուսուֆի բանակում ու, հաջող ժամանակ գտնելով, փախչում ենք, ի սե՛ր աստծո, մի՛ խանգարիր մեզ:

— Լավ, ես ինքս էլ փախուստ եմ տալիս այդ զզվելի բանակից, ուր հայը հայի դեմ պիտի կռվի: Քայլեցեք գնանք, քանի ժամանակ կա, թե չէ լույսը բացվեց՝ ուշ կլինի, մեզ մաս-մաս կկտրատեն արաբ զինվորները:

Ապա երեքն էլ լուռ սկսեցին առաջ քայլել: Զինվորն առաջ անցավ, իսկ երկու տղաները՝ նրա ետևից: Զգույշ, անխոս անցան նրանք բավական տարածություն և մտան մի փոքրիկ ձոր, ուր խոխոջում էր լեռնային պարզ ու վճիտ առվակը: Այդ ձորից այն կողմ, բարձրության վրա Կապույտ բերդն էր: Հանկարծ զինվորը կանգ առավ և նշան արավ տղաներին, որ թաքնվեն: Ջրի մյուս կողմից զինվորը ինչ-որ ձայն լսեց: Մի փոքր ժամանակ անցավ, և նա պարզ նկատեց մի խումբ զինվորների՝ թվով հինգ հոգի, որոնք դեպի իրենց կողմն էին գալիս: Զգուշությամբ տղաներին ծածկեց մացառի տակ և ինքն էլ կուչ գալով մերկացրեց սուրը, սպասելով նրանց: Նա զգաց, որ թե՛ ինքը, թե՛ տղաները կորած են, գոնե կյանքը էժան չծախեր: Խումբը խոսակցելով՝ հետզհետե մոտենում էր: Խոսակցությունից հայ զինվորը ոչինչ չհասկացավ, միայն այսքանն իմացավ, որ դրանք Յուսուֆի գիշերապահ զինվորներն են, որ գնացել էին Կապույտ բերդի շրջակայքը լրտեսելու:

— Է՜հ, հոգ չէ, որ հինգ հոգի են, դրանցից հեշտ է ազատվելը, բայց վախենում եմ, որ այդ անպիտանները աղմուկ բարձրացնեն և ամեն ինչ փչացնեն, թե չէ դրանց սատկացնելը հեշտ բան է, — մտածում էր զինվորը՝ աչքը չհեռացնելով նրանցից: Նրանք ավելի մոտեցան, մի քանի քայլ էլ և ահա նրանք ոտքի տակ կտային թաքնված տղաներին, որ դողում էին հույսները աստծու վրա դնելով: Զինվորը լսում էր թշվառ տղայոց սրտի բաբախյունը, և այդ ավելի էր սիրտ տալիս նրան:

Հանկարծ խումբը կանգ առավ: Հայ զինվորը մտածում էր անակնկալ կերպով հարձակվել նրանց վրա և արդեն բարձրացրեց սուրը, երբ խումբը ծռվելով մի կողմ, անցավ առաջ: Փախստականները ազատ շունչ քաշեցին:

— Ի՞նչ եղավ Ահմադը, — ասում էր Յուսուֆի զինվորներից մեկը:

— Չգիտեմ, նա կարող է առաջ գնացած լինել, — պատասխանեց մյուսը: Եվ նրանք ավելի առաջ անցան՝ թողնելով մեր փախստականներին իրենց ետևում:

— Կորան անպիտանները, — կամաց ասաց զինվորը տղաներին, և նրանք, մի փոքր ժամանակ կրկին անշարժ մնալուց հետո, շարժվեցին առվակի ուղղությամբ:

— Մեր ազատիչն ես, ի՞նչ է քո անունը, — հարցրեց Ավոն, որ ավագն էր:

— Իմ անունը Դավիթ է, Գնունյաց ազգից, — ասաց փախստական զինվորը: Եվ այնուհետև նրանք գնում էին լուռ: Ոչ մեկը ոչինչ չէր խոսում:

Բավական ժամանակ այդպես գնում էին առվակի հակառակ կողմով, երբ կրկին կանգ առան՝ մի սև առարկա իրենց առաջը տեսնելով: Նրանցից մի քայլ առաջ նստած էր մի տեսակ սև մարմին, որի երկու աչքերը երկու ճրագների նման փայլում էին գիշերային խավարի մեջ: Ապուշ կտրած, լայն բացած աչքերով դիտում էր նա մեր փախստականներին, իսկ փախստականները՝ նրան:

Այս գիշեր, ինչպես երևում էր, շատ փորձանքների պիտի հանդիպեին մեր փախստականները: Մի վայրկյան Դավիթը նայեց այդ սև հրեշին, որ վիթխարի հասակ ուներ և ջրի ափին նստած լուռ նայում էր իրեն: Երկայն նիզակը դրված էր այդ արաբ զինվորի կողքին, իսկ կեռ սուրը մեջքից էր կախած, բայց արաբ զինվորը ըստ երևույթին ոչ մի տրամադրություն չուներ զենքի դիմելու և ապուշի նման նայում էր իրեն:

Դավթի և արաբ զինվորի հայացքները մթության մեջ հանդիպեցին իրար, և Դավթի մարմնով մի սառը դող անցավ: Նա մտածեց. «Եթե ես սրան չսպանեմ, սա ինձ կսպանի», հարմար վայրկյանից պետք է օգտվել, քանի որ ետ մնացած արաբ զինվորը, որ ջրի ափին նստած ոտքերն է լվանում, իրենց գիշերային վիուկներ կարծելով, երկյուղից, սառել, կարկամել է: Նա հանկարծ վրա ընկավ և մի վայրկյանում յուր սուրը խրեց արաբ զինվորի կուրծքը: Մի վայրկյան ևս և ամեն ինչ վերջացած էր:

Դավիթը հանեց արաբի կեռ թուրը և վերցրեց մոտը դրած նիզակը ու տալով տղաներին, որոնք 18 -19 տարեկան կլինեին, ասաց.

— Առե՛ք, դուք անզեն եք, այս զենքով դրանք շատ հայի արյուն են թափել, այժմ իրենց զենքով իրենց արյունը պետք է թափենք: Պետք չէ մեր ժամանակներում առանց զենքի շրջել: Անիծվածները հայի արյունը քամեցին:

Տղաները իրենց ցավը մոռացան և առնելով զենքերը՝ առաջ անցան կրկին վեր:

— Բայց ո՞ւր ես տանում մեզ, մենք մոտենում ենք արդեն բերդի պարիսպներին, — ասաց Ավոն:

— Ուր եմ տանո՞ւմ: Մի՞թե կարծում եք Յուսուֆի բանակը:

— Ո՛չ, տերը մի արասցե: Եթե մենք մոտենանք պարսպին, մեզ թշնամու տեղ կարող են դնել և կոտորել:

— Մի՛ վախենաք, դրա ճարն էլ գիտեմ, վաղը առավոտ մենք Կապույտ բերդում կլինենք և այնտեղից կկռվենք Յուսուֆի դեմ: Գագիկ իշխանը մտածում էր, որ ես հայոց թագավորի դեմ կկռվեմ, բայց շատ սխալվեց: Դավթի երակների մեջ չի հոսում դավաճանության կեղտոտ արյունը. նա յուր արյունը կդնի օրինական թագավորի համար: — Եվ մի այնպիսի ոգևորությամբ կեցցե աղաղակեց, որ երկու տղաների սիրտը տրոփեց՝ երկյուղ կրելով, որ մոտերքում մարդիկ կլինեն և իրենց վրա հարձակում կգործեն:

Դավիթն արքայորդու՝ Աշոտ Երկաթի ծառաներից էր, որին Յուսուֆը գերի տանելով և նրա հասակն ու լայնապինդ թիկունքը տեսնելով, հանձնել էր Գագիկ իշխանին, որը յուր զինվորների շարքն էր անցկացրել խոստանալով շատ բարիքներ տալ նրան, եթե մոռանա Սմբատ թագավորին և իրեն հավատարմությամբ ծառայի: Կապույտ բերդը պաշարելով, նա Դավթին յուր տիրոջ դեմ էր զինել, յուր օրինական թագավորի դեմ: Դավիթը ամեն կերպ աշխատում էր փախուստ տալ Գագիկ իշխանից, բայց հարմար ժամանակ չէր գտնում. իսկ այժմ, երբ կանգնած էին Կապույտ բերդի պարիսպների տակ, այդ հեշտ էր Դավթի համար: Նա ծանոթ էր Կապույտ բերդի ծակուծուկին և նրա համար բերդ մտնելը ամենահեշտ բանն էր:

Եվ երեք փախստականներն, առաջ էին անցնում բարձրանալով վե՛ր, միշտ վե՛ր, ուր ցցված էր անհաղթելի Կապույտ բերդը, ուր նստած էր յուր նախկին տերը՝ այն տերը, որին կարոտել էր վաղուց:

Անցնում էին նրանք առաջ՝ քարերի վրա մագլցելով, թփերի ու մացառների միջով, որոնք պատառոտում էին նրանց հանդերձները և արյունոտում երեսները, բայց նրանց հոգը չէր: Քանի մոտենում էին պարիսպներին, այնքան Դավթի սիրտը ավելի արագ էր տրոփում, այնքան ավելի սկսում էր նա հուզվել ու շփոթվել: Ի՞նչ էր մտածում նա, որ Գագիկ իշխանի խոստումները թողած, ազատ կյանքը մի կողմ ձգած, գալիս էր պաշարվելու և կյանքը զոհելու յուր տիրոջ համար: Չէ՞ որ նա կարող էր կռվել Գագիկի զորքի հետ միասին, քաջություններ անել, բարիքներ վայելել և ապա հանգիստ, Գագիկից և Յուսուֆից բարիքներ ստանալով, պատերազմի դաշտից մի կողմ քաշվել և ապրել հանգիստ ու խաղաղ... Բայց արդարության և ազնվության դրոշակը, ինչպես արևի պայծառ ճառագայթ, ավելի վառ կերպով էր փայլում նրա մտքում, քան այն հանգիստ կյանքը, որ պիտի դավաճանությամբ ձեռք բերեր...

Հոգնածությունից կանգ առավ Դավիթը մի սեպացած ժայռի տակ և նայեց ցած, ուր տարածվում էր Յուսուֆի բանակը, և դառը ժպտաց, ապա յուր ուշադրությունը դարձրեց դեպի հեռուն, այնտեղ ուր կորչում են լեռները իրար ետևում, և նրա սիրտը խիստ տրոփեց: Հեռվում, արևելյան հորիզոնի վրա, երևում էր մի տեսակ աղոտ լուսավորություն, որտեղից կամաց-կամաց բացվում էր արշալույսը... Ի՜նչ հրաշալի էր դա, խավարը նահանջում էր, լեռների գագաթները հետզհետե բացվում էին, կարճ ժամանակից հետո պիտի դուրս գար արևը և ոսկեզօծեր լեռների կատարները ու Կապույտ բերդի անհաղթելի պարիսպների ժանիքները: Նա փեշով սրբեց յուր ճակատի քրտինքը, և նրանք ժայռից ժայռ մագլցելով՝ մտան խիտ մացառների մեջ: Ժամանակը կարճ էր, հարկավոր էր շտապել, վաղ առավոտից Յուսուֆի հրոսակները, վայրենիների նման, կգրոհեն հինավուրց բերդի պարիսպների վրա:

Զգուշությամբ անցնում էին մացառների միջով և իրենց հետքերը ծածկում, ոչնչացնում: Ապա կանգ առան հենց պարսպի տակ, ուր մի ժայռի կտոր դուրս էր ցցել յուր ահարկու ժանիքը: Մի վայրկյանում Դավիթը վեր մագլցեց ժայռի գլուխը և տղաներին էլ օգնեց բարձրանալու: Այդ ժայռի վրայով սկսեցին առաջ գնալ, մինչև որ կրկին մտան մացառների մեջ: Նրանց ոտքերի տակ արդեն բացվում էր ահռելի անդունդը. մի փոքրիկ անզգուշություն և նրանք կգլորվեին անդունդ, որից կենդանի դուրս գալն անկարելի էր:

— Վերջապե՛ս, — ասաց Դավիթը և փորսող տալով՝ մտավ մի անցքի մեջ, ուր հետևեցին և տղաները:

Քառորդ ժամ մութ անցքի մեջ փորսող տալուց հետո նրանք կանգ առան և, չորս կողմը նայելով, տեսան հայկական զորքերին կազմ ու պատրաստ թշնամուն դիմավորելու:

— Կեցցե՛ հայոց բանակը,— կանչեց նա և սուրը հանելով պատյանից՝ ճոճեց օդում:

Նրանք արդեն Կապույտ բերդումն էին:

Այդ միջոցին բարձր լեռների կատարներն արդեն ոսկեզօծվել էին արևի անդրանիկ ճառագայթներով... Իսկ հեռվից արդեն լսվում էին թմբուկների ձայներ: Յուսուֆի զորքերը կամաց-կամաց մոտենում էին…

Գ

Ինչպես մի սարսափելի փոթորիկ, որի առաջ ամեն ինչ դողում և տապալվում է, այնպես վրա վազեցին Յուսուֆի զինվորները Կապույտ բերդի պարիսպներին, կարծես նրան միանգամից կուլ տալու, ոչնչացնելու և երկրի երեսից ջնջելու համար... Սարսափելի գոռում-գոչյունով, անթիվ նետեր ձգելով դեպի պարիսպները նրանք ուզում էին մագլցել պարիսպների վրա և հիմնահատակ անել ամեն ինչ, կոտորել բոլորին, ով համարձակվում էր իրենց դեմ կանգնել, և այդպիսով հագուրդ տալ իրենց արյունածարավ սրտերին, երբ մեկը մյուսի ետևից, բերդականների նետերից վիրավորված, ընկնում էին գետին և մահվան տագնապի մեջ տոչորվում:

Արհամարհանքով նայում էին Սմբատ արքայի մի բուռ քաջերը դեպի այդ բազմությունը և սառնասրտությամբ թշնամյաց դիակները մեկը մյուսի վրա կիտում:

Գոռում էր զայրացած Յուսուֆը, իր զորքերին խրախուսում, և նրա վայրենի աչքերից կատաղության կայծեր էին ցայտում, երբ տեսնում էր յուր գնդի նվազելը և դիակներից բլուրներ գոյանալը: Նա ուզում էր արյունլվա դիակները կոխկրտելով բերդը մտնել և բոլորին մաս-մաս կտրատել, բայց յուր կյանքը թանկ էր ծախում: Այնտեղից սլանում էին հայկական գնդի մահաբեր նետերը և իրենց հունձն անում:

Կատաղության փրփուրը բերանին նա գոռում էր յուր զինվորների վրա, խրախուսում նրանց, առաջ մղում, բայց ո՛չ մի բան չէր օգնում: Նրանց դիմաց անվեհեր կանգնած էր Կապույտ բերդը յուր ընտիր քաջերով, որոնց ոգևորում էր հայոց Սմբատ օրինական թագավորը:

Երբ տեսավ Յուսուֆը յուր զորքերի կոտորածը, երբ նկատեց բերդականների քաջությունը, հրաման տվեց յուր զորքին ետ նահանջել և ապա առաջ կոչելով Գագիկի հայկական գունդը, սկսեց խրախուսել նրանց.

— Տեսնու՞մ եք ինչպես քաջ են հայերը, դուք էլ ցույց տվեք ձեր քաջությունը:

Ու հայկական գունդը նետաձգությամբ առաջ սլացավ դեպի բերդը, բայց բերդից արձակվող նետերը չխնայեցին և նրանց, որոնցից շատերն ընկան դաշտում, առանց բերդին մի փոքր անգամ վնաս տալու:

Երեկոյացավ: Արևը արդեն իր վերջին հանգիստն էր առնում, երբ փողը հնչեց, և զինվորները ետ դարձան:

Բայց Յուսուֆը կատաղած էր: Յուր զորքերի կոտորվելը նրան հուսահատության մեջ էր գցել, այնինչ յուր նպատակը՝ Սմբատին բռնելը, չէր հաջողվում: Թանկագին օթոցի վրա նստած, թիկունքը տված բարձին, ձեռքի համրիչը գցելով, երբեմն էլ յուր նոսր մորուքը շփելով՝ մտածում էր նա: Կատաղության և վրեժխնդրության ալիքները մերթ ընդ մերթ անցնում էին նրա դեմքի վրայով: Սոսկալի էր նա այդ ժամանակ: Մանր, բայց կատաղությամբ լցված աչքերը կարծես ուզում էին դուրս ժայթքել ակնակապիճներից:

Այդ միջոցին վրան մտավ յուր ծառաներից մեկը և, խոնարհ գլուխ տալով նրան, կանգնեց վրանի դռան մոտ:

Յուսուֆը գլուխը բարձրացրեց և նայեց նրան: Ծառան չհամարձակվելով նայել Յուսուֆին, հայտնեց, որ Գագիկ Արծրունին ցանկանում է արժանանալ իր տեսության:

— Թող գա այդ շունը, — հրամայեց Յուսուֆը և կրկին յուր համրիչը սկսեց պտտեցնել:

Այդ միջոցին ներս եկավ Գագիկ հայոց իշխանը, խոր գլուխ տվեց Յուսուֆին և ծունկ չոքելով նրա առաջ, համբուրեց նրա փեշի ծայրը, ապա ետ գնալով, ձեռները կրծքին դարսեց և կանգնեց դռան մոտ:

— Այս ի՞նչ է, Գագի՛կ իշխան, քո գունդը ամենևին քաջություն ցույց չտվեց և Կապույտ բերդը գրավելու մեր առաջին արշավանքը անհաջող անցավ: Ի՞նչ խաղ է ուզում խաղալ Սմբատ թագավորը. մի՞թե նա կարծում է, որ ողջ ու առողջ կպրծնի իմ ձեռքից:

— Թող չվշտացնե քո սիրտը այդ օրվա անհաջողությունը, մեծ է ալլահի զորությունը, և Սմբատը վաղ թե ուշ կհանձնվի քեզ: Այսօր նրա քաջերը չէին պատերազմում, այլ Կապույտ բերդի պարիսպները, որոնք փլատակ կդառնան միմիայն քո ամենազոր զորության առաջ:

— Այո, ես կկործանեմ այդ պարիսպները, որ մյուս անգամ պատսպարան չլինեն վախկոտ և թույլ հայերին: Ի՞նչ է կարծում Սմբատը: Ես երկաթե օղերով կշղթայեմ բերդը, և նա սովից անձնատուր կլինի ու իմ գթությունը կհայցի: Այն ժամանակ վա՜յ հայոց թագավորին, որ համարձակվել է իմ դեմ ապստամբել: Քա՛ջ իշխան, դու կարգադրիր զորքերիդ, որ կազմ ու պատրաստ լինեն միշտ հարձակումներով նեղելու Սմբատին, իսկ երբ նա կնկնի ձեռքս, այն ժամանակ մեծամեծ պարգևներ կնդունես ինձանից, և ես քեզ Հայաստանի տերը կդարձնեմ:

Գագիկը խոր գլուխ տվեց, նորից ծունկ չոքեց, համբուրեց նրա փեշի ծայրը և դուրս եկավ վրանից:

Տխուր ու տրտում հեռանում էր նա Յուսուֆի վրանից, և նրա միտքը ալեկոծվում էր: Նա մտածում էր յուր դրության մասին, թե ի՞նչ պիտի լինի ինքը, և թե ինչո՞վ պիտի վարձատրի իրեն Յուսուֆը յուր դավաճանության համար:

— Չէ՛, Սմբատին փրկություն չկա, հասավ նրա վախճանը: Ի՞նչ պիտի անե նա միայնակ, առանց օգնականի, առանց զորքի և մինչև ե՞րբ պիտի փակված մնա Կապույտ բերդում: Ո՞վ կօգնե նրան, երբ նա սովից ստիպված հուսահատությամբ կորոշի անձնատուր լինել բռնակալ Յուսուֆին: Նախարարները հեռացել են նրանից, ամբողջ Այրարատը անտեր-անտիրական է, Յուսուֆի հրոսակները կրակ ու մոխիր են դարձնում ամեն ինչ, իսկ ես՝ստոր դավաճանս, փոխանակ թագավորին պաշտպանելու, ինքս նրա դեմ եմ զինվել: Ի՞նչ պիտի տա փոխարենը Յուսուֆը: Ոչի՛նչ: Ես համոզված եմ, որ նա վաղ թե ուշ ինձ էլ կշղթայի ամուր շղթաներով և ամենաասոսկալի տանջանքներ տալով կսպանի: Չէ՛, պետք է շուտով ազատվել նրանից և դառնալ իմ աշխարհը, այդ է պահանջում իմ ապահովությունը...

Եվ նա աննկատելի կերպով մտավ յուր բանակը, ուր մի վրանի առաջ նստած էին զինվորները ու կամացուկ խոսում էին:

— Ո՞ւր է Դավիթը, մի՞թե նա սպանված է, — հարցնում էր մեկը:

— Չէ՛, նա առավոտից չկար, ինչպես երևում է նա փախել է բանակից:

— Շատ էլ լավ է արել: Ի՞նչ կվայելի մեզ հայոց թագավորի դեմ կռվել: Տեսա՞ր, թե որպիսի քաջությամբ էին կռվում նրանք և ինչպես կոտորեցին Յուսուֆի զինվորներին:

— Արդարադատ աստվածը միշտ ճշմարտի կողմը կլինի, բայց տեսա՞ր, Թեո՛ս, երբ մեր գունդը առաջ գնաց, նրանք պակասեցրին իրենց նետերի արձակումը, կարծես մեզ խնայում էին:

— Հա՛, ես լսեցի ինչպես մեկը գոռում էր պարսպից փախեք, թե չէ ձեզ էլ կկոտորենք, և նա ահագին պարսաքարը ձեռքին կարծես խնայում էր ձգելու: Ես նայեցի նրան, հեռվից այդ զինվորը շատ նման էր մեր զինակից Դավթին, կարծես հենց նա լիներ:

Այդ միջոցին նկատեցին զինվորները Գագիկին և, լռելով իսկույն, ոտքի կանգնեցին: Գագիկը, որ մինչ այդ լուռ լսում էր նրանց, շարժվեց տեղից և ավելի հուսահատ դեպի իր վրանը գնաց:

Դ

Բոլորեցին ամառն ու աշունը և եկավ ցուրտ ձմեռը, այնինչ դեռ պաշարված էր Կապույտ բերդը Յուսուֆի հրոսակներից:

Ամեն անգամ, երբ հարձակում էին գործում, նրանք մեծ կորուստով էին ետ դառնում, և Յուսուֆը հուսահատված այնպիսի պինդ օղակով շղթայեց Կապույտ բերդը, որ ոչ մի մարդ չէր կարող անցնել այդ շղթայից, նա ցանկացավ սովով նեղել Սմբատին: Եվ իիրավի Սմբատի պաշարը հատել էր: Հուսահատված մտածում էր Սմբատը յուր դրության, յուր աշխարհի վրա և դառնորեն հառաչում: Նա տեսնում էր քրիստոնեից կոտորածը, նա տեսնում էր յուր քաջերի արիությունն ու վեհանձնությունը, որոնք սովից հալածված՝ դեռ առյուծների քաջություն էին ցույց տալիս, և նրա սիրտը կսկծում էր: Խորին վիշտը կեղեքում էր բարեպաշտ թագավորի սիրտը, և դառն մտատանջությունները մաշում էին նրան: Նա զգում էր, որ Յուսուֆը միայն յուր արյանն էր կարոտ, այնինչ այստեղ զուր թափվում էր հայոց արյունը, և զուր, բոլորովին զուր հալումաշ էին լինում յուր քաջերը, որոնք իրենց արյան վերջին կաթիլը կդնեին թագավորի համար:

Սմբատը արդեն վճռել էր անձնատուր լինել Յուսուֆին խնայելով յուր քաջերի և քրիստոնյաների արյունը, երբ նրան ներկայացավ Դավիթ զինվորը:

— Ես պատրաստ եմ, տե՛ր արքա, ճեղքել թշնամյաց բանակը և ուտեստ հասցնել բերդին:

Սմբատը վեր բարձրացրեց յուր հուսահատությամբ լի աչքերը և նայեց Դավթին. մի տեսակ ժպիտ երևաց նրա դալկացած դեմքին, որը և՛ ուրախություն էր նշանակում, և՛ տխրություն:

— Գնա, որդի՛ս, դու մխիթարեցիր ինձ:

Եվ Դավիթը, խոր գլուխ տալով, հեռացավ արքայից, որի աչքերի մեջ այժմ փայլատակում էին ուրախության արցունքներ:

Ձմեռային մի մութ գիշեր էր: Գորշ ամպերը ծածկել էին երկինքը, և խորին խավարը տիրում էր ամեն տեղ: Կապույտ բերդի շրջակայքը ծածկված էր թանձր ձյունով, ուր ամեն ինչ մեռած էր, և կենդանության ո՛չ մի նշույլ չէր երևում: Միայն երբեմն պարսպի շուրջը փչում էր ցուրտ քամին և սուլելով անցնում հեռո՛ւ, հեռո՛ւ: Այդ միջոցին տասնհինգ մարդ դուրս գալով բերդի դռներից՝ զգուշությամբ սկսեցին առաջ անցնել: Նրանք ամենքն էլ զինված էին նիզակներով, վահաններով ու սրերով:

Ցուրտ քամին սուլելով շոյեց և յուր դաժան սառնությամբ համբուրեց նրանց, բայց նրանք, բանի տեղ չդնելով այն, լուռ առաջ էին անցնում: Խմբի առջևից գնում էր մի մարդ՝ բարձրահասակ և վիթխարի տեսքով, որ ամենայն զգուշությամբ աջ ու ձախ էր նայում: Հեռվից հանկարծ ճրագների նման փայլուն կետեր երևացին, որոնք հետզհետե մոտենում էին: Առաջնորդը վաղուց նկատել էր այդ, բայց լուռ էր, այնինչ ընկերներից մեկն ասաց.

— Դավի՛թ, տեսնու՞մ ես հեռվում ճրագների փայլփլունքը, դրանք մեզ վրա են գալիս:

— Հա՛, գիտեմ, վաղուց եմ նկատել, բայց ցավում եմ, որ մեր առաջին արշավանքը Յուսուֆի զինվորների վրա լինելու փոխարեն՝ գայլերի վրա է լինելու:

Այդ միջոցին գայլերի խումբը, թվով տասը-տասներկու հատ, յուր ոռնոցով շրջապատեց նրանց:

— Տղե՛րք, այդպես չի լինի, հանաք անելու ժամանակ չէ, սրանց պետք է վերջ տալ,— ասաց Դավիթը և հրամայեց հարձակվել գայլերի վրա: Մի վայրկյանում գայլերի հետքն էլ չմնաց...

Ապա առաջ անցան: Հեռվում երևաց Կապույտ բերդի մոտակա գյուղերից մեկը: Այս բերդի բոլոր մերձավոր գյուղերում տեղավորված էր Յուսուֆի զորքը:

Երբ մոտեցան գյուղին, Դավիթը հրամայեց յուր ընկերներին թաքնվել թփի տակ, իսկ ինքը միայնակ մտավ գյուղը լրտեսելու:

Զգուշությամբ նա առաջ անցավ և ապա կանգ առավ մի դռան առաջ, որտեղից լսվում էին երգի և ուրախության ձայներ: Կատվի ճարպկությամբ նա մագլցեց ցանկապատը և մտավ բակը ու ապա նայելով դռան ճեղքից, տեսավ զինվորներ, որոնցից մի քանիսը կրակի շուրջը նստած խորովում էին մի ոչխար, իսկ մյուսները՝ կրակից հեռու, փափուկ բարձերի վրա նստած ծափ էին տալիս և խաղացնում մի քանի կիսամերկ կանանց: Վայրենի կիրքը փայլում էր նրանց դեմքերին, այնինչ խեղճ կանայք հոգնածությունից հազիվ շարժում էին իրենց ոտքերը:

Դավիթը սոսկաց. նրա մազերը փշաքաղվեցին, և նա ձեռքը տանելով դեպի սուրը, ուզեցավ աքացի տալ դռանը և ներս մտնել, բայց խոհեմությամբ զսպեց իրեն: Նա համրեց զինվորներին, որոնց թիվը քաննիհինգ երևաց իրեն, իսկ կանայք և հարսները՝ վեց հոգի: Հայ հարսներ էին դրանք...

Զգուշությամբ ետ քաշվեց Դավիթը և հասնելով յուր ընկերներին, պատմեց տեսարանը ու նրանք երկուսի բաժանվելով՝ մի խումբը կանգ առավ դռների մոտ, իսկ մյուս խումբը ուժգին աքացի տվեց սենյակի դռանը և ահագին աղմուկ հանելով՝ հանկարծակի վրա ընկավ արաբ զինվորների վրա և սկսեցին սրերով նրանց մեկը մյուսի ետնից կոտորել, և երբ վերջացրին կոտորածը, Դավիթը կանչեց.

— Փա՛ռք Աստծո, հետքն էլ չմնաց, այստեղ բավականին պաշար կա, որը շուտով պետք է տեղափոխել բերդը:

Եվ նրանք որքան հնարավոր էր, վերցնելով պաշարը, քաշվեցին բերդը:

Փոքրիկ արշավանքներն էլ ոչինչ չտվեցին բերդականներին, և Սմբատը հուսահատված անձնատուր եղավ Յուսուֆին՝ խոսք առնելով նրանից, որ յուր և բերդականների կյանքը կխնայի:

Յուսուֆը խոստացավ, և Կապույտ բերդը մի տարի պաշարում կրելուց հետո հանձնվեց Յուսուֆին: Սակայն Յուսուֆը դրժեց յուր խոսքը և կարճ ժամանակից հետո Սմբատին շղթայեց, իսկ բերդականներից շատերին գերի տարավ: Գերի չմնաց միմիայն Դավիթը յուր մի քանի ընկերներով, որ հայոց թագավորին կորցնելուց հետո քաշվեց լեռները և օրավուր սպասում էր արաբաց ժանտախտին՝ քաջ Աշոտ Երկաթին...

Ե

Հինգ ձիավոր իրենց երեսները դեպի Վասպուրական դարձրած՝ սրարշավ առաջ էին գնում: Քափ ու քրտինքի մեջ կորած էին նրանց ձիերը, երևում էր, որ նրանք հեռու տեղից էին գալիս և ոչ մի տեղ դադար չէին տվել ձիերին, որոնք մտրակների հարվածներից ստիպված հազիվ-հազ փոխում էին իրենց ոտքերը: Զիավորները նկատում էին այդ, բայց կրկին անհամբերությամբ քշում էին ձիերը: Զիավորներից երկուսը գնում էին կողք-կողքի, իսկ երեքը մի փոքր հեռավորությամբ հետևում էին նրանց՝ թթված ու տխուր դեմքով. դրանք առաջ գնացող երկու հայ նախարարների ծառաներն էին, որոնք երկար ճանապարհորդությունից հոգնած՝ ոչ մի խոսք չէին արտասանում: Լուռ էին նույնպես իշխանները, երկու եղբայր Գագիկ և Գուրգեն Արծրունիք, որոնք Յուսուֆից խուսափելով փախչում էին իրենց աշխարհը՝ Վասպուրական: Ոչ միայն չկարողացավ դավաճանության ամոթը տանել, այլև կտրեց Գագիկը Յուսուֆից օգնություն և բարիքներ ստանալու հույսը և յուր անձը շտապով կամեցավ ազատել այն բռնակալից, որի ձեռքով վաղ թե ուշ ինքն էլ պիտի մահանար հայոց մյուս իշխանների նման: Նրանք գոնե պատվով էին մեռնում, սրերը ձեռքներին նահատակվում, առանց իրենց տոհմին ու անունին արատ դնելու, իսկ ինքը ի՞նչ էր անում... դավաճանության և ստոր մատնության կնիքը դնում էր յուր վրա:

Հարկավոր էր ուրի՛շ միջոցների դիմել, ուրի՛շ ճանապարհ ընտրել յուր նպատակին հասնելու համար, և նա Յուսուֆից հույսը կտրած, նրա որոգայթներից վախեցած, յուր եղբայր Գուրգենի հետ միասին արագությամբ փախուստ էր տալիս Վասպուրական... Այնտեղ պետք է բույն դնել, կենտրոնանալ և այնտեղից դավադրություններ լարել հայ իշխանների, հայոց թագավորի դեմ և յուր սեփական ուժով հարթել ճանապարհը...

Բայց քանի դեռ չէր մտել յուր երկրի սահմանները, նա դեռ երկյուղ էր կրում Յուսուֆից...

Գագիկի գլխում այդ միջոցին սարսափելի փոթորիկ էր, որը տակնուվրա էր անում նրա մտածմունքները: Հանկարծ նրա գլխի մեջ, վիթխարի լեռան նման, կանգ էր առնում մի միտք, որ սարսռեցնում էր մարմինը և փշաքաղում մազերը, նրա աչքերը դուրս էին գալիս, երեսը կարմրատակում էր, ատամները կրճտացնում, իսկ երբ կորչում էր այդ միտքը, նրա ողջ զանգը բռնում էր մի ուրիշ միտք, որ այնպես քաղցր, այնպես դուրալի ազդեցություն էր գործում իր վրա, նրա ջղերը հանդարտվում էին, մահվան դողն անցնում էր, բարկության և սարսափի ներկը անհայտանում երեսից և դեմքին երևում էր մի տեսակ դառն, հեգնական ժպիտ...

Ում դեմ էր այդ դառն ժպիտը, հայտնի չէր, միայն թե այդ մտածելիս նրա հոգին ցնծում էր, և նա ավելի էր շտապում շուտ հասնել Վասպուրական:

Ոչինչ նրան չէր տանջում, ո՛չ քաղցը, ո՛չ հոգնածությունը, նա ամենևին չէր էլ մտածում յուր եղբոր և ձիերի վրա, որոնք բավական տարածություն ետ էին մնացել, իսկ ինքը միայնակ առաջ էր անցել... Երեկոյացել էր արդեն. մութը հետզհետե սկսում էր պատել ամեն տեղ, երբ Գագիկը մտավ մի նեղ ձոր, ուր, քարերի վրա թռչկոտելով, վազում էր լեռնային վճիտ առվակը: Գագիկի ձին տեսնելով ջուրը՝ կանգ առավ, խեղճ նժույգը ծարավ էր և սոված, նա ուզեց գոնե յուր ծարավը հագեցնել, և ինչքան էլ որ Գագիկը քաշեց ձիու սանձը, որքան էլ մտրակեց նրան, տեղից չշարժվեց: Այդ ժամանակ Գագիկը ետ նայեց և յուր ձիավորներին փնտրեց, բայց նրանցից ոչ մեկը չկար: Նա ինչ-որ բան մրթմրթաց քթի տակ և իջավ ձիուց: Նա քաշեց ձին մի կողմ և սկսեց շոյել նրա ճակատը, բայց հոգնած երիվարը ուշք չէր դարձնում նրա շոյանքին և ագահությամբ պրճոտում էր թարմ խոտը:

— Խե՛ղճ ձիս, դու սովա՞լ ես: Իրավունք ունիս այս թարմ խոտը վայելելու, մինչև որ մոտակա գյուղից քեզ համար գարի բերեն: Ես էլ եմ սոված, վնաս չկա, պետք է համբերել, ամեն նեղություն տանել, — ասում էր Գագիկը՝ յուր, ձիու հետ խոսելով և սպասելով յուր եղբորն ու ծառաներին, որոնք դեռ չկային, ինչպես երևում է շատ էին ետ մնացել:

— Է՜ ... ի՞նչ եղան անպիտանները և ինչո՞ւ նրանք այսչափ ետ

մնացին, ի՞նչ պատահեց նրանց հետ: Գուրգենն էլ չկա, այնինչ հետզհետե մութը պատում է և հարկավոր է վաղօրոք գյուղ հասնել, հանգստացնել մեր ձիերին:

Փոքր ժամանակից հետո նրան հասան և մնացած ձիավորները:

— Մենք մեռանք, իշխա՛ն, — ասաց Գուրգենը, — մեր ձիերի մեջ էլ ուժ չի մնացել, մի քանի քայլ անցնելուց հետո նրանք կընկնեն և էլ վեր չեն կենա:

— Հա՛, բավական տարածություն անցանք, մենք արդեն մոտենում ենք մեր երկրի սահմաններին, մի քանի քայլ և ահա առջևի թմբի տակ հայոց գյուղ կա, այդտեղ գիշերս կմնանք, լավ ընթրիք կանենք և վաղ առավոտ կրկին ճանապարհի կընկնենք:

— Սովը սպանում է, ամբողջ օր է նշխարք չենք դրել բերաններս:

— Դե՛հ, քայլեցեք գնանք, ժամանակ մի՛ կորցնեք, — ասաց Գագիկը, և ամեն մարդ, իջնելով ձիուց, սանձը ձեռքն առավ ու սկսեց ոտքով քայլել: Եվ երբ բարձրացան ձորից, նրանց երևաց մի գյուղ, որ ավելի ավերակի էր նման, քան բնակավայրի:

Երբ մտան գյուղը, մութը արդեն խտացել էր, և գիշերը յուր սևաթույր թևերը տարածել էր ամեն տեղ:

Ամայությունն ու մեռելությունը տիրում էր ամբողջ գյուղին, կարծես ո՛չ մի կենդանի արարած չկար այստեղ, և կարծես հենց նոր էր մահաբեր փոթորիկն անցել այդ վայրի վրայով և ամեն ինչ խորտակելով, ոչնչացնելով մահացրել էր նրա բնակիչներին... Երբ մեր ձիավորները գյուղ մտան, սառն ամայության դողը պատեց նրանց, և նրանք չիմացան, թե ինչ անեն և որ ավերակի դռանը իջնեն: Ո՛չ մի կենդանի շունչ չդիմավորեց նրանց:

Անցան ավերակ և ամայի մի քանի տների մոտով, և հեռվում նրանց երևաց ճրագի աղոտ մի լույս: Անմիջապես դեպի լույսը դիմեցին: Գագիկը առաջինը ներս մտավ, ուր կանթեղի աղոտ լուսավորության տակ, հին չուլի վրա նստած էր մի ծերունի: Նա այնքան խորասուզված էր յուր մտքերի մեջ, որ չնկատեց անգամ Գագիկի ներս մտնելը:

— Բարի երեկո, հայրի՛կ, — ասաց Գագիկը խրոխտ ձայնով:

Ծերունին սթափվեց և իր մեռելային անշարժ աչքերը դարձնելով դեպի Գագիկը՝ տեսավ յուր առջև կանգնած զինված մի մարդ, որն ըստ երևույթին վատ տպավորություն թողեց նրա վրա: Նա բարձրացրեց ձեռնափայտը, որի վրա հենված էր, և կարծես ուզում էր խփել Գագիկին, բայց դողդոջուն ու թուլացած ձեռքերը չպահեցին փայտը և այն ընկավ գետին, իսկ ինքը անշարժ ու սարսափահար աչքերով նայում էր Գագիկին և երկյուղից դողում: Խե՛ղճ ծերուկ, նա դողում էր յուր կյանքի համար, այն թշվառ կյանքի, որի ողորմելի մնացորդները մնացել էին նրա մաշված ու դալկացած մարմնի մեջ...

Գագիկը հասկացավ նրան:

— Մի՛ վախենա, ծերո՛ւկ, մենք թշնամիներ չենք:

Ծերուկը, թշնամի բառը լսելով, ավելի կուչ եկավ և ետ ետ գնալով կանգ առավ անկյունում, որտեղից յուր անշարժ հայացքով կրկին նայում էր Գագիկին և նրա ուղեկիցներին, որոնք նոր էին ներս եկել:

— Մ՛ի վախիր, ծերո՛ւկ, մենք քեզ վնաս չենք տա, մենք միայն օթևան ենք ուզում, — կրկնեց Գագիկը՝ մոտենալով ծերուկին:

Բայց ծերուկն, ըստ երևույթին, ոչինչ չէր հասկանում և ոչ մի պատասխան չէր տալիս:

Երբ Գագիկը տեսավ, որ նրա բերանից ոչ մի բառ դուրս չի գալիս, դարձավ դեպի յուր ձիավորները.

— Ձիերը մի տեղ տեղավորեցեք և աշխատեցեք նրանց համար կեր գտնել, իսկ մենք կմնանք այս գիշեր այստեղ: Ինչպես երևում է ծերուկը երկյուղից սարսափահար է եղել և մեզ էլ թշնամիների տեղ է դնում, բայց մենք շուտով սրա լեզուն կբանանք:

Ծառան ձիերը կապեց, իսկ զինվորներն սկսեցին գյուղի մեջ պտտել ձիերի համար գարի կամ հարդ գտնելու, երկար որոնելուց հետո փլատակ ախոռի տակից հանեցին մի փոքր գարի ու հարդ, և ապա վերադառնալով բաց արին իրենց խուրջինները, ուր ամեն տեսակ պաշարեղեն ու գինի կար:

Գագիկն ու Գուրգենը ագահաբար վրա ընկան պաշարին ու գինուն, իսկ ծերուկը ապուշի նման դեռ նայում էր նրանց՝ չհամարձակվելով տեղից շարժվել:

— Հարկավոր է գրավել ծերուկին և հարցուփորձ անել, — ասաց Գուրգենը:

— Անպատճառ պետք է իմանալ, թե ի՞նչ է պատահել այս գյուղի հետ, որը մի քանի ամիս առաջ այնքան շեն էր, — պատասխանեց Գագիկը և գավաթը գինի լցնելով՝ դիմեց ծերուկին:

— Ծերո՛ւկ, ա՛ռ մի բաժակ գինի խմիր, սա քեզ կզորացնի և քո փակ լեզուն կբանա:

Գինին տեսնելով՝ ծերուկի աչքերի մեջ մի փայլ երևաց, որը շատ շուտով հանգավ, ըստ երևույթին, նա կասկածում էր հյուրերի վրա, բայց երբ Գագիկը զոռով նրան բերեց իր մոտ նստեցրեց, նա խմեց գինին, որը ցնցեց նրա ջղերը:

— Հը՛, ի՞նչ է, դո՞ւր եկավ, լա՞վն էր, ա՛ռ էլի խմիր, — ասաց Գագիկը դարձյալ գինու գավաթը մեկնելով նրան: Ծերունին նորից դատարկեց և հետզհետե նրա լեզուն բացվեց, որից Գագիկն իմացավ, որ մի շաբաթ առաջ Յուսուֆի հրոսակները ներս խուժելով գյուղ, ավերակ էին դարձրել այն, իսկ բնակիչներից շատերին գերի էին տարել և շատերին էլ կոտորել: Գյուղում մնացել էր միայն ինքը, այդ ծերուկը, որպես գյուղի միակ կենդանի վկան...

Ծերունին սկսեց մանրամասնություններ պատմել, այնինչ Գագիկն ու Գուրգենը հոգնածությունը չտանելով, տեղն ու տեղը մեկնվել էին և թունդ խռմփացնում էին:

Արշալույսը բացվելուն պես հինգ ձիավորները կրկին շարունակեցին ճանապարհը՝ թողնելով ծերունուն նույն անշարժ դրության մեջ, ինչպես առաջ...

Զ

Կապույտ բերդի հանձնվելուց հետո մի տարի էլ անցավ: Կրկին կանաչեցին դաշտերն ու ձորերը, կրկին կենդանություն ստացավ բնությունը, լսվեց թռչունների անուշ ճռվողյունը, մեղմացավ օդը, հալվեցին ձյունն ու սառույցը, և առվակները ուրախ քչքչոցով վազեցին առաջ: Բայց ի՞նչ վիճակի մեջ էր Հայաստանը: Յուսուֆը, Սմբատին մի տարի Դվինի մութ ու խոնավ բանտում պահելուց հետո, դուրս եկավ Դվինից յուր հրոսակներով և կանգ առավ Երնջակի[2] բերդի պարիսպների տակ՝ չորս կողմը սփռելով ամայություն ու կոտորած:

Գարնանային արևը ուրախ ժպտում էր, այնինչ Յուսուֆի վրանի առաջ, ճիշտ Երնջակի մեջ պաշարված կտրիճ հայերի ներկայությամբ հետևյալ տեսարանն էր կատարվում: Մի խումբ զինվորների, դահիճների և Յուսուֆի իշխանների առաջ կանգնած էր մի մարդ՝ դժգույն և մեռելային դեմքով: Գլխաբաց և ոտաբոբիկ, պատառոտուն, հին, մաշված շորերը հազիվ էին ծածկում նրա մերկ մարմինը, իսկ տեղ-տեղ բաց մնացած մարմինը կապտած և ուռած էր: Գլխի երկար մազերը ալիքաձև ոլորված էին, իսկ թավ մորուքը անկարգ ծածկում էր նրա դեմքը: Հասակը բարձր էր և վիթխարի, այնինչ նիհարությունն այն աստիճանի էր հասել, որ կարելի էր նրան կմախքի տեղ դնել, եթե չլինեին երկու փայլուն աչքերը, որ լցված էին անհուն երանությամբ: Ո՞վ էր նա, որի հաղթանդամ մարմինը ավերել էին տաժանելի վիշտն ու անտանելի հոգսերը և անփոփոխ թողել միմիայն աչքերը, որոնք փայլում էին այնպես սիրուն, այնպես անվրդով, որ կարծես մարմնական բոլոր

---

[2] Երնջակի բերդ, հին հայկական բերդ Մեծ Հայքի Սյունիք աշխարհի Երնջակ գավառում, որը կառուցվել է Սյունի իշխանական տան տողմից: Այժմ բերդը գտնվում է Երնջակ գետի միջին հոսանքի շրջանում, զրեթե հարթ տարածության մեջ վեր խոյացած մի ապառաժոտ ժայռի կատարին: Ըստ երևույթին, Սյունիքի գահազլուխ իշխանների գանձերի մի մասը պահվում էր այս բերդում:

վշտերն ու հոգսերը, դառն կսկիծը և թշնամիների արհամարհանքը կապ չունեն իր հետ...

Ի՞նչ աչքեր էին դրանք, որոնք տեսնում էին թշնամիների նախատինքը, նրանց ծաղրուծանակը և այնպես անվրդով, այնպես անխռով ու հանգիստ տանում էին ամեն ինչ՝ արհամարհելով այն, ինչ որ աշխարհային էր ու անցավոր:

Յուսուփի կալանավորներից էր այդ մարդը, որին նա ուզում էր չարաչար տանջանքներով սպանել ի տես այն համառ հայ պաշարվածների, որոնցից չկարողանալով վրեժ առնել յուր բարկությունը ուզում էր թափել այդ մեկի վրա, որն անզեն ու անմռունչ կանգնած էր յուր առջև և բոլոր տանջանքները տանում էր գերմարդկային դիմացկունությամբ:

Հայոց թագավոր Սմբատն էր այդ նահատակը... Դահիճները մեկ-մեկ մոտենում էին նրան, դնում գլխին մի հին, կոտրատված կասկարա, թքում երեսին և, ծաղրելով, ծունկ չոքում նրա առաջ ու կանչում.

— Ողջո՛ւյն քեզ, հայո՛ց թագավոր:

Ապա երկաթե գավազաններով և խարազաններով խփում էին նրան, որից հետո կապտած մարմնից դուրս էր ցայտում արյունը և կաթիլ-կաթիլ ընկնում հողին: Հողը կուլ էր տալիս արյան կաթիլները իբրև սուրբ ավանդ Սմբատ արքայից: Նահատակվողը լուռ էր ու անմռունչ, հառաչանքի և ո՛չ մի ձայն չէր լսվում նրա կրծքից, և սոսկալի հարվածներից առաջացած ցավից չէր ցնցվում նրա դեմքի ո՛չ մի մկանը:

Տեսնում էին դա թշնամիները և տանջանք տանջանքի վրա ավելացնում, որպեսզի նա ուրանա Լուսավորչի հավատը և ընդունի Իսլամի կրոնը: Բայց անհուն տոկունությամբ նա տանում էր ամեն տանջանք:

Նրանցից մեկը, առնելով թագավորի թաշկինակը, կոխեց նրա բերանը և ապա, վերցնելով ճիպոտներից մեկը, սկսեց նրանով թաշկինակը կոխել երանելու որկորը, որպեսզի կտրվի նրա շունչը, բայց Սմբատ թագավորը դեռ շնչում էր ծանր ու մահամերձ և յուր մտքում աղոթք մրմնջում: Դրանով էլ չբավականանալով՝ նրա վզով անցկացրին գելարանը[3], ծանր բեռը դրին գլխին և տասը դահիճներ սկսեցին նրան ինչպես մի քար շարժել աջ ու ձախ: Ա՛յդ էլ արին, բայց նա դեռ շնչում էր, դեռ ապրում էր, կյանքի թելը դեռ չէր կտրվել և տանջանքների բոպեն դեռ չէր անցել:

Տեսան թշնամիները, որ կենդանության նշույլ կա նրա մեջ, գազանային վրեժխնդրությամբ լցված, շիկացած երկաթով սկսեցին ավելացնել նրա տանջանքները...

---

[3] Գործիք (մամուլ, կոճղ փոկ նն), որով մի բան պրկում ճմլում են: Գելարանը տանջանքի գործիք է:

Խեղդող ճենճահոտը տարածվում էր ամեն կողմ, թանձրը ծխի գոլորշիները դուրս էին ժայթքում Սմբատի մարմնի այն տեղերից, ուր դիպչում էր շիկացած երկաթը...

Վերջին անգամ բացեց Սմբատ թագավորը յուր աստվածային լույսով լցված աչքերը, վերջին մնաս բարովն ասաց հայրենիքին և վերջին շունչը պիտի փչէր, երբ դահիճը կտրեց նրա գլուխը...

Բարկության փրփուրը բերանին Յուսուֆը հրամայեց նրա դիակը Դվին տանել և ի նախատինք քրիստոնյաների՝ խաչել Քրիստոսի նման... Անկուշտ գազանը նրա արյունից չէր կշտացել, դիակն էլ էր ուզում անպատվել:

Է

Կես գիշեր էր...

Երկրի վրա տիրում էր խորին խավարը: Ո՛չ մի շշուկ, ո՛չ մի ձայն չէր խանգարում մեռելային լռությունը, երբ հեռվից Դվին [4] տանող ճանապարհին երևացին երկու ձիավոր:

Նետի արագությամբ նրանք սլանում էին դեպի Դվին, ուր նստած էր Յուսուֆը: Սառը գիշերային քամին փոփոխացնում էր նրանց փեշերը, և ձիերի ոտքերի տակից բարձրանում էր թանձր փոշի: Գիշերային խավարի մեջ երկու վիթխարի հսկաների էին նմանվում նրանք, որ արշավելով դեպի Դվին, կարծես ուզում էին մի ակնթարթում ոչնչացնել, լափել ու հիմնահատակ անել այն:

Վիթխարի հասակ ուներ ձիավորներից մեկը, որ մյուսից մի քանի քայլ առաջ էր սլանում. լայն թիկունքը, հաստ ու հուժկու բազուկները մի ամբողջ բանակ կարող էին ոչնչացնել: Թավ, սև մորուքը պատել էր նրա դեմքը, իսկ հրացայտ աչքերը փայլում էին գիշերային խավարի մեջ, ինչպես երկու հրաբուխներ: Բարկության ու վրեժխնդրության կատաղի կրակով էին լցված այդ աչքերը, որոնք նայողին հալեցնում էին ինչպես մոմ:

---

[4] Դվին (արաբ. Դաբիլ, հուն. Դուվիս), Պատմական Հայաստանի մայրաքաղաքներից մեկը: Հիմնադրվել է 4-րդ դարի առաջին կեսին: Գտնվում էր Այրարատ նահանգի Ոստան Հայոց գավառում (գավառը քաղաքի անունով կոչվել է Ոստան Դվնո): Ըստ պատմահայր Մովսես Խորենացու՝ «դվին» բառը պարսկերեն ծագում ունի և նշանակում է բլուր:Մինչև 924 թվականը այդտեղ էր և հայոց կաթողիկոսական աթոռը:

Ահազին սուրը կախված էր նրա մեջքից, իսկ ծանր սաղավարտը փայլում էր գլխին՝ գիշերային խավարի մեջ: Պակաս չէր մարմնի կազմվածքով և մյուս ձիավորը, բայց նա չէր կարող յուր ուժով համեմատվել առաջինի հետ: Նա էլ սուր ուներ և ձեռքի երկայն նիզակով անդադար խփում էր ձիուն, որպեսզի ետ չմնա առաջին ձիավորից՝ յուր տիրոջից: Կարճ ժամանակ անց նրանք մոտեցան Դվին քաղաքին, ուր նույնպես տիրում էր մեռելային անշարժությունը: Հեռվում երևում էին Յուսուֆի պալատը և հայոց կաթողիկոսարանը: Նրանք մոտեցան Դվինին: Այդ ժամանակ մի քանի շուն սկսեցին հաչել ձիավորների վրա, որոնք, մի փոքր էլ առաջ գնալով, իջան ձիերից և նրանց դեպի ձորը տանելով՝ կապեցին այնտեղ, իսկ իրենք մտան քաղաք:

— Դու լա՞վ ես հիշում տեղը, — հարցրեց առաջին ձիավորը մեզ ծանոթ Դավթին, երբ նրանք մտան լուռ փողոցները:

— Ինչպես ցերեկվա լույսը, — պատասխանեց Դավիթը:

— Իսկ համոզվա՞ծ ես, որ լույսն ամեն գիշեր իջնում էր նրա խաչված տեղը:

— Տե՛ր, ես ինքս աչքովս եմ տեսել: Ինչպե՞ս կարելի է չհավատալ:

— Դեհ, ուրեմն առաջ քայլիր և ցույց տուր տեղը:

Դավիթն առաջ անցավ, մի քանի լուռ փողոցներ անցնելուց հետո նրանք կանգ առան հայոց կաթողիկոսարանի առաջ, մի հրապարակի վրա:

— Ահա այստեղ էր խաչված հայոց թագավոր Սմբատը, այստեղ էին անարգում նրա դիակը այդ անօրենները:

— Լավ ընտրություն է. ճիշտ հայոց կաթողիկոսարանի դիմաց,— ասաց Դավթի տերը և խոր հոգոց հանեց:

— Իսկ ու՞ր է լույսը[5], ինչո՞ւ նա չկա:

— Կլինի, գուցե դեռ վաղ է. երկնքից լույսն իջնում է, առհասարակ, կես գիշերից անց:

— Լա՛վ, ուրեմն, սպասենք:

Բայց տես, տե՛ր իմ, ահա լույսն իջնում է երկնքից, տեսնում ես, ճիշտ մեր գլխին մի տեսակ աղոտ լուսավորություն է երևում, չի անցնի կարճ ժամանակ և դու կտեսնես հրաշքը, — ասաց Դավիթը և նայեց վեր, դեպի աստեղազարդ երկինքը, ուր, հիրավի, իրենց գլխավերևում, այնտեղ, ուր բևեռել էր Յուսուֆը Սմբատին, երևում էր մի աղոտ լույս, որ հետզհետե ընդարձակվում և պսակի կերպարանք էր ստանում:

---

[5] Ավանդություն կա, որ Սմբատ արքայի խաչված տեղում գիշերները լույս է իջնելիս եղել, որ շատերն են տեսել:

Հովհ. կաթ. Դրասխանակերտցի, էջ 131:

Դավթի տերը ծունկի չոքեց և ձեռքերը կրծքին դրեց, անթարթ աչքերով սկսեց նայել լույսին, նրա սիրտը սկսեց դողալ, այն սիրտը, որ չէր դողա, եթե Յուսուֆի ամբողջ բանակը յուր վրա գար:

Պսակը հետզհետե իջնում էր ցած, գալարվում, թռիչքներ անում վերև ու ներքև և կրկին կանգ առնում:

Հանկարծ Դավթի տերը, այն հաղթանդամ հսկան, սարսռեց, նրա մարմնով անցավ մի այնպիսի դող, որ քիչ մնաց արյունը սառեցներ երակներում և ցնդեր ուղեղը:

Նա տեսավ յուր առաջ հայոց Սմբատ թագավորին, որ յուր գունատ և դալկացած աչքերով նայում էր նրան:

Աղաչանքի և աղերսանքի հայացք էր այդ, որ ուղղված էր դեպի իշխանը, որն ապուշ կտրած նայում էր նրան:

Այդ դալկացած և աղերսող աչքերում կարծես թաքնված լիներ վրեժխնդրության և ատելության սարսափելի բոցը, որ դեպի հուր ու մոխիր էր քաջալերում:

Այդ բոցը հալում էր իշխանին, նրա դեմքի մկանները ցնցվում էին, երեսին պատում էր մեռելային գունատություն, այնինչ նա յուր աչքերով կլանում էր Սմբատ արքայի ստվերի յուրաքանչյուր շարժումը, դեմքի ամեն մի գիծը, աչքերի թափանցող հայացքը, որ վիշտ և զարհուրանք էր պարունակում յուր մեջ...

Ստվերի հոգեկան այդ բուռն զգացմունքը շատ խորն էր թափանցում իշխանի սիրտը և այնտեղ յուր ավերմունքն անում, յուր խոր, անջնջելի հետքերը թողնում: Սոսկալի էին այդ հետքերը, զարհուրելի նրա ավերմունքը:

Եռուն կյանքով լի, անհաղթելի ուժի տեր մարդու մարմնով կարծես բյուրավոր մրջյուններ էին վազում, որոնք փշաքաղում էին նրա մարմինը: Նա հետզհետե, կարծես, սառչում էր, դադարում էր կենդանության շարժումը, գիտակցությունը լռում էր, և դառնում որպես կենդանի արձան: Ի՞նչ դրության մեջ էր նրա հոգին, ո՞ւր և որտե՞ղ էր սավառնում՝ հայտնի չէր. միայն նա տանջվում էր, այդ երևում էր նրա դժգույն, մեռելային դեմքից, ուր շարվել էին արտասուքի խոշոր, բայց սառն կաթիլներ... Աշխարհը գոյություն չուներ նրա համար, և ինքը յուր ամբողջ էությամբ ամփոփված էր ստվերի աչքերի մեջ, այդ րոպեին դա էր նրա աշխարհը, որ մեծ էր, քան տիեզերքը, ահարկու և սոսկալի, քան դժոխքը: Նա հասկանում էր այդ աշխարհը, ճանաչում էր նրա հոգեկան վիշտը և սարսռում... Նայեց նա ստվերին, նայեց և հանկարծ խուլ, գերեզմանային ձայնով ասաց.

— Երդվում եմ, հա՛յր, որ ոչ մի բարբարոս չթողնեմ Հայաստանում և քո վրեժը տասնապատիկ առնեմ Յուսուֆի հրոսակներից:

Այդ միջոցին ստվերը ժպտաց, ուրախացավ, մի տեսակ անհուն երանություն անցավ նրա գունատ դեմքով. ապա երերաց, ցնցվեց, հետզհետե նոսրացավ, լուծվեց օդի մեջ և պսակի հետ չքացավ...

Տիրեց կրկին խորին խավարը:

Վեր կացավ իշխանը և վրեժխնդրությամբ լի աչքերը չորս կողմ դարձնելով՝ մի այնպիսի մռնչյուն արձակեց, որ սար ու ձոր դողացին:

Այդ ժամանակ Դավիթը մոտեցավ նրան և ասաց.

— Տե՛ր իմ, հինգ թե վեց հոգի Յուսուֆի զինվորներից գալիս են դեպի մեզ: Եթե մեզ ճանաչեն, կռիվն անխուսափելի է:

— Թո՛ղ գան: Այդ շներին բոլորին էլ պետք է կոտորել:

— Բայց, տե՛ր իմ, նրանք կարող են աղմուկ հանել...

Վեց հոգուց բաղկացած խումբը մոտեցավ նրանց: Եվ Դավթի տերը հանկարծակի մեկին այնպիսի աքացի տվեց, որ նա դիպչելով ընկերոջը, նրան էլ գետին գլորեց: Մյուսները այդ նկատելով, սրերը մերկացրին:

Հսկան ժպտաց և, աներկյուղ մոտենալով, երկուսին բռունցքով այնպիսի հարված տվեց, որ նրանց սրերը երեք գազ ու կես այն կողմ շպրտվեցին, իսկ իրենք անշունչ վայր ընկան ընկերների մոտ:

Խմբից մի հոգու գլուխը Դավիթն էր կտրում, իսկ մեկը սարսափից փախուստ էր ուզում տալ, երբ հսկան, բռնելով նրան, տապալեց գետին և ապա հուպ տալով որկորին՝ գոռաց խրոխտաձայն.

— Անհավատ շուն, քեզ կենդանի եմ թողնում, որ լուր տանես Յուսուֆին, թե Աշոտ Երկաթ շահնշահը՝ Սմբատի անդրանիկը, սուրբ վրեժխնդրության ոգով զինված, պիտի հալածե Յուսուֆին և նրա հրոսակներին: Կարճ ժամանակ չի անցնի, և դրանց հետքը չի մնա Հայաստանում:

Այդ ժամանակ զինվորը Աշոտի մատների ճնշումից խոխռացնում էր և խեղդվելու մոտ էր:

— Հը՛, սատկու՞մ ես: Ո՞ւր գնաց ձեր քաջությունը, որ մի մատի ուժին էլ չեք դիմանում, — ասաց Աշոտը՝ Սմբատ նահատակի որդին, և մի աքացի տալով նրան, դիմեց Դավթին.

— Դե՛հ, Ժամանակն է գնալու, շուտով արշալույսը կբացվի, հասավ վրեժխնդրության ժամը, անօրենների հետքն անգամ չպետք է թողնել, — ասաց նա: Եվ ապա, հեծնելով ձիերը, նրանք երեսները շուռ տվին դեպի Բագրեվանդ և գիշերային մթության մեջ սլացան առաջ...

Ը

Այժմ մի փոքր կանգ առնենք և տեսնենք, թե ինչ դրության մեջ էր Հայաստանը Սմբատ արքայի նահատակվելուց հետո և ու՞ր էր Աշոտ Երկաթը:

Արաբաց տիրապետության ժամանակ Հայաստանի մեջ գտնվում էին բազմաթիվ մեծ և փոքր իշխանական ցեղեր, որոնցից չորսը ձգտում էին առաջնակարգ դեր խաղալ Հայաստանի մեջ: Այդ մեծ իշխանական ցեղերն էին՝ Արծրունիք, Սյունիք, Մամիկոնյանք և Բագրատունիք: Սրանցից առաջին երկուսը արդեն վաղուց ձգտում էին հայոց թագավորության հասնելուն, բայց իրենց ներելի և աններելի միջոցներով գործն ավելի փչացրին ու իրենց ցանկացած նպատակին չհասան: Մամիկոնյանք, թեև նոր եկած նախարարություն էին կազմում, նպատակ ունեին լոկ ազգին ծառայել ամենից վեր դասելով ազգության շահերը, քան թե ձգտումը դեպի թագավորությունը, և այդ է պատճառը, որ սրանք թեև ընդհանուր սպարապետի պաշտոններ էին կատարում և ուժը իրենց ձեռքին էր, բայց չօգտվեցին այդ ուժից, և հետզհետե, իններորդ դարի կեսին, կտրվեց նրանց շառավիղը Գրիգոր Մամիկոնյանի մահվամբ:

Բագրատունյանց տոհմը, որ հանդես եկավ Պարթևաց օրով և թագադիր ասպետության պաշտոնն ուներ, հետզհետե առաջնակարգ դեր էր կատարում հայոց մեջ: Սրանց միջից դուրս եկան քաջ և իմաստուն զորավարներ, որոնք Բագրատունյաց անունը փառավորեցին, իսկ իններորդ դարի վերջերին արդեն հաջողվեց թագավորի տիտղոս առնել (885 թ.):

Հայոց բնավորության համեմատ, հենց որ Բագրատունիք ձեռք բերին թագավորական տիտղոսը, մյուս նախարարներն էլ՝ թե՛ մեծ, թե՛ փոքր սկսեցին գլուխ բարձրացնել և ձգտել անկախության:

Արծրունիք առաջինն եղան, որ Գագիկ Արծրունու ջանքերով ձեռք բերին անկախություն և կազմեցին Վասպուրականի մեջ իրենց տերությունը (908թ.): Դրանից վաթսուն տարի հետո քայքայվեց նաև Բագրատունյաց տերությունը, որ գտնվում էր Այրարատյան երկրում: Եվ Բագրատունիք Վանանդ երկրում կազմեցին առանձին թագավորություն՝ Կարս մայրաքաղաքով, այնինչ այդ ժամանակաշրջանում քայքայվեց նաև Վասպուրականի թագավորությունը, որից առաջացան Ռշտունյաց և Անձևացյաց անկախ տերությունները և ապա հետզհետե Սյունյաց, Բագրատունյաց, Կյուրիկյան (Լոռվա մեջ) թագավորությունները և բազմաթիվ մանրմունր իշխանություններ, որոնցից ամեն մեկը ուզում էր անկախ լինել: Անմիաբանության և խռովության ոգին բուռն կերպով տիրում էր հայերի մեջ: Հույներր և արաբները դրա որմները ցանել էին հայերի մեջ, որ այդպես առատ հունձ էր տալիս՝ քայքայելով իրենց ուժերը և մեկ իշխանին մյուսի դեմ հարուցանելով...

Բագրատունյաց առաջին թագավորը եղավ Աշոտ Ա., որի մահվանից հետո թագավորական գահը բարձրացավ Սմբատը, որը երեք որդի ուներ՝ Աշոտ, Մուշեղ և Աբաս։ Սմբատի գլխավոր ջանքը եղավ անկախ մանր տերությունները միացնել իրար, բայց այդ չհաջողվեց նրան, որովհետև չարանենգ Յուսուֆը, կասկածելով Սմբատի հավատարմության վրա և նրա ուժեղանալու վախենալով, հետամուտ է լինում նրան բռնելու, բայց Սմբատը յուր որդիներով դիմադրում է Յուսուֆին։ Սմբատի անդրանիկ որդի Աշոտը և մյուս որդի Մուշեղը Նիգ գավառում ճակատամարտում են Յուսուֆի զինվորների դեմ, ուր հաղթվելով Մուշեղը գերի է ընկնում և տարվելով Դվին՝ մահացու դեղով սպանվում է և ապա թաղվում Բագարանում։

Այնուհետև Կապույտ բերդում Սմբատ արքայի անձնատուր լինելուց հետո, նրա երկու որդիները, Աշոտն ու Աբասը, փախչում են Հայաստանից Յուսուֆի վրեժխնդրությունից վախենալով, որոնցից առաջինը գնում է Կոնստանդնուպոլիս Հունաց Լևոն կայսեր մոտ, իսկ երկրորդը՝ Վրաստան և փեսայանում վրաց թագավորին։

Աշոտը, որ յուր քաջապինդ արիության համար Երկաթ մականունն ստացավ, որ յուր մատներով կարողանում էր երկաթը ոլորել և զարմացնել բոլորին, յուր հոր մահից հետո Լևոն կայսեր հրամանով վերադառնում է Հայաստան, անվանում իրեն շահնշահ, այսինքն՝ թագավորաց թագավոր, և հալածում արաբներին։

Ահա այս դրության մեջ էր Հայաստանը, երբ երևաց Աշոտ Երկաթը։

Թ

Բագրևանդ[6] գավառում, այնտեղ, ուր սկիզբ է առնում Եփրատի մի վտակը և ուր Գրիգոր Լուսավորիչը մկրտեց Տրդատ թագավորին և հայերին, Նպատ լեռան լանջին բարձրանում էր մի մենաստան, որ իններորդ դարի վերջում ծաղկած և փարթամ դրության մեջ էր։ Այդ մենաստանը, որի մեջ քառասունից ավելի կրոնավորներ էին գտնվում, կրում էր սուրբ Գրիգոր անունը, ուր հասնելով՝ ամեն մի ճանապարհորդ կանգ էր առնում և հայկական սովորության համեմատ ընդունում էր վանականների լիառատ հյուրընկալությունը։

Դեռ շատ հին դարերում, երբ հայերի մեջ չէր մտել քրիստոնեությունը, երբ պաշտում էին նրանք չաստվածներին, այդ մենաստանը կրկին գոյություն ուներ և ծառայում էր իբրև հյուրընկալության կենտրոն, միայն թե այն ժամանակ չէր կրում այդ

[6] Այժմյան Ալաշկերտի գավառը։

անունը, այլ կոչվում էր Բագավան, Բագնաց ավան և կամ Դից ավան: Բագավանը այդ ժամանակ մեծ դեր էր կատարում հայոց մեջ: Այդտեղ էին գտնվում քրմապետ Մաժանի և նրա եղբոր Տիգրանի գերեզմանները, ուր գտնվում էր նաև Վանատրի հյուրընկալության և ամանորաբեր նոր պտղոց չաստծու բագինը: Այդ բագինը, Խորենացու ասելով, շինել էր վերջին Տիգրան թագավորը, որ յուր քրմապետ եղբոր՝ Մաժանի գերեզմանի վրա հրամայեց բագին շինել, որ դրանց մատուցած զոհերից օգտվեն ամեն ճանապարհորդ ու հյուր, և ապա Վաղարշ թագավորը նավասարդի առաջին օրը աշխարհախումբ տոն կարգեց այդ բագնին: Անցավ ժամանակ, քրիստոնեությունը մուտք գործեց Հայաստան և սուրբ Գրիգոր Լուսավորիչը, վերցնելով այդ կուռքը, դրա տեղ Քրիստոսի հաղթական խաչը տնկեց, բերելով այդտեղ սրբույն Հովհաննու և Աթանագինեի նշխարները:

Բայց որովհետև նավասարդի առաջին օրը մեծ հանդեսով տոնվում էր այդ տոնը և միևնույն ժամանակ տոնվում էր նոր պտուղների, բերրիության տոնը, այդ պատճառով, նույն այդ օրը, Գրիգոր Լուսավորիչը նշանակեց սուրբ Հովհաննու Մկրտչի և Քրիստոսի վկայի՝ Աթանագինեի տոն. այդպիսով հետզհետե մոռացության մատնվեցին հին կռապաշտական տոնախմբությունները, և նրանք տեղի տվեցին քրիստոնեական տոներին:

Այդ իսկ մենաստանում [7], ինչպես ասացինք, իններորդ դարի վերջերին, ապրում էին քառասնից ավելի վանական, իսկ տասներորդ դարի սկզբներին հազիվ մնացել էին մի քանիսը, և նա զրկվել էր յուր զարդարանքներից, ոսկուց և արծաթից:

Յուսուֆի հրոսակները, մտնելով Բագրևանդա գավառը, ամեն ինչ տակնուվրա էին արել, չխնայելով անգամ այդ մենաստանը, ուր ամեն ինչ հափշտակելով, սրի էին անցկացրել քառասունից ավելի վանականներ, իսկ մնացածներին՝ փախուստի մատնել: Սակայն վանականներից մեկը, վերադառնալով վանք, ամայի պատերի մեջ շարունակում էր յուր թշվառ գոյությունը՝ ամեն րոպե մահվան սպասելով այն արաբ իշխանից, որը նստած էր Բագավանում և չորս կողմ մահ էր սփռում:

---

[7] Արածանի գետի ափին, Նպատ սարի հյուսիսային ստորոտում այժմ կա մի մեծ եկեղեցի Ուչքիլիսե անունով , որ շինված է 7-րդ դարում. այդ եկեղեցին կամ մենաստանը այն տեղն է, ուր եղել է հին ժամանակներում Մաժան քրմապետի գերեզմանը և Վանատրի մեհյանը ,որոնց կործանելով Գրիգոր Լուսավորիչը մատուռ շինեց և Հովհաննես Մկրտչի մասունքներն ամփոփեց. այս պատճառով Ուչքիլիսեն կոչվում է նաև Բագրևանդա սուրբ Հովհաննես և մինչ հիմա էլ մեծ ուխտատեղի է:

Կ.Կոստանյանց, «Հյուսվածք», 19-92:

Ծերունի վանականն էր այդ մենաստանի վանահայրը, քանի՜-քանի՜ թշվառություններ անցել էին նրա գլխով, քանի՜-քանի՜ փորձանքների էր հանդիպել նա, բայց նրա հոգու մեջ այնպիսի խոր վիշտ չէր ընկել, ինչպես հիմա: Երբ նայում էր վանքի մերկ, զարդարանքներից զուրկ պատերին, երբ մտնում էր վանքի ամայի ու դատարկ ամբարներն և մառանները, նրա սիրտը քաղվում էր, աչքերից ընկնում էին արտասուքի կաթիլներ:

Մարտիրոս էր այդ ծերունի վանահոր անունը, որ յուր ընկերակիցների կոտորածից հետո, դեռ մի քանի ամիս չկար ինչ վերադարձել էր վանքը յուր մի քանի ծառաներով:

Երեկոյան դեմ էր: Արևը նոր էր հանգիստ առնում Սուկավ կամ Ջրաբաշխ լեռների կատարներին, երբ Մարտիրոսը լուռ շրջում էր վանքի գավթում և երբեմն նայում հորիզոնին, ուր մայր էր մտնում արևը՝ յուր ետևից թողնելով կարմրածիրանագույն շերտեր... Ծառաներից երկուսն էլ մտախոհ նստած էին մի քարի վրա և ինչ-որ խոսում էին:

— Տղե՛րք, — դարձավ նրանց վանահայրը, — դռները պինդ փակեցեք և ոչ ոքի այլևս ներս չթողնեք, արևը արդեն մայր մտավ և շուտով խավարը կտիրի:

— Պարսպի բոլոր դռները պինդ փակված են, հա՛յր սուրբ, — ասաց ծառաներից մեկը՝ ոտքի կանգնելով:

— Իսկ նիգերն ամրացվա՞ծ են:

— Այո՛, այնքան ամուր են, որ եթե ինքը՝ Յուսուֆն էլ յուր բանակով այստեղ գա, կրկին չի կարող ներս մտնել,— հեգնելով ասաց ծառան:

— Հը՛մ, Յուսուֆը... հա՛, եթե հիմա գա, ի՞նչ պիտի տանի. ամեն բան տարավ, բոլորին կոտորեց, էլ ինչու՞ համար է գալիս, ի՞նչին են պետք վանքի սառը քարերը, — մռմռաց ինքն իրեն վանահայրը և սկսեց կրկին տերողորմյան ձգել:

Այդ միջոցին լսվեց վանքի պարիսպների դռան բախյունը. Ինչ-որ մեկը բախում էր դուռը ուժգին և շտապ հարվածներով:

Ծառաները ոտքի կանգնեցին և երկյուղից սկսեցին իրար երեսի նայել, իսկ վանահայրը, տեղից ելնելով դադարեցրեց տերողորմյայի համրելը և շփոթված դեպի դուռը նայեց:

— Ո՞վ պիտի լինի, որ այդպես շտապ-շտապ ծեծում է դուռը, — մտածեց նա: Եվ նրա մտքովն անցավ Բազավան գյուղի արաբաց իշխանն ու յուր հրոսակները: Խեղճ վարդապետի մարմնով սառը դող անցավ, երբ մտաբերեց նրանց առաջին արշավանքը և վանքի ավերմունքը:

Ով էլ որ լինի, լավ բանի համար չի լինի եկած, բայց և այնպես պետք է իմանալ և ընդունել: Ի՞նչից պետք է վախենալ, քանի որ ոչինչ չկա վանքում կողոպտելու, իսկ յուր կյանքի վերջին մնացորդները իրեն այլևս պետք չեն:

— Տղե՛րք, գնացեք տեսեք ո՞վ է և ի՞նչ է ուզում, բայց առանց իմ հրամանի դուռը չբանաք:

Ծառաները վազեցին դեպի դուռը, որը քիչ էր մնում ջարդուփշուր լիներ: Ինչպես երևում էր, այցելուն շտապ գործ ուներ կամ համբերություն ամենևին չուներ:

Շփոթված վանահայրը դեռ կանգնած էր տեղում, երբ ծառաներից մեկը դառնալով հայտնեց.

— Հա՛յր սուրբ, վիթխարի տեսքով մի գյուղացի է, ստիպում է դուռը բանալ, նա կարևոր գործ ունի քեզ հետ:

— Միայնա՞կ է նա:

— Այո , միայնակ, ուրիշ ոչ ոքի չտեսանք հետը:

— Բայց լավ դիտեցի՞ք շուրջը:

— Այո՛, չորս կողմ լռություն է տիրում, և նա միայնակ ծեծում է դուռը: Եթե չբանաք, ասում է, դուռը կկոտրեմ:

— Զենք ունի՞, — հարցրեց վանահայրը:

— Ոչ մի զենք չտեսանք վրան, բայց այնպիսի ուժեղ բազուկներ ունի, որ հազար զենք արժեն:

— Լա՛վ, ներս թողեք, բայց դռները իսկույն փակեցեք և դուք էլ զգույշ մնացեք: Ո՞վ գիտե՝ ի՞նչ մարդ է, թշնամի՞ է, թե բարեկամ: Մեր ժամանակներում ամեն բանի վրա պետք է կասկածել, ամեն բանից պետք է վախենալ, — ասաց վանահայրը ինքն իրեն և լուռ նայեց դեպի դուռը, որը ճռճռալով բացվեց, և մի հաղթանդամ մարդ՝ գյուղական հագուստով, երկար փայտը ձեռքին ներս մտավ և ուղղակի դեպի հայր սուրբը գալով՝ խոնարհ գլուխ տվեց նրան:

Մարտիրոս հայրը յուր փոքրիկ, բայց փայլուն աչքերը դեպի նա սևեռելով՝ ոտքից գլուխ զննեց նրան և, ըստ երևույթին, լավ տպավորություն ստանալով, մեղմ ձայնով հարցրեց.

— Ի՞նչ կկամենայիր, որդյա՛կ, որ այս ժամին վանքի դուռն ես ծեծում, երբ ոչ ոքի այլևս չենք ընդունում:

— Քո օրհնությունը, Մարտիրոս հայր, — ասաց գյուղացին և մոտենալով՝ աջն ուզեց համբուրել:

Վանահայրը աջը տվեց նրան և հարցրեց.

— Դու որտեղի՞ց գիտես իմ անունը:

— Բարի մարդկանց անունը միշտ ամենքը կիմանան, բայց ես առանձին գործ ունեմ քեզ հետ, հա՛յր սուրբ: Հրամայիր ծառաներիդ հեռանալ կամ մտնենք խուցդ:

— Գնանք, որդյա՛կ, — ասաց վանահայրը, առաջնորդելով նրան դեպի յուր խուցը: Եվ երբ նրանք միայնակ մնացին, այցելուն սկսեց յուր հարցուփորձը:

— Հա՛յր սուրբ, դու լավ տեղեկություն կունենաս Բագավանից, թե այնտեղ որքան արաբաց զորք կա և ի՞նչ դրության մեջ են:

Հայր սուրբը աչքերը չռեց, երբ լսեց այդ հարցը:

— Ի՞նչ հարկավոր է քեզ, որդի՛, անօրեններն այնքան շատ են, որ համրել չի կարելի:

— Ինչքան էլ շատ լինեն, մոտավոր թիվը քեզ հայտնի կլինի, որովհետև նրանք քեզանից մոտիկ են և քո ծառաները միշտ երթևեկություն ունեն գյուղի հետ:

— Ի՞նչ ասեմ, մոտ հինգ հազարի չափ կլինեն, որոնց կեսը նստում է Բագավանում, կեսը՝ Վաղարշակերտում:

— Հը՛մ... հինգ հազար... երկու հազար և հինգ հայո՞ւր… է ... հոգ չէ, — ինքն իրեն մռմռաց այցելուն:

— Ի՞նչ է որ...

— Ոչի՛նչ, փոքր ժամանակից հետո դրանց հետքն էլ չի լինի Բագավանում:

— Ի՛նչպես, — ասաց վանահայրը և դողդողուն ձեռքերով բռնեց այցելուի ձեռքը, — դու ուզում ես միայնակ նրանց հետ կռի՞վ տալ, կոտորե՞լ նրանց:

— Չէ՛ ես չէ, այլ Աշոտ Երկաթ շահնշահը:

Մի սարսուռ անցավ ծերունու մարմնով, երբ լսեց Աշոտ Երկաթի անունը, և նրա աչքերում փայլեց ուրախություն:

— Իսկ դու ո՞վ ես, որ նրանից տեղեկություն ունես: Ո՛ւր է նա, նահատակ Սմբատի որդին:

— Ես ո՞վ եմ, ես նրա զինվոր Դավիթն եմ, որ առաջուց եկել եմ հայտնելու քեզ, որ այս երեկո պատրաստ լինես նրա վեց հարյուր քաջերին ընդունելու, որովհետև մի փոքր ժամանակ այստեղ հանգստանալուց հետո գիշերս պիտի հարձակում գործենք Բագավանի վրա, ուր վաղը առավոտյան էլ ոչ մի արաբ զինվոր չի մնա: Դե՛հ, հա՛յր սուրբ, ծառաներիդ հրամայիր, որ իրենց խուցը մտնեն քնելու, իսկ դռան բանալիները ինձ հանձնեն: Ժամանակ չպետք է կորցնել, ես դուրս կերթամ շրջակայքը աչքի անցկացնելու և կարճ ժամանակից հետո կրկին կգամ, — ասաց Դավիթը և, վեր կենալով տեղից, դուրս եկավ խցից:

Շվարած վանահայրը չգիտեր երա՞զ է, թե իրողություն, բայց և այնպես հրամայեց բանալիները հանձնել Դավթին և պատրաստություն տեսնել դիմավորելու Աշոտ Երկաթին:

Ծ

Դավիթը, վանքի բանալիները գրպանը դնելով, կամաց սկսեց կանաչով պատած բլրից ցած իջնել դեպի ձորը: Հուսահատ և տրտում էր նրա դեմքը: Այն մարդը, որ այնպես աներկյուղ էր դեպի մահը, այն մարդը, որ յուր կյանքը դրել էր արդարության և վեհանձնության համար, նա, որ արհամարհեց Գագիկ Արծրունու դափնիները յուր տիրոջ մոտ գտնված փշի փոխարեն, այժմ սաստիկ հուսահատված էր և տխուր: Մի տեսակ ծանր միտք, մի տեսակ անորոշ ճնշում տակնուվրա էր անում նրա սիրտը և խռովում հոգին: Ի՞նչը կրծեց նրա սիրտը, ի՞նչը վրդովեց հոգին, երբ առաջին անգամ ոտք դրեց Բագրևանդ գավառը, այնինչ մինչև այդտեղ ոտք դնելը նրա հոգու մեջ տիրում էր լի հույսը դեպի ապագան... իսկ հիմա, երբ նա աչքի անցրեց այդ գավառը, ամեն ինչ ոչնչացավ, ամեն հույս ջարդուփշուր եղավ...

Նա իջավ բլրից, մտավ ձորը, նոր բլուր բարձրացավ և կրկին նոր ձոր մտավ, կանգ առավ այնտեղ և խոր ախ քաշեց, որից կարծես նրա թոքերը պատառոտվեցին և այդ արի մարդու աչքերում երևացին արցունքներ... Նա նայեց յուր ոտքերի տակ, ուր փռվում էին մի խումբ քարակույտեր, որոնք ցույց էին տալիս, թե դրանք ավերակ գյուղի հետքեր են, որտեղից աՀռելի փոթորիկն անցնելով ամեն ինչ քանդել, ոչնչացրել էր՝ քարը-քարին չթողնելով... Ձորի վերևում երևում էին միայն մի քանի խաղողի որթեր, որ բախտի բերմամբ ազատ մնալով փոթորկի մահաբեր շնչից, նոր էին ծաղկել, արձակելով թարմ, քնքուշ տերևներ...

Բայց ու՞ր են դրա բնակիչները, ի՞նչ եղան, աշխարհի ո՞ր կողմը ցրվեցին, կենդանի՞ են, թե մեռած, — ահա հարցեր, որոնք պտտվում էին Դավթի գլխում, բայց ոչ մի պատասխան չէին ստանում:

Դավիթն առաջ անցավ և կանգ առավ մի կիսավեր խրճիթի առաջ և երկար, երկար նայեց այդ գետնի մեջ տարածված, կիսաքանդ խրճիթին: Նա ճանաչում էր այդ տունը, քանի-քանի անգամ սրտատրոփ մոտեցել էր այդ տանը և վայելել ուրախ ու երջանիկ ժամեր: Հիմա էլ եկավ վայելելու վաղուց սպասած ուրախ այդ ժամը, բայց ի՞նչ տեսավ... Այդ տան մեջ առաջ հնչում էր ուրախ խոսակցություն, եռում էր կյանքը, իսկ հիմա տիրում էր մեռելություն ու անշարժություն: Առաջ նրան դիմավորում էին յուր նշանածի՝ Աստղիկի փափուկ բազուկները, նրա ուրախ ժպիտը, իսկ այժմ անմռունչ և սառը քարերը, որոնք մահվան չափ սարսուռ էին բերում Դավթին...

Հինգ երկար և ձիգ տարիներ էին, որ չէր տեսել Աստղիկին, հինգ ամբողջ տարիներ, որ փափագում էր տեսնել նրան, և այժմ, երբ մոտ էր այդ րոպեն վայելելու, երբ սրտատրոփ վազում էր դեպի գյուղ գրկելու յուր նազելիին և ավետելու Աշոտ Երկաթի երևալը, — ամեն ինչ ոչնչանում էր և խորտակվում... Ի՞նչ այլանդակ փոփոխություն...

Ո՛վ գիտե, այժմ մեռա՞ծ է Աստղիկը, թե կենդանի, և եթե կենդանի է՝ ո՞ւր է նա: Ո՞ր անօրեն իշխանի հարեմումն է նստած կամ ի՞նչ տաժանելի տանջանքներ է կրում մութ բանտի խոնավ հատակին: Այդ մտքերը տանջում էին նրան, և անիծում էր յուր բախտը, որ գոնե մի կենդանի արարած չկա, որից տեղեկանա:

Նա փեշով սրբեց արցունքները և լուռ քայլերն ուղղեց դեպի Բագավան գյուղը, ուր կար շարժում ու կենդանություն և ուր տեղավորվել էին Յուսուֆ իշխանն ու արաբաց մի գունդ:

Արդեն գիշեր էր: Նա դեռ շատ բան ուներ կատարելու մինչև Աշոտ Երկաթի վանք ժամանելը:

Շուտով նա մտավ գյուղ և, անցնելով մի քանի փողոց, կանգ առավ մի տան առաջ, որտեղից լսվում էին թմբուկի և երգի ձայներ:

Այդ տունը արաբաց գնդի իշխանի տունն էր, որն ինչպես երևում էր, անձնատուր էր եղել ուրախության և կերուխումի: Այդտեղ էին հավաքվել արաբաց բոլոր մեծամեծները և անհոգ ժամանակ էին անցկացնում: Դավիթն առաջ անցավ և այժմ սկսեց լրտեսել զորքերին, որոնք իրենց իշխանի օրինակին հետևելով նույնպես կերուխումի և անհոգության էին մատնված՝ ցրված լինելով զանազան տներում: Դավիթը դողաց, դրանից լավ հարձակում գործելու ժամանակ չէր լինի, պետք էր շտապել, հասնել վանք, սպասել Աշոտ Երկաթին: Եվ նա յուր ձեռնափայտը շարժելով՝ սկսեց շտապ քայլերով առաջ գնալ, երբ նրա առաջը կտրեց զինվորներից մեկը:

— Ո՞ւր ես վազում, ա՛յ շուն, — ասաց նա՝ բռնելով նրա օձիքից:

Դավիթը մեքենաբար ձեռքը դեպի սուրը տարավ, որ թաքնված էր յուր շորերի տակ, բայց իսկույն խելքը գլուխը ժողովեց, որ դրանով ամեն բան կփչացնի, ուստի դուրս պոկվելով զինվորի ձեռքից՝ ասաց.

— Թո՛ղ ինձ, ձեր իշխանը ուղարկեց գառ բերելու, մի՛ բռնիր ինձ, թե չէ վատ օրի կհասնես:

— Հա՛, եթե իշխանն է ղրկել, գնա՛, բայց մյուս անգամ այդպես մի՛ վազիր, թե չէ տեսնո՞ւմ ես այս կեռ սուրը, թափանդ վեր կածեմ:

— Հեռացավ զինվորի մոտից՝ ուրախանալով, որ այդպես հեշտ պրծավ:

Շուտով նա բարձրացավ վանքը և, նստելով դռների մոտ, սկսեց սպասել Աշոտ Երկաթին:

Մի փոքր անց մթության մեջ նկատեց, որ վեց հարյուրի չափ զինվորներ զգուշությամբ մոտենում են վանքին:

Աշոտ Երկաթը ճանաչեց Դավթին և, մոտենալով նրան կանչեց.

— Դավի՛թ:

— Այստեղ եմ, տե՛ր իմ:

— Իսկ ամեն բան պատրա՞ստ է:

— Պատրաստ է:

— Իսկ Բազավան գնացի՞ր: Ի՞նչ կա, որքան զորք տեսար:

— Զորքի թիվը երկու հազարից ավելի է և հարձակում գործելու ամենահարմար ժամանակը հիմա է, երբ նրանք անձնատուր են եղած կերուխումի և ոչ մի բանի վրա չեն մտածում:

— Լա՜վ, մի քիչ կանգ առնենք այստեղ և իսկույն կարշավենք Բազավանի վրա:

Նրանք ներս մտան պարիսպներից, և վանահայրը նկատելով Աշոտ Երկաթին և յուր եղբայր Աբասին՝ խաչ ու խաչվառով դուրս եկավ նրանց ընդառաջ, Աշոտ Երկաթը մտավ վանք, ծունկ չոքեց և ջերմ սրտով սկսեց աղոթել:

Մարտիրոս վանահայրը պահպանիչ ասաց նրանց գլխին: Մի փոքր հանգստանալուց հետո կտրիճների այդ խումբը զգույշ քայլերով մոտեցավ Բազավան գյուղին:

ԺԱ

Չքնաղ դեմքով նազելի կույսը տխուր ու տրտում կանգնած է սենյակի մեջտեղը և յուր արտասվախառն աչերով դարձրել է դեպի դուռը: Խորին թախիծը պատել է նրա սիրուն դեմքը: Ի՞նչ մեղ է, որ սքողել է նրա դեմքի ուրախ ժպիտը: Ի՞նչ ցավ, որ ստիպում է նրան արցունքներ թափել, վշտանալ, տխրել, ցավել ու տանջվել, երբ այդ հասակում պիտի միայն ժպտա և ուրախանա: Ո՞ր անգութ ձեռքը կաշկանդեց նրան այդ սենյակի մեջ, ուր ամբարված են թանկագին կերպասներն ու օթոցները, անգին զմրուխտներն ու ակները, ոսկին և արծաթը, բայց ուր չկա կապույտ երկինքը և ազատ, անուշ օդը... Օ՜հ, նեղ է, շատ նեղ է այնտեղ, ուր չի լսվում թռչունների անուշ ճռվողյունը, առվակի ուրախ քչքչոցը, քամու շնկշնկոցը, ամպի խաղն ու պարը... Եվ նազելի կույսը տխուր ու տրտում էր՝ բանտարկված լինելով Բազավանի արաբաց իշխան Աիմեղի սենյակներից մեկում, ուր շրջապատված էր աշխարհային ամեն տեսակ բարիքներով ու վայելչություններով, բայց որոնք մահու չափ տխրեցնում էին կույսին:

Նա հիշում էր իրենց գյուղը, որտեղից գերի էր վերցրել իրեն Աիմեղը, և խոր հառաչում: Նա մտաբերում էր յուր հորն ու մորը, փոքրիկ եղբորը և քույրիկին, և դառն արտասուքները խեղդում էին նրան... Նա հիշում էր փոքրիկ եղբոր ճիչն ու աղմուկը, մոր սրտնեղությունը, ապա գուրգուրանքը, և սիրտը տակնուվրա էր լինում: Ա՜խ, ինչպես այն քա՜ղցր էր, ինչպես անո՜ւշ, իսկ հիմա ինչպես տանջում են իրեն այս ոսկին ու արծաթը, թանկագին կերպասն ու օթոցը, որոնցով շրջապատել է իրեն Աիմեղը... Ինչպես դառն, սոսկալի և ատելի է այն շքեղությունը, որի վրա չի կպչում մարդու սիրտը, և ինչքան քաղցր է այն տանջանքն ու չարչարանքը, որ կրում է ինքը՝ չհանձնվելով իշխանի կրքին:

Բայց կույսը դողում է, և ամեն մի փոքրիկ շշունջ լսելիս փշաքաղվում է նրա մարմինը: Նա սպասում է յուր դաժան տիրոջը, ահա ուր որ է ներս կգա և կսկսվի սոսկալի չարչարանքը... Րոպեներն անցնում են դանդաղ, ինչպես հավիտենականություն, աշխարհը պտտում է յուր անիվը, երկնքի աստղերը լուռ խոնարհվում են դեպի իրենց մուտքը, բայց դեռ Աիմեղը չկա: Ի՞նչ կա, ու՞ր է նա: Ա՜խ, երանի թե հավիտյան չգար, և շուտ բացվեր արշալույսը…

Բայց չէ, հեռվում ճրագ է երևում, այնտեղից լսվում է տիրոջ խրոխտ ձայնը, այնտեղ է նա, որ անձնատուր է եղել կերուխումի, չի անցնի կարճ ժամանակ և նա դաժան տեսքով կկանգնի յուր առաջ: Արդեն տեսնում է, թե ինչպես բացվում է այդ դուռը, և կույսը, նայելով նրա վայրենի դեմքին, մի ճիչ է արձակում ու փռվում հատակին...

Մտնում է Աիմեղը, պիղծ ձեռքերով գրկում կույսին, համբուրում նրա մարմարիոնի նման սպիտակ շրթունքները և ուշքի բերում նրան:

— Զարթնի՛ր, նազելի՛ կույս, Եդեմի անմահ վարդ, — ասում է նա՝ ծունկ չոքած նրա ոտքերի տակ, և շփում է նրա երեսը մի ինչ-որ անուշահոտ ջրով:

Կույսը բաց է անում աչքերը և նայում չորս կողմ, դեռ չի հասկանում, թե ինչ է կատարվում շուրջը, բայց երբ խելքը գլուխն է գալիս, սառը մահվան դողը պատում է մարմինը ու նա հայացքը լուռ իջեցնում է ցած:

— Ի՛մ սիրելի, ի՛մ անուշ վարդ, սիրի՛ր ինձ և ապրիր ինձ հետ երջանիկ կյանքով, ես քեզ թագուհու նման կպահեմ, ադամանդներով կզարդարեմ ճակատդ, թանկագին բեհեզներ կհագցնեմ քեզ, — ասում է Աիմեղը՝ բռնելով կույսի ձեռքը, որը դողում է աշնան տերևի նման:

Կույսը ձայն չի հանում և միայն խոր ախ է քաշում:

— Թո՛ղ քո անօրեն հավատը և ընդունիր մեր ճշմարիտ կրոնը, այն ժամանակ մենք երջանիկ կլինենք, քան Բաղդադի ամիրան, և մեր երջանկությունը կօրհնե մեծ մարգարեն՝ Մահմեդը: Ո՜վ կույս, չոքել եմ քո առջև և խնդրում եմ քեզ, կատարի՛ր խնդիրս, ուրացիր քո պիղծ հավատը ու սիրիր ինձ...

— Հեռացի՛ր ինձանից, պիղծը ձեր հավատն է, — ասում է կույսը, և աչքերը շանթեր են արձակում:

Աիմեղը նայում է նրան, նայում է ու մտածում, նրա հոգու մեջ կռվում են կույսի գեղեցկությունը և յուր կիրքը. ինչպե՞ս կտաներ պիղծ գյավուրի այդ խոսքերը, եթե կաշկանդված չլիներ նրա գեղեցկությամբ: Եվ նա կրկին ու կրկին աղերսում է սիրել իրեն և ուրանալ հավատը, այնինչ կույսը ավելի ու ավելի ատելություն և արհամարհանք է ցույց տալիս:

Հատնում է Աիմեղի համբերությունը և տեսնելով, որ աղերսանքն ու պաղատանքը չեն ազդում կամակոր աղջկա վրա, հանում է սուրը և շողացնելով այն կույսի հենց կրծքին, որտեղ արագ տրոփտրոփում է նրա կուսական անմեղ սիրտը, գոռում է.

— Կամակո՛ր աղջիկ, մինչև ե՞րբ ինձ պիտի տանջես, մինչև ե՞րբ ինձ պիտի չարչարես, ասա՛, ուրանո՞ւմ ես հավատդ և սիրո՞ւմ ինձ, թե ուզում ես, որ այս սուրը մխվի կրծքիդ մեջ, և լերդ ու թոքդ դուրս թափվի…

Տիրում է լռություն: Կույսը աղոթք է մրմնջում, իսկ Աիմեղը կատաղի աչքերով պատասխանի սպասում. այնինչ այդ նույն պահին դուրսը՝ փողոցում, վայնասուն ու աղմուկ է լսվում: Բայց Աիմեղը ոչինչ չի լսում: Սպասում է պատասխանի, որ կամ սուրը մխի նրա կուրծքը և կամ գգվի ու համբուրի նրան...

— Լսո՞ւմ ես՝ ինչ եմ ասում, պատասխանի՛ր, քո կյանքը քեզանից է կախված, ընտրիր երկուսից մեկը, կամ մահը, կամ անուշ կյանքը:

— Մահն եմ ընտրում, անօրե՛ն գազան, շո՛ւն, վերջացրու տանջանքներս, էլ ինչո՞ւ ես ուշացնում, — գոռում է կույսը և առատ արցունքները գլորվում են աչքերից:

— Բայց ես քեզ չեմ կարող սպանել, ով աննման հրեշտակ, — սուրը մի կողմ է քաշում Աիմեղը, ապա ուզում է գրկել նրա նազելի մեջքը: Բայց կույսը հրում է նրան ձեռքերով և դուրս պրծնում: Աիմեղը կատաղում է, բարկության փրփուրը պատում է բերանը, և կայծակի նման սուրն առնելով, վազում է կույսի վրա, այդ ժամանակ դուռը ճարճատելով ընկնում է ցած, և երևում է Աշոտ երկաթը:

Կայծակնահարի նման կանգ է առնում Աիմեղը և նայում է յուր առջև կանգնած ահռելի մարդուն, որի ձեռքի սրից կաթկաթում է արյունը: Ո՞վ է նա և ինչպե՞ս համարձակվեցավ ներս մտնել, ո՞ւր են յուր զինվորներն ու պահապանները, — մտածում է նա և հանկարծակի թռիչք անում դեպի Աշոտ Երկաթը:

Աշոտ Երկաթը ժպտում է դառն ժպիտով, որից հալչում է Աիմեղի մարմինը, և դեռ յուր սուրը չբարձրացրած՝ արյունաթաթախ գլորվում է գետին:

Այդ ժամանակ ներս են մտնում նաև մի քանի հայ զինվորներ, որոնց դիմելով՝ Աշոտ Երկաթն ասում է.

— Բազավանում վերջին անօրենը սատկեց: Ջնջվեցին նրանք: Եվ լավ ժամանակ հասանք, մի անմեղ զոհ ազատեցինք, — ասաց նա և արյունաթաթախ սուրը դրեց պատյանը...

ԺԲ

Տխուր էր Դավթի հոգին…

Ուրախության ոչ մի ժպիտ չի փայլում նրա երեսին, հույսի ոչ մի նշան չի ուրախացնում նրան... Ամեն ինչ հուսահատ, ամեն ինչ տխուր է նրա համար: Չկա յուր Աստղիկը, չկա յուր հրեշտակը:

Գնում է Դավիթը մի երիվար նստած դեպի Վաղարշակերտ: Էլ ոչ մի բան նրա աչքին չի գալիս, էլ ոչնչի վրա չի մտածում: Նրա մտքերը կանգ են առել, կարծես նա զրկվել է դատելու ընդունակությունից: Անգիտակցորեն իջնում է ձիուց, սանձը ձեռքն առնում և դանդաղ քայլերով առաջ գնում: Ապա շեղվում է ճանապարհից և սկսում է ծաղիկներով ծածկված դաշտի միջով քայլել: Նա պոկում է դաշտի ծաղիկները, մեկ-մեկ ուշադրությամբ դիտում, գլուխը շարժում և ապա մի փունջ կազմում: Ո՞ւմ համար է կազմում երփներանգ ծաղիկների այդ փունջը, ու՞մ գլուխը պիտի պսակի դաշտի այդ ծաղիկներով, հայտնի չէ:

Պոկեց նա մի ծաղիկ, որ արյան գույն ուներ և խոր ախ քաշեց՝ այդ ծաղկի անունը մտաբերելով: «Յոթն եղբոր կռան արյուն» էր կոչվում այդ ծաղիկը, այդ ասել էր իրեն Աստղիկը, որն այժմ չկար: Յոթն եղբայր արյուն էին թափել, և այդ թափած արյունից գոյացել էր այդ ծաղիկը, որն այդպես սիրուն, այդպես քնքուշ ծաղկում էր դաշտում:

Իսկ ի՞նչ եղավ Աստղիկը, արդյոք նա էլ թողե՞լ է մի հիշատակ, մի ծաղիկ, և որն է այդ ծաղիկը. անշուշտ այն կարմիր գույն չի ունենա, այլ սպիտակ, որ անմեղության նշան է: Անմեղությամբ, անարատությամբ նա երկինք կլինի գնացած, հիշատակ թողնելով մի սպիտակ ծաղիկ, որ ինքը քաղի, հոտոտի և կարոտն առնի...

Նա պրպտում է, պոկում է զանազան տեսակ սպիտակ ծաղիկներ, հոտոտում նրանց, բայց ոչ մեկը դուր չի գալիս և սրտնեղած դեն է շպրտում դրանք և հոնքերը կիտած շտապեցնում քայլերը:

Նա մինչև անգամ չի նկատում, թե ինչպես հետզհետե թանձրանում է խավարը, թե ինչպես հեռվում, լեռների քամակին, կամաց-կամաց ծածկվում է բարակ եղջերաձև լուսինը… օդը հետզհետե սկսում է ցրտել, լռում է թռչունների ուրախ ճռվողյունը, բզեզների և մրջյունների աղմուկն ու ժվոցը: Կենդանական թագավորությունը լռում է, բուսականը՝ հանգիստ քուն մտնում, երկինքը վառում յուր ճրագները…

Հանկարծ Դավիթը կանգ առավ. յուր առջև խոխոջալով անցնում էր լեռնային մի վտակ, որ գոռում ու գոչում էր, ուժգնությամբ բախվում ժայռի կրծքին, փրփրում ու վազում առաջ: Դավիթը գլուխը վեր բարձրացրեց, և մի տեսակ դող անցավ նրա մարմնով, այդ ու՞ր էր հասել և ու՞ր էր Աշոտ Երկաթը յուր խմբով, որոնց հետ միասին գնում էր ինքը տակնուվրա անելու Վաղարշակերտը...

— Է՜... հէ՜... ա՛յ քեզ, թե ինչ է նշանակում մտքի հետ ընկնել, — մռմռաց ինքն իրեն, նորից ձի հեծավ և գետի հակառակ ուղղությամբ քշեց, առանց իմանալու, թե ուր պիտի դուրս գա:

— Է՛հ, հոգ չէ, որ ես ետ մնացի: Ի՞նչին եմ պետք Աշոտ Երկաթի: Աստված Հայաստանին մի այնպիսի առյուծ է շնորհել, որի առաջ ոչ մի արգելք չի դիմանա: Խե՛ղճ Յուսուֆ, Սմբատ արքային նահատակեց և կարծեց թե Հայաստանին տեր դարձավ, մոռանալով, որ նրա կորյունը կարող է իրենից վրեժ առնել: Այդպես էլ պետք է, մինչև ե՞րբ այդ անիծվածները մեր արյունը խմեն: Վերջապես մի օր մեզ հանգստություն է պետք: Այս ի՞նչ է մեր օրը՝ որդին հորը չի գտնում, մարդը՝ կնոջը, երեկվա շեն գյուղը՝ ավերակ, վանքերը քանդված, եկեղեցիները՝ պղծված, խաչերն անպատված... Էլ Հայաստանում չմնացին սիրուն հարսներ ու կույսեր, ամենքին գերի տարան: Ամենքին տարա՜ն, ամենքի՛ն... Աստղիկին էլ... — Այդպես մտածում էր նա, երբ հեռվում, մացառների և թփերի միջից երևացող-ընդհատվող կրակի բոցը նրա ուշքը գրավեց:

Կրակի բոցը երբեմն երևում, երբեմն հանգչում էր: Դավիթը կանգնեցրեց ձին. սկսեց ուշադրությամբ դեպի այդ լույսը նայել: Ի՞նչ լույս էր այդ, քաջքերն էին վառել, թե մարդիկ, և եթե մարդիկ, այդ գիշերվա պահին ի՞նչ էին շինում այստեղ և ովքե՞ր էին դրանք: Մի շարք հարցեր կայծակի արագությամբ անցան նրա մտքով: Նախ՝ վախեցավ քաջքերից և երեսը խաչ հանեց, բայց լույսը կրկին երևում էր, խաչ հանելը չօգնեց նրան, ուստի համոզվեց, որ այդ լույս առաջացնողը մարդիկ են և հետաքրքրվեց իմանալ, թե ովքեր են դրանք: Զգուշությամբ քշեց ձին և մի քանի րոպեում մոտեցավ լույսին: Նա տեսավ այստեղ կրակի շուրջը բոլորած մի ամբողջ ընտանիք՝ բաղկացած կանանցից, աղջիկներից և երեխաներից, որոնք տեսնելով իրենց առաջ զարհուրելի ձիավորին՝ սարսափահար ետ-ետ գնացին:

— Մի՛ վախենաք, — ասաց Դավիթը՝ ցած թռչելով ձիուց, — ես ձեր թշնամին չեմ, այլ բարեկամը:

Հասակավորները դեռ զարմանքով դիտում էին Դավթին, որ ձին թողնելով արածելու, ինքը մեկնվեց կրակի մոտ և նրանց դառնալով՝ ասաց.

— Ինչպես երևում է, դուք փախուստ եք տալիս Յուսուֆի զինվորներից, վնաս չկա, շուտով այդ ժամանակը կանցնի և ամենքդ հանգիստ ձեր տեղերը կդառնաք:

— Հա՛, դուրբան լինենք քեզ, մեր գյուղը տակնուվրա արին այդ անօրենները, և մենք լեռներումն ենք ապաստանում, — ասաց ընտանիքի ամենահասակավորը, որ մոտ վաթսուն տարեկան ժիր տղամարդ էր:

— Ո՞ր գյուղիցն եք դուք:

— Բերդկունք գյուղից:

— Բերդկու՞նք, — ասաց Դավիթը, և նրա սիրտը սկսեց սաստիկ տրոփել: Այդ գյուղը մոտ էր Աստղիկի գյուղին՝ Արծակին:

— Իսկ ի՞նչ տեղեկություն ունեք Արծակից: Ճանաչո՞ւմ եք դուք ծերունի Մաթոսին, նրա աղջկան՝ Աստղիկին, — շտապով հարցրեց Դավիթը, և անհանգստությունը տիրեց հոգուն:

— Է՜...բարեկա՜մ, ինչպես չեմ ճանաչում, երկու գյուղն էլ մի քանի ամիս առաջ կործանվեցին, խեղճ Մաթոսին իմ աչքերի առաջ արյունլվա արին, իսկ թե հետո ո՞ւր փախան նրանք, չգիտեմ: Մենք իրարից բաժանվեցինք լեռներում, և սա Աստղիկի հետ ուրիշ կողմ գնաց...

— Վա՜յ, անօրեննե՜ր, ուրեմն նա դեռ կենդանի է և այդ անօրենների ձեռքում, — խոսքը կտրեց Դավիթը ու վեր թռավ տեղից:

Խոսակիցը երկյուղից կուչ եկավ, չհասկանալով, թե ի՞նչ է կատարվում Դավթի հետ:

— Ո՞ր կողմը տարան, և ո՞ւր է Աստղիկը, ի սեր աստծո, ասացեք ինձ: Ես նրա նշանածն եմ, Դավիթ Գնունին, Աշոտ Երկաթի զինվորը:

— Իմ քեռորդի՜ն, — գոչեց հանկարծ ծերունին և փաթաթվեց Դավթի վզով:

— Ինչպե՜ս, մի՞թե դո՜ւ ես, Կարո: Օ՜, ասա, Կարո ջան, ասա, ո՞ւր է Աստղիկս:

— Ի՞նչ ասեմ, որդի՜ս, թե ուր տարան նրան անօրենները: Հավանական է, որ նա մի որևէ արաբ իշխանի ստրկուհին լինի դարձած և կամ սպանած լինեն նրան...

— Չէ՜, ես պիտի փնտրեմ, ես պիտի գտնեմ նրան, իսկ եթե չգտա, վա՜յ Յուսուֆին, վա՜յ նրա բանակին, — կատաղաբար գոչեց Դավիթը, նորից ձի հեծավ, մտրակեց և անհետացավ խավարի մեջ...

ԺԳ

Սոված ու ծարավ ուրուրի նման սլանում է Աշոտ Երկաթը յուր խմբով և որս փնտրում... Նա ծարավի է արյան: Արյուն է ուզում, անօրեններ՜ արյուն, որ հագեցներ յուր ծարավ սիրտը, հագեցներ վրեժն ու բարկությունը... Օ՜, սոսկալի է նա, զարհուրելի է նրա վրեժխնդրությունը: Ո՞վ կդիմանա սոսկալի մրրկին, ահեղ փոթորկին.

նրա աչքերից կրակ ու հուր է ցայտում, նրա հայացքից սարեր ու քարեր են հալչում... Գնում է նա առաջ, փոշին ամպի նման ձիու սմբակների տակից երկինք է բարձրանում:

Դողում է երկիրը, առուն լռում է, թռչունները երկյուղից պահվում են ու դյուցազնին նայում... Գոռում է Աշոտը, սուրը պատյանից հանում և սլանում առաջ: Այո՛, նրան միշտ քաջալերում է հոր ստվերը, նա միշտ յուր հետն է, գիշեր թե ցերեկ: Եվ նա նայում է առաջ, օդի մեջ և տեսնում է նրան, հորը, Սմբատ արքայի դալկացած աչքերը, որոնք դեպի վրեժ են մղում իրեն: Նայում է նրան, և նրա մարմինը դողում է, ատամները կրճտում են, մազերը փշաքաղվում և ապա մի այնպիսի մռնչյուն է արձակում, որ սար ու ձոր դողում են, քարերը լեզու են առնում և գոռում՝ «Եկավ, հա՛, եկավ, Աշոտ Երկաթը եկավ»: Լսում են Յուսուֆի իշխաններն ու զինվորները և լեղապատառ լինում, մահվան գունատությունը պատում է նրանց դեմքերը... Յուր քաջերով մտնում է նա Վաղարշակերտ, արաբները երկյուղից փախուստ են տալիս, իսկ մի քանիսը՝ զենքի վազում: Աշոտը ժպտում է. դառն ու սոսկալի է այդ ժպիտը, որի ազդեցության տակ դողում են անօրենները և սրերը նետում քաջի ոտքերի տակ ու գթություն խնդրում: Բայց չկա գթություն, չկա թողություն, քաջի սիրտը լեռ քարի նման կարծր է և ամուր, այնտեղ չի շարժվում գութի ո՛չ մի թել, այնտեղ չի հասնում աղերսանքի և լացի ո՛չ մի ձայն: Անզգա է նա, արյուն, արյո՛ւն է ուզում: Նրա սիրտը կրակ է ընկած: Անհավատների արյունն է միայն սփոփում նրան ու ամոքում սիրտը...

Նա հրամայում է նույն տանջանքներով տանջել անհավատներին, ինչով նրանք տանջել են հայերին և, սրանով էլ չբավականանալով, հրամայում է տիկեր շինել նրանց կաշվից և պարսպի վրա կախել...

Մաքրվում է Բագրևանդի գավառը անհավատներից, և նա թռչում է Շիրակ: Այնտեղ էլ կոտորում, ջնջում է Յուսուֆի հրոսակներին... Ապա թռչում է յուր աշխարհի չորս կողմը, աջ ու ձախ մահ սփռում և հալածում թշնամիներին: Կարճ ժամանակ է անցնում, և երկրի բոլոր բերդերն ու քաղաքներն առնում է անօրենների ձեռքից՝ թշնամիների հետքն անգամ չթողնելով այնտեղ:

Ազատ շունչ են քաշում հայերը և օրհնում դյուցազնին: Եկեղեցիների և վանքերի մեջ սկսվում են ժամերգություններն ու պատարագը, սրբոց պատկերների խնկարկությունն ու շարականների անուշ երգեցողությունը...

Բայց Աշոտը դեռ ծարավի է. վրեժխնդրության հուրը դեռ չի իջել: Նա սլանում է դեպի Գուգարաց աշխարհը, որտեղից հալածելով թշնամիներին, Գնթունյաց երկու եղբայրներին՝ Վասակին և Աշոտին կառավարիչ է կարգում: Ապա սլանում է դեպի Տփխիս, ուր զինվորների մեծ բազմությունը նախարարների հետ միասին հանգիստ անց էին կացնում իրենց օրերը:

Նախարարներին երկաթե շղթաներով շղթայելով բանտարկում է, որպեսզի կարողանա փոխանակել հայոց գերիների հետ, ապա դիմում է Ուտիք՝ վերակացու կարգելով քաջ և վիթխարի Մովսեսին, ու դառնում է Տաշրաց գավառը:

ԺԴ

Տաշիր կամ Տաշրաց գավառը, որ այլապես կոչվում է Լոռի, ուր կանգ առավ Աշոտ Երկաթը, բնությունից հրաշապես վարձատրված երկիր է յուր կանաչապատ լեռներով, ծաղկազարդ դաշտերով ու մարգագետիններով և անուշահամ աղբյուրներով:

Մի կողմից ձգվում են վիթխարի լեռների շարքերը, որոնց ստորոտներում տարածվում է ընդարձակ դաշտավայրը: Այդ ընդարձակ դաշտավայրում ձգվում է մի խոր ձոր, որի միջով անցնում է Լոռվա մի գետակը և դաշտավայրը երկու կես անում:

Այժմյան Ջալալօղլիից ցած, դեպի հյուսիս-արևելք, երեք թե չորս վերստ հեռու, խոր ձորի գլխին այժմ էլ երևում են կիսաքանդ պարիսպների բեկորները, որ հիշեցնում են հին-հին, անցած-գնացած ժամանակները: Դաշտի կողմից ձգվում են բերդի [8] հաստ ու պինդ պարիսպները, այնինչ երեք կողմից դրա սահմանը կազմում են խոր և ահռելի ձորերը, որոնց միջով պտույտներ անելով՝ անցնում է գետակը և, փրփրելով ու քսվելով ցից-ցից ժայռերին, լիզում բերդի պարիսպների տակ գտնված հավիտենական հիմքերը և, երեսը դարձնելով դրանից, գլուխն առնում է ու առանց մնաս բարով ասելու կորչում հեռո՛ւ, հեռո՛ւ...

Դարեր են անցել, նույն գետակը կրկին երկյուղով մոտենում է նրան, կրկին լիզում և կրկին վազում է առաջ, բայց առաջվա նման չի գոռում, կատաղի հորձանք չի տալիս դեպի բերդը, այլ ավելի հանդարտ, ավելի մեղմ է հոսում նրա տակով...

Ժամանակի ավերիչ հետքը դրան էլ է նիհարեցրել, դրա ձայնն էլ է կտրել, այնինչ առաջ, երբ շեն էին պարիսպները, երբ այնտեղ եռում էր կյանքը, ինքն էլ էր գեր ու վարար...

Ահա այդտեղ, այդ բերդի մեջ կանգ էր առել Աշոտ Երկաթը վեց հարյուր քաջերով, որպեսզի մի փոքր հանգիստ առնի և մտածի անելիքը:

---

[8] Լոռվա բերդի հիմնարկողը անհայտ է, վերագրում են դրա նորոգումը ԺԱ դարում Դավիթ Անհողին:

Ինճիճյան, էջ 360:

Բայց ինչ հանգստություն. նրա համար չկա հանգստություն: Ամբողջ գիշեր նրա աչքին քունը մոտ չէր գալիս, նա դուրս եկավ օթևանից թարմ օդ շնչելու: Տխուր նստեց նա մի քարի, և մտածմունքները մեկը մյուսի ետևից պաշարեցին հոգին:

Մի ամբողջ տարի անցավ հոր մահվանից, և այդ կարճ ժամանակում որքա՜ն փոփոխություն կրեց յուր աշխարհը: Մի տարի առաջ բարբարոս Յուսուֆի զինվորները կոխկրտում էին երկիրը, տակնուվրա անում, մոխիր դարձնում ամեն ինչ, իսկ հիմա, այդքան կարճ ժամանակից հետո, նրանց հետքն էլ չկա...

Սուգն ու շիվանը կրկին ուրախության փոխվեցին, երկիրը խաղաղվեց, լսվեց հոտաղի ուրախ երգը, երկրագործի օրհնանքը... Օ՜հ, ինչ բերկրանք, ինչ ուրախություն... բայց արդյոք երկա՞ր պիտի տևի այս, թե նորից սև սուգը պիտի տարածվի... Ահա հարցեր, որոնք շփոթեցնում էին Աշոտ Երկաթին, որոնք ստիպում էին նրան մտածության մեջ ընկներ:

Ի՞նչ պիտի աներ ինքը միայնակ, առանց օգնականի, Յուսուֆը ուր որ է պիտի նորից ողողի յուր երկիրը, և այն ժամանակ ինքը միայնակ անկարող պիտի լինի դիմադրելու նրա անթիվ հրոսակներին:

Իսկ ի՞նչ էին շինում հայ նախարարները, որոնք օգնության ձեռք կարող էին մեկնել իրեն, նրանցից ամեն մեկը, որ մինչև Աշոտ Երկաթի քաջագործությունները, փակված էր իր բերդում, կամաց-կամաց իջնում էր ցած, մանր հարձակումներով նեղում Յուսուֆի զինվորներին և միմիայն իր երկիրը մաքրում թշնամիներից, ապա սիրտ առնելով իր բերդն ամրացնում և այդ սուրը Աշոտի դեմ դարձնում:

Լուռ հետևում էր Աշոտ Երկաթը դրանց և սպասում հետևանքին: Խորին թախիծը պատում էր նրա սիրտը, բայց դեռ չէր ուզում նրանց զենքով հնազանդեցնել և ճանաչել տալ յուր գերիշխանությունը: Նա մտածում էր միացնել հայ նախարարությունը իր հետ և այդպիսով վերջնական հարված տալ Յուսուֆին: Բայց այդ անկարելի էր առժամանակ... Մտածում էր արի Աշոտը, և այդ մտածմունքների մեջ ընկղմվելով՝ նրա քունը տարավ: Վրդովալից էր նրա քունը, սոսկալի, և դառն երազները շփոթեցնում էին նրան, այնինչ ձորերի մեջ վազող գետակը օրոր էր ասում... Նա տեսնում էր հեռու, շատ հեռու ապագան, որ պատած էր թանձր խավարով, ուր ճիչի, վայնասունի և աղիողորմ հեծկլտանքի ձայներ էին լսվում, ուր երբեմն երևում էին կմախքի նման մարդիկ, որոնք ուրվականների նման առաջ գալով, խավարի միջից ձեռքերը կարկառում էին, գթություն խնդրում, բայց այդ իսկ վայրկյանին աներևույթ ձեռքը սուր մանգաղով հնձում էր նրանց, և նրանք ընկնում էին ցած...

Բայց այն ի՞նչ է խավարի մեջ, հեռվում, երբեմն-երբեմն երևում են կրակի լեզուներ, որոնք լափում են շինություններ, որոնք կործանվում են մեկ-մեկ՝ իրար ետևից, մեծերը, փոքրերին հետևելով, վերջնական մի բռնկոց է լսվում, վայրկենական լույսով լուսավորվում է խավար հորիզոնը, որի միջից երևում են փլված աշտարակների և բուրգերի մնացորդները, և ապա խորին խավարը պատում է հորիզոնը:

Սարսափած վեր է թռչում Աշոտ Երկաթը և չորս կողմը դիտում:

Գիշերն անցել էր, և լույսը բացվել, հեռու հեռվից ծանրորեն բարձրանում էին սև կպրանման ամպեր և հետզհետե ծածկում հորիզոնը: Ամպերի միջից լսվում էին որոտի խուլ հառաչանքներ, և փայլակները շտապ-շտապ հաջորդում էին իրար:

Սպառնալից ամպերը հետզհետե բարձրանում էին, և փոթորիկ էր սպասվում: Վեր կացավ Աշոտ Երկաթը և դեպի յուր սենյակն էր ուզում գնալ, երբ տեսավ յուր առաջ զրահավորված մի զինվոր: Աշոտ Երկաթը ժպտաց:

— Դու լավ պահպանություն ես անում ինձ, Դավի՛թ,— ասաց նա՝ դիմելով զինվորին:

— Ես իմ պարտքն եմ կատարում:

— Ապրե՛ս, այդպես էլ պետք է: Երանի թե քեզ նման պարտաճանաչ լինեին ամենքը:

ԺԵ

Կարճ ժամանակ անցնելուց հետո, Աշոտ Երկաթը յուր խմբով ճանապարհ է ընկնում դեպի Աղստեվի Խորաձոր ամրոցը, ուր կենտրոնացած էր թշնամու բանակը: Լոռվա կապույտ երկինքը հետզհետե ծածկվում էր ամպերով, խուլ մռնչյուններն ավելի ու ավելի լսելի էին լինում, և մի տեսակ ծանր, բայց խաղաղ օդը տիրում էր չորս կողմը: Բնությունը լուռ էր. ամեն շարժում դադարել էր, դաշտի բույսերն ու ծաղիկներն էլ լուռ իջեցրել էին գլուխները և սպասում էին ինչ-որ երկյուղալի բանի, որ բերում էր փոթորիկը: Լոռվա խաղաղ բնությունը լուռ ու անձայն սպասում էր փոթորկին:

Եվ Աշոտ Երկաթը սպասում էր Լոռվա ահեղ փոթորկին, բայց նրանից չէր վախենում, գիտեր նրա արհավիրքները, բայց կրկին առաջ էր սլանում: Նրա միտքը կաշկանդված էր ուրիշ բանով, նրա ամբողջ էությունը բռնված էր ուրիշ մտքերով: Փոթորիկը կգա և կանցնի, կապույտ երկինքը կծածկվի սև-սև ամպերով, այնտեղից կլսվի գոռում-գոչյունը, շանթերը կփայլատակեն չորս կողմը, բայց չի անցնի կարճ ժամանակ, և նա ինքն իրեն կդադարի, արևը կժպտա, բնությունը կկենդանանա, մարդիկ դուրս կգան իրենց բնակարաններից, թռչունները կսկսեն անուշ ծլվլոցը, և բնությունը կրկին կկենդանանա: Հոգ չէ, երբ փոթորիկը ի վերուստ է գալիս, վա՜յ է միայն, երբ փոթորիկը անհավատ Յուսուֆի հրոսակներն են առաջացնում:

Ու գնում էր Աշոտ Երկաթը՝ հայացքը հառած ճանապարհին, որ ոլոր-մոլոր պտույտներով ձգվում էր դեպի հեռուն:

Հանկարծ ճանապարհի հենց մեջտեղը փոշու մի ամպ բարձրացավ: Աշոտ Երկաթը աչքերը լայն բացեց և ուշադրությամբ նայեց դեպի փոշին, որ սկսեց պտույտներ անել և սյունաձև բարձրանալ վեր, միշտ վեր, դեպի սև ամպերը: Ճախարակի նման անդադար պտտվում էր այդ փոշին ճանապարհի ուղղությամբ, կարծես նա ուզում էր ծաղրել Աշոտ Երկաթին և նրա խմբին, որոնք բնության արհավիրքներից չվախենալով՝ այնպես առաջ էին գնում: Աշոտ Երկաթը հոնքերը կիտեց, նա չէր սիրում այդ տեսակ «քաջքաքամի», որ այնպես համառ կերպով շարունակում էր պտտվել. ձին քշեց և ուզեցավ կտոր-կտոր անել փոշու այդ սյունը, երբ վերջինս թռավ հեռու-հեռո՜ւ, ո՞վ գիտէ ուր, ո՞ր ձորի կամ ո՞ր լեռան գագաթին կրկին յուր պարը շարունակելու:

Վերացավ, պրծավ «քաջքաքամին», հետքն էլ չմնաց, և հանկարծ խորին լռության մեջ լսվեց որոտի ահռելի ձայնը, մի վայրկյան էլ, և ահա սկսվեց Լոռվա հեղեղը...

Ամբողջ բնությունը խառնվել էր, ոչինչ չէր երևում՝ ո՛չ ծառ, ո՛չ թուփ, ո՛չ լեռ և ոչ ձոր, ամեն ինչ խառնվել էր և դարձել ջրային մի զանգված:

— Տղե՛րք, կանգ առեք, մի քայլ անգամ անկարելի է առաջ գնալ, — կանչեց Աշոտ Երկաթը և իսկույն ձիուց ցած թռավ: Նրան հետևեցին ձիավորները, որոնք իջնելով ձիերից մի շրջան կազմեցին և սկսեցին սպասել փոթորկի անցնելուն: Գո՜ւռ, գո՜ւռ, գո՜ւռ — ձայն էր հանում հեղեղը և ճանապարհորդների գլխին կծերով ջուր թափում, որոնք թրջվել էին մինչև ոսկորները և ցրտից դողացնում էին:

— Այ քեզ հեղեղ, — ասաց զինվորներից մեկը, որի մորուքից և գլխից առվի պես հոսում էր ջուրը:

— Այդպես էլ պետք է. մենք վաղուց է, որ չէինք լողացել և աստված մեզ լողացնում է, ի՞նչ կա որ, — պատասխանեց մի ուրիշը, որ յուր ահագին վահանի տակ պատսպարվել էր հեղեղից:

Այդ միջոցին հեռվից լսվեց մի տեսակ խուլ և անորոշ ձայն, կարծես այնտեղ, ձորի միջից թռչում են հազարավոր թռչուններ կամ հեռու լեռան քամակին քանդվում են աշտարակի պատեր:

Աշոտ Երկաթը, որ լրջորեն հետևում էր ամեն բանի, իսկույն գլխի ընկավ, թե ինչ վտանգ է սպառնում իրենց և դառնալով դեպի խումբը՝ գոռաց.

— Հեծնե՜լ ձիերը, բարձրանալ աջ, դեպի բլուրը:

Խումբն իսկույն կատարեց նրա հրամանը և քաշվեց վեր, դեպի

բարձունքը: Այնուհետև նրանք տեսան, թե ինչպես հեղեղատը լեռան պես գլուխը բարձրացրած եկավ ողողեց այն տեղը, ուր քիչ առաջ կանգնած էին իրենք:

Անցավ մի փոքր ժամանակ. ամպի որոտմունքը հետզհետե կտրվեց, դադարեց հեղեղը, վերջացավ անձրևը, և կապույտ երկինքը ցույց տվեց յուր ուրախ դեմքը: Տղերքն ազատ շունչ քաշեցին, և ամեն մեկն սկսեց յուր թաց շորերը քամել: Քիչ հետո վառեցին մի տիազին, խարույկ, և ամեն մեկն սկսեց շորերը ցամաքեցնել: Աշոտ Երկաթը նայեց յուր կտրիճներին, և նրա հոգին լցվեց գոհունակությամբ: Վեց հարյուր մարդուց ո՛չ մեկը տրտունջ չէր հայտնում, ո՛չ մեկի դեմքը մռայլ ու հոգնած չէր, ուրախության ժպիտն էր փայլում դեմքերին, երևում էր, որ ամենքը իրենց կյանքը Աշոտ Երկաթի համար էին դրել...

Երբ մի փոքր հանգստացան, կրկին ճանապարհը շարունակեցին և մութը դեռ նոր էր պատել, երբ զգուշությամբ կանգ առան Խորաձոր ամրոցի պարիսպների մոտ:

Աշոտ Երկաթը հրամայեց յուր քաջերին մի փոքր հանգիստ առնել և կես գիշերվա դեմ անակնկալ կերպով հարձակում գործել բերդի վրա…

ԺԶ

Թողնենք Աշոտ Երկաթին Խորաձոր ամրոցի պարիսպների տակ, թողնենք Դավթին Աստղիկին որոնելիս և գանք Վասպուրական երկիրը, Գագիկ դավաճանի աշխարհը, ուր ծփում են Վանա լճի կապույտ ալիքները:

Գագիկ Արծրունին խղճահարված յուր ստոր դավաճանությունից, որ արել էր Սմբատ արքայի դեմ, բայց ավելի երկյուղ ունենալով Յուսուֆից յուր կյանքի համար, խույս տալով Յուսուֆից, մտավ յուր երկիրը և առաջին գործը եղավ քաշվել ամուր տեղերը և սպասել հանգամանքներին, մինչև որ կարողանար յուր մտադրությունները առաջ տանել:

Մինչև Աշոտ Երկաթի երևալը նա դեռ վախենում էր Յուսուֆից և չէր համարձակվում իջնել բերդերից, թեև տեսնում էր ժողովրդի հալածանքը, տառապանքը և թշվառությունը: Բայց հենց որ լսեց Աշոտ Երկաթի քաջագործությունները, հենց որ իմացավ Յուսուֆի զորքերի հաղթվելը, սիրտ առավ և ինքն էլ Աշոտ Երկաթի օրինակին հետևելով՝ սկսեց նեղել Յուսուֆի հրոսակներին և քշել նրանց յուր երկրի սահմաններից: Հեռատես և խելոք մարդ էր Գագիկը, նա հասկացավ, որ նախ յուր երկիրը պետք է մաքրի արտաքին թշնամիներից, երկրում պետք է մի ամուր հենարան պատրաստի և ապա միայն ձգտի իրագործելու յուր մտադրությունը: Նա արդեն Վասպուրականի տերն էր, նրա թագավորը, բայց դրանով չէր հագենում փառասիրությունը: Նա ուզում էր լինել թագավորաց թագավոր և օրինական գահը հափշտակելով միահեծան տեր դառնալ, այդ էր նրա ձգտումը, նրա մտածության միակ առարկան: Յուսուֆի օգնությամբ ուզում էր այդ միակ ձգտմանը հասնել, բայց շուտով հասկացավ սխալը և այժմ ինքը միայնակ սկսեց ձեռնարկել այն:

Չշփոթեցրին նրան Աշոտ Երկաթի քաջագործությունները, ընդհակառակը, նա ուրախացավ, որ առիթ տվեց Յուսուֆի ուժերը դուրս քշելու յուր երկրի սահմաններից էլ: Եվ նա յուր եղբայր Գուրգենի հետ միասին հարձակվեց Յուսուֆի զինվորների վրա, հալածեց նրանց մինչև Ատրպատականի սահմանները և ապա իջնելով ամուր բերդերից սկսեց երկիրը կարգի գցել:

Մյուս հայ իշխաններն ու նախարարներն էլ այդ հաղթություններից ոգևորված սկսեցին իրենց երկրներից հալածել թշնամուն: Ամենքը հալածում էին Յուսուֆի հրոսակներին ինքնուրույն և ինքնակամ կերպով, չկար դրանց մեջ մի ընդհանուր կապ, չէին ճանաչում մի ընդհանուր ղեկավար, չունեին մի որոշ ծրագիր:

Եվ Յուսուֆը դեռ համբերում էր. նա ճանաչում էր հայերին, գիտեր նրանց անմիաբանությունը, հասկանում էր, որ վաղ թե ուշ այդ նախարարները սրերն իրար դեմ կդարձնեն, և այն ժամանակ ինքը գիտե, թե ինչպես կողողի հայոց երկիրը արյունով, թե ինչպես վրեժը տասնապատիկ կառնի հայերից:

Բայց Գագիկի հոգը չէր, թե կկործանվեն փոքրիկ նախարարությունները, թե կտառապի ժողովուրդը, կթափվի հայոց արյունը, նա ամեն միջոց գործ էր դնում միայն յուր իղձը կատարելու համար:

Նստած էր նա Վան քաղաքում, Շամիրամի ձեռքով հիմքը գցած ամուր բերդում և նորոգում ու ամրացնում էր այն: Դեպի Բզնունյաց ծովը նայող կողմում շինեց գեղեցիկ պալատ գեղեցիկ ճեմելիքներով, որտեղից զբոսնողի առաջ տարածվում էր լճի անսահման կապույտը, ուր երբեմն-երբեմն լողում էին փոքրիկ մակույկներ իրենց սպիտակ առագաստներով, որ մի-մի կարապի էին նմանվում:

Գագիկը գոհունակությամբ նայում էր հրաշալի տեսարանին և մտածում ավելի ճոխացնելու և նորանոր շինություններ[9] ավելացնելու մասին, բայց հոգին խաղաղ չէր, նա գոհ չէր աշխարհի այդ հրաշալի անկյունով…

---

[9] Հետո շինեց երկու եկեղեցի՝ ս. Գրիգոր և ս. Սիոն անվամբ:

Տխուր էր այսօր Գագիկը, նա մտածում էր շուտով բաժանվել ընտանիքից, յուր սիրուն աղջկանից, որին հոգու չափ սիրում էր:

Հայոց երկիրը խաղաղվել էր: Յուսուֆի հրոսակներից մի փոքր ազատ շունչ էր քաշել հայ ժողովուրդը: Եվ ահա այժմ ինքը մտածում էր այդ խաղաղությունը խանգարել, առաջին սուրը ինքը բարձրացնել հայոց դեմ:

Նախիջևան քաղաքը նրա մտքից դուրս չէր գալիս, որը Սմբատ արքան խլելով՝ հանձնել էր Սիսակյան իշխանին, և որն այնքա՜ն գժտությունների առիթ էր տվել: Եվ Գագիկը պատրաստություն էր տեսնում հարձակում գործել Նախիջևանի վրա և այն ետ վերցնել Սիսակյան իշխանից:

Դառն հիշողություններն անցնում էին նրա մտքով, և նա լուռ դիտում էր արևի մուտքը, որ թաքնվում էր հեռու հորիզոնում, իսկ երբ աննկատելի կերպով դուրս եկավ նրա աղջիկը՝ Հեղինեն, յուր երկու նաժիշտների հետ և առանց նկատելու հոր ներկայությունը՝ հենվեց պարսպին և հայացքն ուղղեց դեպի Բզնունյաց ծովի ջրերը, որոնք մեղմ ծփում էին և դիպչելով ժայռերին՝ փրփրում... Նազելի և քնքուշ օրիորդ էր Հեղինեն՝ դեռ տասնվեց տարին չլրացած: Սև սաթի հոնքերը բարակ աղեղի նման կամար էին կապել նրա փայլուն, բայց թախիծով լի աչքերին: Նա լուռ դիտում էր փոքրիկ ալիքների խաղտանքը, որոնք պար էին բռնում արևի վերջին ճառագայթների ներքո... Ա՜խ, ինչքան շատ էին այդ ալիքները, մի ալիք ջարդվում, փշրվում և ոչնչանում էր, մյուսն էր գալիս, նա էլ էր ոչնչանում, և տեղը ծնվում էր նորը… ...Մտածում էր Հեղինեն և անթարթ աչքերով դիտում հեռուն, դեպի հորիզոնը, դեպի լեռները, որոնց ետևում գտնվում է Այրարատյան աշխարհը, ուր այնպիսի հպարտությամբ երկինք է հասցրել յուր ալեհեր գագաթը հսկա Մասիսը և ուր շրջում է դյուցազն Աշոտ Երկաթը, հայոց օրինական թագավորը...

Մի փոքր ժամանակ Գագիկը լուռ դիտում էր յուր աղջկան և ապա մոտենալով նրան՝ քաղցր ձայնով ասաց.

— Աղջի՜կս:

Հեղինեի մարմնով մի տեսակ սարսուռ անցավ՝ լսելով հոր ձայնը, բայց երբ նայեց նրա գորովալից աչքերին, փաթաթվեց հորը:

Գագիկը մի համբույր դրոշմեց նրա մարմարինի նման սպիտակ ճակատին և նրա ձեռքերը յուր ափի մեջ առնելով՝ կանչեց.

— Դու տխուր ես, Հեղինե՜: Ի՞նչն է արդյոք տխրեցնում քեզ: Մի՞թե գոհ չես այս սքանչելի տեղով և այն վայելչություններով, որով շրջապատված ես դու: Ասա, հոգի՛ս, ի՞նչն է վրդովեցնում քեզ, և ես իսկույն կկատարեմ քո ամեն մի ցանկությունը...

— Չէ, հայրի՛կ, ես երջանիկ և բախտավոր եմ: Իմ միակ ցանկությունն է, որ դու մնաս մեզ հետ անբաժան: Վասպուրականը ընդարձակ երկիր է, բավականացիր նրանով, և մենք երջանիկ կլինենք:

Մի տեսակ մռայլ քող անցավ Գագիկի դեմքով՝ լսելով այդ խոսքերը, և իսկույն գլխի ընկավ, թե ինչ է ուզում ասել Հեղինեն: Նույնը միշտ կրկնում էր նաև նրա մայրը:

— Չէ աղջի՛կս, ես շուտով պիտի արշավեմ դեպի Նախիջևան, տղամարդու գործը տանը նստելը չէ. իսկ կանանց գործը չէ մարդոց գործերի մեջ խառնվելը, իզուր եք դու և քո մայրը աշխատում ինձ ետ կանգնեցնել իմ նպատակից:

— Իսկ Աշոտ Երկաթը մի՞թե թույլ կտա գրավելու այդ քաղաքը:

— Աշոտ Երկա՞թը... հը՛մ... դա արդեն իմ գործն է, բայց դու գնա սենյակդ, փչում է արդեն երեկոյան սառը քամին և դու կարող ես մրսել, — ասաց Գագիկը և չսպասելով պատասխանի՝ ներս գնաց յուր պալատը՝ թողնելով Հեղինեին նաժիշտների հետ:

Հեղինեն նայեց հոր ետևից և ապա մի դառն ժպիտ խաղաց նրա երեսին:

— Ոչ, ամեն բան կզոհեմ, որդիական պարտավորությունս կմոռանամ և այն սև կնիքը, որ ուզում է դնել հայրս յուր անվան վրա, ես իմ թույլ տեղովս կքավեմ: Թույլ չեմ տա, որ Աշոտ Երկաթից օրինական գահը հափշտակվի... Ես քեզ հետ եմ, ո՛վ քաջ դյուցազն, քեզ համար եմ միայն աղոթում, քո հաջողության վրա եմ մտածում... Թույլ բազուկներով կխորտակեմ նույնիսկ հորս բոլոր ջանքերը և նրա բոլոր մտադրությունները ի դերև կհանեմ... Շուտով, շատ շուտով կիմանաս, որ մի աներևույթ ձեռք, ամեն դավադրություններից պահպանում է քեզ, — այսպես ասաց ինքն իրեն Հեղինեն և այն է ուզում էր ներս գնալ, երբ մի քահանա խոր գլուխ տվեց նրան: Մի տեսակ հետաքրքրություն պատեց օրիորդին և իսկույն հեռացրեց նաժիշտներին:

— Հը՛, տե՛ր հայր, լուր ունե՞ս:

— Այո՛, իշխանուհի, ուղարկված մարդը վերադարձավ, և Աշոտ Երկաթը ողջ ու առողջ է: Ամբողջ երկիրը մաքրել է անօրեններից և արդեն ճակատած է Աղստև ամրոցի դեմ, որը, կասկած չկա, այժմ առած կլինի:

— Գոհություն աստծո, լավ լուրեր ես բերել, տե՛ր հայր, բայց հարկավոր է նրան մի բանից զգուշացնել: Այս իրիկուն նամակ կգրեմ և այդ թուղթը անհապաղ պիտի Աշոտին հասցնեք:

— Պատրաստ եմ քո հրամանը կատարելու, իշխանուհի, — ասաց տերտերը, որ Գագիկի ընտանիքի քահանան էր, և խոր գլուխ տալով հեռացավ:

Մյուս օրն առավոտյան մի ձիավոր սրարշավ գնում էր Աշոտ Երկաթի մոտ՝ հետը տանելով Հեղինեի նամակը:

ԺԷ

Մի մռայլ գիշեր էր...

Փչում էր ու ոռնում լեռների ցուրտ քամին և տարաբախտ մի խմբի հուսաբեկ սիրտը ավելի հուսահատեցնում:

Դեպի Վաղարշակերտ տանող ճանապարհին հայ գերիների խումբը, շրջապատված Յուսուֆի զինվորներով, դանդաղությամբ առաջ էր գնում:

Սրտաճմլիկ պատկեր էր ներկայացնում այն:

Կին, աղջիկ, ծեր ու երիտասարդ, ծանր շղթաներով և պարաններով կապկապած, ցավից տնքում էին ու ծանր հառաչում: Այդ հառաչանքները երբեմն ընդհատվում էին քամու ուժգին շառաչից և մտրակների հարվածներից որ հասցնում էին արաբ զինվորները այս ու այն հայի գլխին, որը դանդաղ էր քայլում:

Գերիների խումբը շարժվում էր առաջ...

Մութ խավարն էր նրան ուղեկցում, սև տանջանքը ընկերակցում և անհույս վիշտը կրծում նրա սիրտը:

Չոր ու խոպան գետնի վրայով բավական երկար անցնելուց հետո, գերիների առաջ բացվեց մի ձոր, ուր խոխոջելով վազում էր պարզ ու վճիտ առվակը:

Գերիների խումբը կանգ առավ:

Ինչպես երևում էր, պահապանները ևս հոգնած էին ու կարոտ հանգստի: Նրանք կանգ առան, և քիչ հետո խարույկների լույսը լուսավորեց գերիներին, որոնցից ով ինչպես կարողացավ թեք ընկավ գետնի վրա և լուռ ընկղմվեց անծայր վշտերի մեջ:

Խմբից մի քանի քայլ հեռու, լեռ քարի վրա նստած էր մի ծերունի, իսկ դեռատի մի աղջիկ գլուխը դրած նրա ծնկներին լուռ արտասվում էր:

Հայր ու դուստր էին դրանք, որոնց երկուսին էլ տանում էին գերության: Ծերունի հոր կյանքը խնայել էին միմիայն աղջկա գեղեցկության համար: Մահաբեր սուրը պետք է կտրեր թշվառ ծերուկի վիզը, երբ դուստրը աղի արցունքով փրկեց նրա կյանքը:

Նրանք լուռ էին: Այդ լռությունը խզեց դուստրը և արտասվաթոր աչքերով դառնալով հորը՝ ասաց.

— Ա՜խ, հայրի՜կ, ինչքա՜ն ծանր է գերությունը... Աստված խղճա մեզ:

Հայրը շփեց մորուքը, հուսահատ մի ցնցում արավ, վեր նայեց դեպի անողոք երկինքը, ապա, շոյելով աղջկա գլուխը, դառնացած սրտով կանչեց.

— Հա՛,աստված խղճա մեզ... մեղա՛ քեզ Աստղիկ ջան, աստված մեզ չի խղճա, որովհետև մենք մեր ձեռքերով ենք մեր գերեզմանը փորում... Հայի աստվածն այստեղ մեղք չունի, արաբի աստվածն է մեր երկրին տիրում: Մեր իշխանները, հայի աստծուն մոռացած, արաբի աստծուն են երկրպագում, նրա ամիրապետի փեշի տակ մտնում ու մեզ անտեր ու անտիրական թողնում... Անտե՛ր ենք, աղջի՛կս, անտիրակա՛ն, որ՛բ և անօգնակա՛ն... — Կանչեց ծերուկը մի այնպիսի ցավոտ հնքով, որ արաբ պահապանը կանգ առավ ու նիզակը ճոճելով կանչեց.

— Լռի՛ր, անհավատ, բավական է ինչքան խոսեցիր:

Ծերուկը մի րոպե լռեց, կատաղությամբ լի աչքերով մեկ արաբ զինվորին նայեց ու մեկ՝ նրա նիզակի ծայրին, ապա կուրծքը առաջ ցցեց ու խորին վշտով կանչեց.

— Լռեմ... Ինչու՞. ինչու՞ լռեմ... Եթե ես լռեմ, քարերը կխոսեն: Մեր իշխանները մեզ անտեր թողած ձեր փեշի տակն են մտել ու ձեզ են ծառայում:

— Նրանք խելոք են վարվում, դուք եք հիմարը, որ մեր սուրբ հավատը չեք ընդունում և մեր ամիրապետի դեմ եք ապստամբում, — ասաց զինվորը և կրկին սկսեց յուր չափավոր քայլվածքը:

— Այո՛, մենք հիմար ենք, ճիշտ է ասում արաբը, — դարձավ Աստղիկը հորը: — Հիմար ենք, որովհետև մեր կյանքի անդորրության մասին չենք մտածում ու հավատներս չենք ուրանում... Օ՜, եթե մենք էլ մեր հավատն ու ազգը մոռանայինք, իսլամին երկրպագություն անեինք, այն ժամանակ այս գերության մեջ չէինք լինի:

— Չէ՛, աղջի՛կս, մեղք մի՛ անի, մենք ենք, որ մեր ազգն ենք պահում: Մենք ենք, որ Լուսավորչի լուսաթաթախ հավատն ենք պահպանում: Ժողովուրդը, հասարակ ամբոխը եթե չլիներ, հայ ազգն ու կրոնը վաղուց վերջացած կլիներ: Դառն օրերն ու տանջանքները աստված մեզ է տվել, ու մենք պիտի քաշենք: Լացն ու արցունքը մեզ է վիճակված կրելու, իսկ իշխանին՝ քեֆ ու անդորր կյանքը… Մենք պիտի տնքանք ու հառաչենք, իսկ իշխանը խնդա և ուրախանա...

— Բայց մինչև ե՞րբ, հայրի՛կ, խավարում է կյանքիս զարունը, դեռափթիթ արևս մթնում...

— Համբերի՛ր, զավա՛կս, համբերի՛ր... Համբերությունն է մեր բաժինը: Ա՜խ, իմ եղան:

Այդ ժամանակ պահապան զինվորը նորից կանգ առավ ու մտրակի հարվածը իջեցնելով խեղճ ծերուկի մեջքին ասաց.

— Լռի՛ր, շուն, թե չէ կաշիդ կքերթեմ:

Աստղիկի սիրտը մորմոքվեց և յուր մարմնով պատսպարելով հորը դիմեց պահապանին.

— Ի՛նձ զարկ, անօրե՛ն, բայց հորս ձեռք մի՛ տա: Սպանի՛ր ինձ, որ վերջ տրվի իմ թշվառ կյանքին:

Արաբ զինվորը ժպտաց ու դառն հեգնանքով Աստղիկին դիմելով՝ ասաց.

— Չէ՛, մահը քեզ համար չէ, այլ այս զառամյալ ծերունու համար: Դու չես մեռնի, խելա՛ռ աղջիկ: Դու սիրուն ես և գեղեցիկ, ու մեր ամիրապետը եթե գեղեցկությունդ տեսնի, քեզ յուր հարեմը կտանի ու դու այնտեղ երջանիկ կապրես:

— Թշվա՛ռ անհավատ, մի՞թե կարծում ես, թե ես կենդանի նրա ձեռքը կընկնեմ:

— Օ՜...քեզ նման կամակոր աղջիկներ շատ են եղել որոնք այդպես են խոսել, բայց վերջը իրենց երջանկությունը մեր իշխանների գրկումն են գտել: Կգա ժամանակ, երբ դու էլ, մեր ճշմարիտ կրոնն ընդունելով, երջանիկ կապրես... Ա՜յ, եթե Յուսուֆը կամ մեր իշխանները քեզ չվերցնեն, ես քեզ ուրախությամբ իմ տունը կտանեմ: Բայց ի՞նչ անես, որ հենց վաղը դու մեր իշխանի գրկում կլինես, իսկ այս զառամյալ ծերուկի դիակը շները կլափեն...

— Հայրի՛կ, այս ի՞նչ է ասում... Ա՜խ, մահը լավ է ինձ համար, քան սրանց պիղծ ձեռքերը:

— Մահն է մեր բաժինը, աղջի՛կս, ավելին մի՛ սպասիր... Մենք պիտի մեռնենք, որ իշխանը ապրի: Սև ճակատագիրն է մեր բաժինը, — ասաց ծերունին, գրկեց աղջկան և լռեց:

Լուռ էին և մյուս գերիները, այնինչ արաբ զինվորները, կրակի շուրջը բոլորած, ուրախ քրքիջով ընթրիք էին անում ու լպիրշ հայացքով դեպի գերիները նայում...

ԺԸ

Գիշերը յուր սևաթույր թևերը տարածել էր ամեն կողմ և խորին խավարի մեջ ընկղմել Աղստև կամ Խորաձոր[10] ամրոցը, որ աժդահա գազանի նման դուրս էր ցցվել ժայռի գլխին և հպարտությամբ նայում էր

---

[10] Պետք է ենթադրել, որ այդ բերդը այժմ Դիլիջանի և Քարվանսարա գյուղերի միջև գտնվող Ղըզղալասի կոչված բերդն է , որ կառուցված է Աղստև գետակի վրա, խոր ձորի մեջ:

Բ. Ա.

ցած, յուր ոտքերի տակ, ուր ահռելի, խոր ձորի մեջ լռիկ-մնջիկ հոսում էր Աղստև գետակը...

Չորս կողմը տիրում էր խորին լռություն, միայն երբեմն սուլելով անց էր կենում քամին, խրոխտալով հարձակվում պարիսպների վրա և ապա, հաղթվելով, ետ էր նահանջում և ռռնալով ու հառաչելով՝ փախչում հեռո՜ւ, հեռու... Կես-գիշերից անց էր. բերդի մեջ ամեն ինչ լուռ էր. խոր քուն էին մտել ամենքը սկսած արաբ իշխանից մինչև հետին զինվորը: Ամենքն արդեն գտնվում էին երազական այն աշխարհում, ուր գոյություն ունեն միայն դյութական սնոտի պատկերներ... Պահապաններն անգամ, որոնք ձանձրացել էին քամու ռռնալուց ու սուլելուց, չկարողանալով տանել դրա միատեսակ ու անտանելի ողբը, կուչ էին եկել ամեն մեկը մի անկյունում և ընկել մի տեսակ մրափի մեջ. երբեմն միայն, երբ հեռվում, ձորի միջից լսվում էր վայրենի բորենու և գայլերի ոռնոցը, նրանցից մի քանիսը բարձրացնում էին ծանրացած գլուխները և անիծում այդ գազաններին, որ իրենց քունը խանգարեցին...

Բայց քամին յուր նվագն էր շարունակում և բուռն զորությամբ քշում երկնքի մոխրագույն ամպերը, որոնք արագությամբ հեռանում էին հորիզոնից, մեկը մյուսին հետևելով, մի ամպի կտոր մյուսի հետ խառնվելով ու ձուլվելով...

Հենց այդ միջոցին Աշոտ Երկաթը յուր երկու հարյուր կտրիճներով զգույշ մագլցում էր ժայռից ժայռ, քարից-քար և մոտենում էր բերդին: Ջրի կողմից մուտքը բաց էր, և այդ կողմից ապահով կարծելով միայն երկու պահապան էին նշանակված, որոնք հենց նոր քուն էին մտել և ընկել դյութական աշխարհը…

Հայ կտրիճները բարձրանում էին վեր. ո՜չ մի շշունջ, ո՜չ մի ձայն չէր լսվում, ո՜չ մի քար, ո՜չ մի խիճ չէր գլորվում նրանց ոտքերի տակից, այլ աներկյուղ դևերի նման նրանք բարձրանում էին վեր՝ իրենց ոտքերի տակ թողնելով ահռելի ձորը, ուր ընկնողը պատառ-պատառ կլիներ:

Խմբի առջևից գնում էր Աշոտ Երկաթը, ինչպես մի հասարակ զինվոր: Ահա նա բարձրացավ վեր և կանգ առնելով ազատ շունչ քաշեց ու սրբեց ճակատի քրտինքը, չնկատեց անգամ, որ հենց ոտքերի տակ տարածված է քնած պահապանի մարմինը: Հանկարծ նա լսեց մի տեսակ խուլ ձայն, որ ասում էր.

— Գալի՜ս են, գալի՜ս, Շահնշա՜հը...

Աշոտ Երկաթը սուրը մերկացրեց, բայց նայելով ոտքերի տակ փռված պահապանին, այն կրկին պատյանը դրեց և ինքն իրեն ասաց.

— Է՜հ, սրա համար չարժեր սուր հանել, — և նկատելով, որ ձորից բարձրանում են յուր կտրիճները, միայն ոտքը դրեց պահապանի կրծքին:

Այդ միջոցին բոլոր կտրիճները արդեն հավաքվել էին Աշոտ Երկաթի շուրջը և նրա հրամանին էին սպասում, երբ լսվեց մի տեսակ թրմփոց, կարծես ինչ-որ մեկը գլորվեց ձորը:

— Ո՞վ ընկավ, — հարցրեց Աշոտ Երկաթը, ցած ձայնով դիմելով յուր կտրիճներին:

— Ո՛չ ոք — պատասխանեց զինվորներից մեկը՝ առաջ գալով, — պահապաններից մեկին Մահմեդի գիրկն ուղարկեցինք:

— Շատ լավ արիք, այժմ հարկավոր է զգույշ առաջ գնալ և սկսել կոտորածը: Բայց հենց որ լսեք, թե իմացան մեր բերդ մտնելը, ամեն կողմից ահագին աղմուկ բարձրացրեք և շփոթեցրեք բոլորին: Չխնայել ո՛չ ոքի, մինչև որ զենքերը վայր չդնեն: Դե՛, իմ կտրիճնե՛ր, սկսեցեք գործը, ժամանակ չպետք է կորցնել, — ասաց Աշոտը, և նրանք մի քանի խմբերի բաժանվելով՝ սկսեցին կոտորածը:

Քնած զինվորները չգիտեին՝ մարդիկ են իրենց գլուխները կտրում, թե դևեր: Նրանք մինչև անգամ ժամանակ չունեցան զենքի դիմելու, մի քանիսը միայն խելքի եկան, բայց հայ կտրիճների սուրը նրանց էլ վերջ տվեց: Չանցավ կարճ ժամանակ, արշալույսը դեռ նոր էր բացվում, երբ ամբողջ բերդի մեջ գտնված արաբաց գնդից կեսը կոտորված էր, իսկ մյուս մասը գերի բռնված:

Աշոտ Երկաթը ազատ շունչ քաշեց, երբ զգաց, որ վերջին հարվածը տվեց Յուսուֆի զինվորներին, որոնք այլևս չեն համարձակվի իրեն անհանգիստ անել… Ջախջախելով Յուսուֆի վերջին զորությունը՝ Աշոտ Երկաթը շտապեց վերադառնալ Արշարունյաց երկիրը:

915 թվականն էր, երբ հայ իշխանները, ակնածելով Աշոտ Երկաթի քաջագործություններից և կարճ ժամանակում ցույց տված հաղթություններից, ի մի ժողովվելով, Ափխազաց Գուրգենի և վրաց Ատրներսեհ արքայի հետ միասին թագավորեցրին նրան յուր հոր փոխարեն:

Այնուհետև նա սկսեց խնամել երկիրը իբրև հայր: Նա փառքի համար չէր մտածում, նրա միակ ցանկությունն էր տեսնել յուր ժողովրդի բարօրությունը: Սակայն այդ հանգստությունը երկար չտևեց, և հայոց խաղաղ երկիրը նորից ալեկոծվեց, նորից արյան և կոտորածի ասպարեզ դարձավ, որ շփոթեց Աշոտ Երկաթի սիրտը: Այս անգամ վերքը շատ ծանր էր:

ԺԹ

Ինչպես հայր յուր ժողովրդին, ինչպես հասարակ մարդ, Աշոտ Երկաթը սուրը մի կողմ դրած, շրջում էր ժողովրդի մեջ և նրա երկարամյա վերքերը բուժում, նրա կարիքներին դարման անում: Նա ման էր գալիս քաղաքից քաղաք, գյուղից գյուղ, ծանոթանում էր ժողովրդի դրությանը, երբ անակնկալ դիպվածը ստիպեց նրան ընդհատել այն և նորից զենքի դիմել, նորից մտնել արյան ասպարեզ:

Մի երեկո, երբ նոր էր վերադարձել ժողովրդի մեջ շրջագայելուց, նրան հանձնեցին մի փոքրիկ նամակ, որ գրված էր մանր, բայց գեղեցիկ գրերով:

— Ո՞վ բերեց այս նամակը, — հարցրեց Աշոտ Երկաթը ծառաներին՝ զարմացած շուռումուռ տալով այն:

— Մի գյուղացի, որ յուր անունը և որտեղից լինելը չուզեց հայտնել, — պատասխանեց ծառան:

Աշոտ Երկաթը շտապով բաց արավ նամակը և սկսեց կարդալ: Նա աչքերին չէր հավատում:

«Քաջ Աշոտ Շահնշահ, — գրած էր նամակի մեջ, — մի՛ կարծիր, թե միայն նրանք են քո բարեկամները, որոնք քեզ անձամբ ճանաչում են: Ես քեզ չեմ տեսել, բայց լսելով քո քաջագործությունները՝ սիրում եմ քեզ: Սիրում եմ իմ հարազատ ծնողներից ավելի, սիրում եմ ինչպես իմ հարազատ եղբորը: Իմ մտածության առարկան միայն այն է, որ քեզ, թագավորա՛ց թագավոր, միշտ հաջողության մեջ տեսնեմ, և ես միշտ աղոթում եմ տիրոջը, որ քո կյանքը երկար պահի այն ժողովրդի համար, որ մինչև քո երևալը տառապում էր: Ինձ դու չես տեսնի, չես ճանաչի, բայց ես միշտ քեզ վրա պիտի մտածեմ և քո բարիքները ցանկանամ: Ուրախացավ սիրտս, երբ լսեցի քո քաջագործությունները: Իսկ այժմ ցավում եմ, որ տխուր լուրեր պիտի հաղորդեմ և վրդովեմ քո խաղաղությունը: Գիտեմ դու չես վհատվի. վհատությունը դյուցազնի գործը չէ, այլ թույլերի և վախկոտների, իսկ դու դյուցազների դյուցազնն ես: Հայաստանը նորից պիտի ավերմունքի ասպարեզ դառնա և այդ ավերմունքի պատճառը լինելու է Գագիկ Արծրունին, որ մոտ օրերս պիտի արշավի՝ Նախիջևան քաղաքը Սմբատյան իշխանից գրավելու: Զգուշացնում եմ քեզ, որ նա իր սուրը նաև քո դեմ է դարձնելու: Նա արդեն որոգայթներ է պատրաստում քեզ մեջը ձգելու, բայց նրա ամեն մի որոգայթը իզուր պիտի անցնի, քանի որ ես ամեն անգամ քեզ պիտի տեղեկություն տամ իր մտադրությունների մասին: Առայժմ այսքան: Քեզ պաշտող իշխանուհի»:

Աշոտ Երկաթը իրեն երազի մեջ էր կարծում. այնքան անակնկալ էր այդ նամակը: Ո՞վ պիտի լիներ այդ իշխանուհին, որ զգուշացնում է իրեն Գագիկ Արծրունու դավադրությունից, և ինչու՞ Գագիկը կրկին վրդովում է հայոց խաղաղությունը: Նա երկար ժամանակ չկարողացավ ոչ մեկի վրա մատնանիշ անել: Արդյոք Գարդմանաց Սևադայի աղջի՞կն է, որի աչքերից շատ անգամ հափշտակվել էր ինքը: Եվ եթե նա է, ինչո՞ւ ստորագրություն չկա կամ ինչու՞ ինքը՝ Գարդմանաց իշխանը անձամբ չի հաղորդում այդ մասին, եթե գիտե Գագիկի այդ ստոր մտադրությունները: Ինչևէ, պետք է սպասել և տեսնել, թե որքան ճիշտ են իշխանուհու այդ ցուցմունքները:

Եվ Աշոտ Երկաթը ծալեց նամակը ու մի կողմ դրեց: Չանցավ մի քանի օր, և ահա լուր ստացավ, որ Գագիկը հիրավի պաշարել է Նախիջևան քաղաքը: Բայց նա տեղից չշարժվեց՝ սպասելով հետևանքին: Նախիջևանը առավ Գագիկը, և ահա Սիսակյանց իշխանը, որին պատկանում էր այդ քաղաքը, բարկությամբ լի հարձակվեց Վասպուրականի վրա, սկսեց այդ երկիրը հուր ու մոխիր դարձնել: Երկպառակության քարը գլորված էր, և սկսվեց Արծրունյաց ու Սիսակյանց արյունը թափվել: Այդ ախտը տարածվեց նաև մյուս հայ իշխանների մեջ, որոնք դուրս գալով իրենց երկրի սահմաններից, սկսեցին հարևան հայ երկրներն ու գավառները ավերել և սրի ճարակ դարձնել:

Կատաղեց Աշոտ Երկաթը և սուրը կրկին պատյանից հանելով սկսեց հայ նախարարների վրա գնալ: Երկիրը նորից փոթորկվեց, նորից սուքն ու շիվանը տարածվեց, նորից գյուղերն ու քաղաքները ամայացան, և թշվառ ժողովուրդը նորից սկսեց հեծեծալ հայ նախարարների ըմբոստության և փառասիրության պատճառով: Արտաքին թշնամին չկար, բայց ներքին խռովությունները ավելի խորն էին խոցում խեղճ ժողովրդին:

Բայց արտաքին թշնամին էլ հեռու չէր: Յուսուֆը, որ միշտ ատամները կրճտացնում էր Աշոտ Երկաթի վրա և մտածում նրանից վրեժխնդիր լինել յուր զորքերին այնպես չարարչար հալածելու պատճառով, այժմ սիրտ առավ և կամաց-կամաց պատրաստություններ էր տեսնում Հայաստանի վրա հարձակվելու: Նա ուրախանում էր հայ նախարարների անմիաբանությունը տեսնելով և ազատ էր թողել նրանց իրար դեմ կռվելու, իրար ոչնչացնելու. նրան նպաստողը միայն այդ էր, ապա թե ոչ նա վախենում էր Աշոտ Երկաթի վրա հարձակվելուց: Ժամանակն արդեն մոտեցել էր: Եվ Յուսուֆը հրամայեց յուր բոլոր զորքերին հավաքվել Ատրպատականում և այնտեղից մտնել հայոց երկիրը: Նրանք արդեն կամաց-կամաց մոտենում էին հայոց երկրին, այնինչ հայ իշխանները դեռ իրար արյունն էին թափում…

Ի

Ինչպես անձրևից առաջացած հեղեղատը, ներս խուժեցին Յուսուֆի հրոսակները հայոց երկիրը և սկսեցին քանդել, ավերել ու կոտորել:

Ինչպես հեղեղատը ողողում ու ավերում է առաջին հանդիպած տեղերը և ապա, զանազան ուղղությամբ ցրվելով, վազում է միշտ առաջ առանց հարցնելու տեղն ու դիրքը, այնպես էլ արաբաց հրոսակները նախ սկսեցին ավերել մոտիկ գավառները և ապա մտնել ավելի խորը, երկրի ներսը, ուր ազատ ասպարեզ գտնելով իրենց համար, մոխրի կույտեր դարձրին շեն գյուղերն ու քաղաքները... Իրենց ետևից նրանք թողնում էին միմիայն ավերակներ, սուք, լաց ու շիվան... Ամեն ինչ ոչնչանում էր նրանց բարբարոս ձեռքերից, ամեն ինչ կործանվում, և արյունով էր ողողվում մոխիր դարձած ավերակները... Ո՞վ էր խեղճ ժողովրդի պաշտպանը, նրանց մասին հոգացողը. ո՛չ ոք: Իշխաններից ոմանք իրար հետ էին կռվում, իսկ ոմանք ամրանում էին բերդերում՝ անպաշտպան թողնելով խեղճ ժողովրդին, որի քրտինքով էին ապրում իրենք... Այո, ծանր էր, խիստ ծանր էր ժողովրդի դրությունը, ամեն հալածանք, ամեն տանջանք նրա գլխին էր թափվում, և նա անօգնական, իշխաններից մոռացված, ձեռքերը երկինք էր բարձրացնում և տիրոջից օգնություն խնդրում:

Եվ նա, հույսը կտրած, ամենից մոռացված, սարսափով պատած, երկյուղից գլուխը կորցրած, թողնում էր յուր տուն ու տեղը, դաշտն ու արտը և փախչում լեռները. ամեն տեղ՝ սարում, դաշտում, տանը, մահ էր սպառնում նրան:

Շատ վշտացավ Աշոտ Երկաթը, երբ լսեց ժողովրդի հեծեծանքը: Նա ձայն տվեց իշխաններին, նախարարներին. նրա ձայնը տարածվեց լեռներում ու ձորերում, արձագանք տվեց, բայց ո՛չ մի իշխան, ո՛չ մի նախարար տեղից չշարժվեց, ո՛չ մեկը պատասխան չտվեց նրա կանչին, ամենքը կարծես խուլ լինեին և չլսեցին քաջի ձայնը:

Սպասեց Աշոտ Երկաթը, շա՜տ սպասեց, մի թույլ ձայն անգամ չլսեց, ու վրդովվեց քաջի սիրտը. նրա աչքերում երևացին արցունքներ, որոնք գլորվեցին և խառնվեցին յուր սիրած ժողովրդի արտասուքներին: Դյուցազնը լալիս էր, լալիս էր ո՛չ թե մահից վախենալով, այլ նրա համար, որ ինքը չի կարող բյուրի դեմ կենալ... Ապա խոցված սրտով նայում է մի բուռ քաջերին, որոնք լուռ իր հրամանին են սպասում, ու նրա սիրտը լցվում է գոհունակությամբ, նրա աչքերից հուր է ցայտում, դեմքն ընդունում է վեհ ու խրոխտ կերպարանք և դառնալով նրանց՝ ասում է.

— Տղե՛րք, մենք միայնակ ենք հազարավորների դեմ, մենք ամենքս պիտի մեռնենք, մահը միայն մի անգամ է գալիս: Ավելի լավ է քաջի պես մեռնենք, սրերը ձեռքներիս, քան թե անօրեններից գերվենք և բանտի մեջ մաշվենք...

Ասում է նա, սուրը օդի մեջ ճոճում և թռչում առաջ:

— Ապրի՛ Աշոտը, կեցցե՛ Շահնշահը, — գոռում են կտրիճները և նրա ետևից սլանում...

Ու թռչում է Աշոտը, մեկ այստեղ է կոտորում թշնամիներին ու հանկարծ աներևութանում, մեկ հայտնվում երկրի այլ կողմում: Անակնկալ հարձակվում է նա թշնամիների վրա և հանկարծ չքանում...

Զարհուրանքը պատում է Յուսուֆի զինվորներին, և նրանք ամեն րոպե սպասում են նրան, ինչպես երկնքի պատուհասի, բայց կրկին առաջ են գալիս, կրկին ավերում ու կոտորում, տանջանք տանջանքի վրա ավելացնում: Նրանք չեն հուսահատվում Աշոտ Երկաթի մանր հարձակումներից, նրանք գիտեն, որ իրենք շատ են, զորավոր, անթիվ, անհամար, ո՞ր մեկին կկոտորի Աշոտ Երկաթը...

Ու անօրենները տանջում էին անպաշտպան ժողովրդին, պառավներին և ծերերին կոտորում էին անխնա, ծծմայրների ձեռքերից դուրս էին կորզում նրանց սիրելի մանուկներին և գետնին խփելով՝ նրանց աչքի առաջ սպանում, հղի կանանց կոխկրտում էին ոտքերի տակ, որովայնը պատռելով դուրս էին կորզում պտուղը և դեն շպրտում: Մեծամեծներին զանազան տանջանքներ էին տալիս, որ ցույց տան իրենց պահած գանձերը և երբ ստանում էին ամեն ինչ՝ կամ սպանում էին նրանց, կամ գերության վարում և ստիպում հավատն ուրանալ: Գերիներին պահում էին ամենասոսկալի կերպով և երբ նրանք չէին ուրանում իրենց կրոնը, սարսափելի տանջանքներով մահացնում էին նրանց, մի քանիսին կենդանի էին թաղում, մի քանիսին ծանրության տակ ճխլում, իսկ ոմանց կրծքից սկսելով՝ սրով երկու կես էին անում կամ կենդանի մաս-մաս անում...

Անհնարին է մի առ մի հիշել այն սոսկալի տանջանքները, որ գործ էին դնում անօրենները...

ԻԱ

Մութը նոր էր պատել աշխարհը, երբ Աշոտ Երկաթը յուր հոգնած կտրիճներով դանդաղ առաջ էր շարժվում:

Հանկարծ նրա ձին ականջները ցցեց և գլուխը ճանապարհի մի կողմը թեքելով՝ նայեց:

Աշոտ Երկաթը հավատում էր ձիու ուշիմությանը, նրա գլուխը բարձրացնելուն պես, ինքն էլ այն կողմը նայեց, բայց մթության մեջ ոչինչ չնկատեց, ուստի շոյելով ձիուն՝ ասաց.

— Ի՞նչ է, ի՛մ նժույգ, ի՞նչից վախեցար: Թե քաղցած ես և շտապում ես կեր գտնել, սպասիր մի փոքր էլ, աստված մեզ էլ, քեզ էլ կերակուր կտա:

Ձին կանգ առավ, նրա հետ՝ նաև խումբը: Հեռու լանջի վրա երևում էր մի շինություն, որ վանքի էր նման, որտեղից երևում էր ճրագի աղոտ լուսավորություն: Բայց այդ չկանգնեցրեց ձիավորներին, ընդհակառակը, նրանք շատ ուրախացան, երբ տեսան ճրագի լույսը, քանի որ հանգստության էին կարոտ, իսկ թշնամի էր այդտեղ, թե բարեկամ՝ այդ միևնույն էր. եթե բարեկամ էր՝ հո լավ, իսկ եթե թշնամի, մի փոքր ջանք էր հարկավոր միայն, որ նրանց այդտեղից դուրս քշեին:

Ձիերը կանգնելուն պես, ճիշտ այդ ճրագի հակառակ կողմից նրանք լսեցին մի տեսակ խուլ, գերեզմանային ձայն. կարծես գետնի տակից ինչ-որ մեկը հառաչում էր: Նրանք սկսեցին ավելի ուշադրությամբ ունկնդրել. այո՛, հառաչում, տանջվում էր մի մարդ, որի ձայնը կարծես գերեզմանի միջից էր գալիս: Վանքի մոտ, անշուշտ, գերեզմաններ կան, և մեռելները հարություն են առել, մտածեցին մի քանիսը և ոմանք սարսափած սկսեցին լուռ աղոթք մրմնջալ ու երեսներին խաչ հանել:

Աշոտ Երկաթը ձին քշեց դեպի ձայնը: Նրան հետևեց խումբը:

Մի փոքր գնացին և հանկարծ սարսափահար կանգ առան: Մթության մեջ նրանց աչքին ներկայացավ մի սոսկալի պատկեր, որ ցնցեց բոլորի ուղեղը և փշաքաղեց նրանց մարմինը: Խմբի միջից մի քանիսը մինչև անգամ ուզեցան ետ դարձնել ձիերի գլուխը և փախչել այդ զարհուրելի տեսարանից, որը նրանց մտքի մեջ ծնեցրեց հազարավոր հրեշավոր երևույթներ, բայց Աշոտ Երկաթը ամեն բան հասկացավ և շուտով փարատեց յուր զինվորների սնոտիապաշտությունը:

— Տղե՛րք, տեսնու՞մ եք ինչպիսի տանջանքների են ենթարկում հայերին, — ասաց նա և ցած թռավ ձիուց:

Փայտերի վրա գլխիվայր ամուր կապված էին երկու մերկ կանայք, իսկ մի քանի գլուխ սարսափահար դուրս էին ցցվել հողի մակերևույթից:

— Տղե՛րք, ետ ածեցեք և ազատեցեք գոնե այս երկուսին, որ դատապարտված են կենդանի թաղվելու, բայց դեռ շունչը բերաններումն է, — ասաց Աշոտ Երկաթը և ինքը, մի կողմ գնալով, նստեց կանաչ խոտի վրա և ընկավ խոր վշտի մեջ:

Դավիթը և մի քանիսը շտապով քանդեցին հողը և ազատեցին երկուսին, որոնք թուլացած ընկան գետին:

Ուշադրությամբ նայում էր Դավիթը թշվառների դեմքի գծագրությանը, երբ հանկարծ կանգ առավ և ապուշի նման սկսեց դիտել մեկին, ձեռքերը թուլացան և կարծես արյունը սառեց երակների մեջ: Այդ դեմքը ծանոթ էր իրեն, բայց վախենում էր այդ նմանությունից, վախենում էր, որ նա լիներ, ում վրա կասկածում էր:

Նայեց, նայեց և ապա հանկարծ փաթաթվեց նրա վզով և սկսեց խելագարի նման համբուրել: Մյուս զինվորները երկյուղով նայում էին և կարծում, թե Դավիթը խելագարվեց: Լուրը հասավ Աշոտ Երկաթին, նա վեր կացավ տեղից և մոտեցավ Դավթին, որ դեռ համբույրներ էր տալիս, առանց խոսել կարենալու:

— Ի՞նչ ես անում, Դավի՛թ, — ասաց Աշոտ Երկաթը՝ բռնելով նրա ձեռքը:

Դավիթը դադարեց համբուրելուց և խեղդվող ձայնով ասաց.

— Ա՜խ, տե՛ր իմ, իմ աներն է, Մաթոսը: Իսկ ո՞ւր է Աստղիկս, իմ նշանածը:

Ազատվածը, որ դեռ չէր հասկանում, թե ի՞նչ է կատարվում շուրջը, երբ լսեց յուր և Աստղիկի անունը, լայն բաց արավ աչքերը, նայեց Դավթին և ուշաթափվեց: Խեղճ մարդ, նա ճանաչեց կորած փեսային:

Երբ անցավ ուշաթափության պահը, երբ նրանք մի փոքր հանգստացան, սկսեցին իրար հարցուփորձ անել, իրար դրությունն իմանալ:

— Ասա, ո՞ւր է իմ Աստղիկը, — դողդողալով հարցրեց Դավիթը,

— Այնտե՛ղ, — ասաց Մաթոսը և ցույց տվեց դեպի երեվացող վանքը: Դավթի սիրտը տրոփեց, նա ուզում էր վեր կենալ և թռչել դեպի վանքը: Այդ նկատեց Մաթոսը և կանգնեցրեց նրան:

— Սպասի՛ր, ո՞ւր ես գնում, վանքը արաբաց զինվորներով լի է: Մենք մեր գյուղից փախուստ էինք տալիս, երբ հանդիպեցինք մի խումբ արաբների, որոնք անխնա ծեծելով մեզ, ամուր շղթաներով շղթայեցին ու բերին մինչև այստեղ: Անասելի տանջանքներ տվին մեզ: Շատերին սպանեցին, մի քանիսին ողջ-ողջ հողում թաղեցին, իսկ այս երկու կանանց, որոնց տեսնում եք գլխիվայր կապած, այնքա՜ն ծեծեցին, մինչև շունչները փչեցին: Խեղճերը ուզում էին փախչել, բայց չհաջողվեց...

— Իսկ Աստղի՞կը, — անհամբերությամբ խոսքը կտրեց Դավիթը:

— Աստղիկին և ուրիշ օրիորդների բռնեցին ու տարան վանքը: Նա կենդանի է, բայց թե ինչ վիճակի մեջ, այդ աստծուն է հայտնի:

— Քանի՞ մարդ են, — հարցրեց Աշոտ Երկաթը, որ մինչ այդ լուռ լսում էր:

— Չգիտեմ, պետք է որ մոտ երեք հարյուր լինեն:

— Լավ ուրեմն: Տղե՛րք, ձիերը թողեք իրենց տեղը և հետևեցեք ինձ, — ասաց Աշոտ Երկաթը և առաջ անցավ:

Դավիթը ուզում էր ամենքից առաջ անցնել, բայց զսպում էր իրեն, այնինչ նրա սիրտը պատառ-պատառ էր լինում:

ԻԲ

Վանքը, որին մոտենում էին մեր կտրիճները, գտնվում էր Մասյաց լեռան հարավային ստորոտներից մեկի վրա, մի խոր ձորում, որ ծածկված էր մացառներով ու թփերով:

Այդ ժամին, երբ Աշոտ Երկաթը մոտենում էր պարսպին, վանքի ներսում, վանականների ընդարձակ սենյակներից մեկում, կատարվում էր հետևյալ տեսարանը: Բազմոցին, ուր սովորություն ուներ թիկն տալու վանահայրը, այժմ նստած էր արաբաց այդ փոքրիկ զնդի մեծավորը:

Նա խրոխտ, վայրենի դեմք ուներ, գլխին՝ սպիտակ չալմա, իսկ մեջքից կախված էր կեռ թուրը:

Նրա մոտ, մի փոքր ցած, նստած էին ուրիշ մարդիկ, որոնք ըստ երևույթին նրա ստորադրյալներն էին:

Դրանց առաջ կանգնած էին երեք հայ աղջիկներ, որոնք ամոթից և երկյուղից կախել էին գլուխները և լուռ հեկեկում էին: Սարսափը պատել էր խեղճերին, և նրանք դողում էին, այնինչ երեք գազան պետերը ամենայն ուշադրությամբ նրանց էին նայում և իրենց մտքում ընտրում գեղեցկին: Վայրենի կիրքը, անասնական ձգտումը րոպե առ րոպե գրգռվում էր մեծավորների մեջ և նրանց աչքերը բորբոքում մոլության կրակով:

Բայց հայ աղջիկները ամոթից գետին էին մտնում և ամեն կերպ աշխատում էին երեսները թաքցնել:

— Մոտեցե՛ք ինձ, մի՛ վախենաք, ես ձեզ վնաս չեմ տա, — ասաց մեծավորը՝ նշան անելով աղջիկներին: Բայց նրանք տեղներից չշարժվեցին:

— Չե՞ք լսում, երեկ էլ երդվեցի, որ ձեզ ոչ մի վնաս չպիտի տամ, թեև դուք անհավատի աղջիկներ եք. բայց երդվում եմ ալլահով, որ եթե ձեր նզովյալ հավատը ուրանաք և ընդունեք ճշմարիտ կրոնը, դուք մեր ամիրապետի հարեմում ամենասիրուն աղջիկներից մեկը կլինեք:

— Գյավուրի՛ աղջիկներ, խո՞ւլ եք, ինչ է, որ տեղներիցդ չեք շարժվում. թե՞ ուզում եք, որ այս կեռ թրովս ձեզ մաս-մաս կտրատեմ, — գոչեց մեծավորը բարձրաձայն և վեր թռչելով տեղից՝ բռնեց աղջիկներից մեկի ձեռքը, որ հազիվ տասնհինգ տարեկան լիներ: Նա քարշ տվեց նրան յուր մոտ և չնայած աղջկա ընդդիմության, գրկեց նրա նազելի իրանը, ամուր և ամուր սեղմեց կրծքին: Նույնը արեցին և մյուս երկու արաբները՝ հետևելով իրենց մեծավորի օրինակին:

Ապա մեծավորը զոռով բարձրացրեց կիսաուշաթափ օրիորդի գլուխը և հիացած սկսեց նայել նրա գեղեցիկ դեմքին և փոքր ժամանակից հետո, յուր զզվելի շրթունքները մոտեցնելով նազելի կույսին, մի համբույր դրոշմեց թշվառ աղջկա գունատ շրթունքներին:

— Ալլահը վկա, Ասկյա՛ր, — դարձավ նա յուր ընկերներից մեկին, —

հայերի աղջիկների նման սիրունը աշխարհիս երեսին չկա, միայն ափսո՛ս, շա՛տ ափսոս, որ սրանք մուսուլման չեն: — Ապա նա սկսեց վավաշոտ աչքերով նրան նայել, նրա գեղեցկությամբ զմայլվել... Անցան մի քանի րոպեներ, զարհուրանքի և տանջանքի րոպեներ, երբ հանկարծ դրսից լսվեցին սոսկալի աղաղակներ, վայնասունի ձայներ և սրերի հարվածներ... Երեքն էլ բաց թողին կույսերին և վեր թռչելով տեղերից՝ թրերը մերկացրին:

Այս իսկ միջոցին դուռը ճարճատյունով փշրվեց և այնտեղ երևացին Աշոտ Երկաթը և Դավիթը: Դավիթը նայեց աղջիկներին, նայեց մեծավորի ոտքերի տակ փռված ուշաթափ աղջկան և ճանաչեց յուր Աստղիկին: Սոսկալի ճիչ արձակեց և խելակորույս վրա ընկավ ու գրկեց նրան: Այդ միջոցին նրա գլխին շողաց արաբ մեծավորի կեռ թուրը, մի մազաչափ էլ և Դավթի գլուխը պիտի կես լիներ, երբ հասավ Աշոտ Երկաթը և տեղնուտեղը պառկեցրեց մեծավորին: Մյուս երկուսն էլ կատաղաբար վազեցին դեպի Աշոտ Երկաթը, բայց նրանք ևս արյունլվա գետին գլորվեցին, մինչդեռ դրսում՝ վանքի մեջ հայ կտրիճներն էին հունձ անում: Փոքր ժամանակ անց դադարեց կռիվը, թշնամիների մի մասը կոտորվել էր, իսկ մյուս մասը փախուստ էր տվել:

Աշոտ Երկաթը թողեց, որ Դավիթը նշանածից կարոտն առնի, իսկ ինքը մի կողմ քաշվեց, հրամայելով, որ բոլորը հանգստանան, որպեսզի կրկին ճանապարհ ընկնեն: Նա գիտեր, որ փախստականները կվերադառնան նոր ուժով, և այն ժամանակ ինքը ծուղակի մեջ կնկնի: Եվ չսխալվեց:

Դեռ Դավիթը կարոտը չէր առել Աստղիկից, դեռ նրա կտրիճները չէին հանգստացել և դեռ մութն ու խավարն իրարից նոր էին բաժանվում, արևելքում նոր էր մժժում արշալույսը, երբ արաբացոց մի ահագին խումբ շրջապատեց մեր կտրիճներին:

— Է՜, ամեն մեկիս տասից ավելի կընկնի, — ասաց Աշոտ Երկաթը, երբ տեսավ նրանց բազմությունը:

Եվ ժամանակ չտալով, որ յուր վրա հարձակվեն, հրամայեց առաջին հարձակումը գործել և շփոթեցնել արաբներին: Աղջիկներին հանձնեց հինգ զինվորի, որ զգույշ պահեն և աշխատեն շուտով կռվատեղից հեռացնել: Եվ ապա նրանք ահագին դղրդյունով վազեցին արաբացոց վրա ու ճեղքելով նրանց շարքերը ճանապարհի բացին և սկսեցին խռնվելով ետ նահանջել: Արդեն բավական տեղ հեռացել էին, երբ Աշոտ Երկաթը նկատեց, որ զինվորներից մեկը ետ է մնացել և մի խումբ արաբներ պաշարել են նրան, այնինչ ինքը հարվածում է աջ ու ձախ կոտորում և ուզում է հարթել յուր ճանապարհը: Բայց թշնամիները շատ-շատ են, զինվորը հոգնում է, հազիվ է կարողանում սուրը շարժել: Աշոտ Երկաթը ուզում է թռչել, օգնության հասնել նրան, բայց տեսնում է, թե ինչպես տաս-քսան մարդ, ետևից գրոհ տալով, բռնում են զինվորին, խլում սուրը և ամուր չվաններով կապկպում: Աշոտ Երկաթը աչքերը դարձնում է յուր խմբին, պտրում է մեկին, բայց չի գտնում: Նրա աչքը հետապնդում է աղջիկներին, Աստղիկին, ապա խոր հոգոց է հանում և ետ քաշվում:

Դավիթը չկար կտրիճների մեջ: Նա էր, որ գերի բռնվեց արաբներից, և խոր կսկիծ թողեց Աշոտ Երկաթի սրտում:

Այժմ ի՞նչ պիտի աներ խեղճ Աստղիկը առանց Դավթի:

ԻԳ

Աշոտ Երկաթը յուր կտրիճներով, խույս տալով Յուսուֆի անթիվ բազմությունից, կեսօրվա դեմ կանգ առավ Շիրակի դաշտավայրում, մի բլրի ստորոտում, որտեղից երևում էր Արագած լեռան գագաթը, որ դեռևս ծածկված էր սպիտակ ձյունով:

Տղերքը սկսեցին ճաշի պատրաստություն տեսնել, այնինչ Աշոտ Երկաթը, թիկն տալով մի քարի, յուր պղտոր հայացքը զարկել էր դեպի Արագածի բարձունքները և լուռ մտորում էր: Ի՞նչ էր անցնում նրա մտքով, հայտնի չէր, միայն նա սաստիկ տխուր էր:

Նա նայում էր հեռուն, դեպի ձյունածածկ կատարը, դեպի Շիրակի ընդարձակ դաշտավայրը, ուր տիրում էր կատարյալ ամայություն, և նրա սիրտը հուզվում ու պղտորվում էր: Նա հիշում էր Շիրակի պտղավետությունը, նրա ցորենի փարթամ արտերը, այդ դաշտի շինականների ուրախ երգն ու պարը, նույն այդ դաշտը, որ երբեմն Շարայի որկորն էր հագեցնում, այժմ ներկայացնում էր մի սրտաճմլիկ ամայություն...

Արդյոք ի՞նչ պիտի լիներ սրա վերջը...

Կարծես մահաբեր հուրը մի ակնթարթում կոտորել էր բոլոր բնակիչներին և ավերել այն բերրի ու պտղատու դաշտերը, որոնք ժիր ձեռքերի տակ պտղաբերում ու աճում էին...

Ապա նա փակում էր աչքերը, որպեսզի չտեսնի յուր երկրի ամայությունը, չվրդովվի սիրտը, բայց հենց այդ ժամանակ նրա հոգին պաշարում էին ավելի զարհուրելի մտքեր, որոնք փշաքաղում էին մարմինը:

Նա հայոց թագավոր էր, դյուցազն էր, հայր յուր ժողովրդին. նրա պարտքն էր խնամել, փայփայել և դարման անել այդ ժողովրդի բազմաթիվ վերքերին... բայց ի՞նչ էր անում ինքը, կարողանու՞մ էր արդյոք խնամել, գեթ ազատ պահել բազմաթիվ տառապանքներից: Ի՞նչ պիտի աներ մի դյուցազն, որի ձեռքն ու ոտքը շղթայել էին, որի կյանքի դեմ դավադրություններ և որոգայթներ էին լարում նույնիսկ հայ նախարարները, և դրանով չբավականանալով՝ միանալով թշնամու հետ՝ իրենց սուրը յուր դեմ էին դարձնում:

— Այո՛, — ասում էր ինքն իրեն Աշոտ Երկաթը, — վաղ թե ուշ ես կխորտակեմ հայ նախարարների եսամոլությունը, վաղ թե ուշ ես կհաստատեմ մի զորավոր իշխանություն, որից կակնածեն մեր թշնամիները և այլևս չեն համարձակվի մեզ անհանգստացնել, բայց ինձ հարկավոր է մի կարճատև հանգստություն, որպեսզի կարողանամ այդ բանը հաջողեցնել, ապա թե ոչ ներկայիս անհնար է այդ:

Մի հոգևորականություն ունենք, որի գլուխ է կանգնած Հովհաննես կաթողիկոսը, որի միջոցով կարելի էր ահագին փոփոխություններ անել, ուժեղացնել օրինական թագավորությունը, բայց այդ գլուխն էլ միայն ողբով է անցնում յուր օրերը և յուր կյանքի ապահովության համար զանազան կողմեր թափառում... Ի՞նչ անեմ ես միայնակ մի բուռ քաջերով: Ժողովուրդն է, հասարակ ժողովուրդն է, որ ուժ է կազմում. նրա մեջ է ազգի փրկությունը, բայց ներկայիս այդ ուժը այնքան տառապած է, այնքան խոցված, որ նախ պիտի դարմանել նրան և ապա միայն վստահ հենվել նրա վրա...

Վեր կացավ Աշոտ Երկաթը թիկն տված տեղից և շրջելով սկսեց ծրագրեր կազմել, թե ինչպե՞ս պիտի կարողանա յուր մտադրությունները ի կատար ածել և այդքան մանր իշխանություններից մի զորավոր մարմին կազմել:

Կերան, խմեցին, հանգստացան և փոքր ժամանակից հետո խումբը առաջ շարժվեց: Բայց Աշոտ Երկաթի մտքից դուրս չէր գալիս Դավիթը, նա մտածում էր մի հնարքով ազատել նրան անհավատների ձեռքից: Աշոտ Երկաթը ափսոսում էր այդ մարդուն, որ հավատարմությամբ և քաջությամբ առաջինն է յուր կտրիճների մեջ:

Ազատած աղջիկներին և Աստղիկին Հռիփսիմեի վանքում տեղավորելով, մի քանի օրից հետո նա կրկին պտտում էր Մասյաց ստորոտներում, ուր կորցրեց Դավթին և ամեն կերպ աշխատում էր նրա մասին տեղեկություններ հավաքել, բայց ոչ մի տեղից որոշակի ոչինչ չէր իմանում: Նա միայն լսում էր, որ գերիներից մի մասին անխնա կոտորում են, իսկ մյուսներին, որոնք քաջ և կորովի են, ուղարկում են Դվին՝ սպարապետի մոտ, ուր ամեն տանջանքներ են տալիս նրանց իրենց հավատից խախտելու համար: Աշոտ Երկաթը մի փոքրիկ գումարտակ ջարդելուց հետո, բռնեց նրանցից մի քանի զինվոր և սկսեց հարցուփորձ անել:

— Ասա՛, անհավատ, դու տեղեկություն չունե՞ս Դավթի մասին, ո՞ւր է նա, կենդանի է՞, թե մեռա՞ծ:

Զինվորները լուռ էին, բայց խարազանի հարվածները նրանց խոսեցրին:

— Մի՛ վախեք, խոսեցեք, ես կընծայեմ ձեզ ձեր թշվառ կյանքը...

— Ո՞ր Դավիթը, այն որ գերվեց վանքի կռվի ժամանա՞կ:

— Այո՛, հենց նա:

— Նրան տարան Դվին, սպարապետի մոտ: Այնտեղ նրան մեր հավատի կբերեն: Այդպիսի քաջը ափսոս է, որ ձեր պիղծ հավատն ունենա:

— Լռի՛ր, անհավատ, նա այն մարդը չէ, որ յուր հավատն ուրանա:

— Տանջանքները նրան խելքի կբերեն:

— Ի՞նչ է, չե՞ս ուզում լռել: Ինչպես երևում է, կյանքը քեզ ձանձրացրել է, իմացիր ուրեմն, որ մենք էլ ենք ձեզանից տանջելու ձևերը սովորել: Տղե՛րք, — դարձավ նա յուր զինվորներին, — սրանց գլխիվայր կախեցեք և մտրակների համը ցույց տվեք:

Զինվորները մերկացրին նրանց, ապա, գլխիվայր կախելով, պատրաստեցին ճիպոտները: Արաբ զինվորները դեռ լուռ էին և սարսափահար նայում էին Աշոտ Երկաթին, արյունը կամաց-կամաց լցվում էր նրանց աչքերը, որոնք սկսում էին դուրս թափվել և սոսկալի կերպարանք ստանալ: Ճիպոտների հարվածներն իջան նրանց մերկ մարմնին, և արյունը սկսեց առատությամբ բխել վերքերից: Ցավը սոսկալի էր: Մինչ այդ նրանք լուռ էին, իսկ այժմ սկսեցին բառաչել և գթություն խնդրել: Ճիպոտների հարվածները դեռ շարունակվում էին:

— Գթությո՛ւն, խղճացե՛ք, — կանչում էին նրանք աղիողորմ ձայնով:

— Դադարեցրե՛ք, — ասաց Աշոտ Երկաթը, երբ լսեց նրանց աղիողորմ բառաչյունը և տանջանքը, քաջի սիրտը չդիմացավ տեսնելով յուր թշնամյաց սոսկալի տանջանքը:

ԻԴ

Արշալույսը նոր էր ուզում բացվել, արևելքում արդեն նկատելի էր լույսի թույլ շողշողմունքը, րոպե առ րոպե պարզվում, պայծառանում էր հորիզոնը, բայց խավարը դեռ տիրապետում էր երկրին: Բագրևանդի ս. Գրիգոր վանքի շրջակայքում տիրում էր խորին խավար, տեղ-տեղ միայն, թփերի ու մացառների մեջ լսվում էին մի տեսակ թույլ ձայներ, արտույտները թափահարում էին թևերը և ապա նետի արագությամբ սլանում էին վեր և այնտեղ երգում իրենց տաղերը... Տխուր ու հուսահատ էին այդ տաղերը:

Հենց այդ միջոցին ս. Գրիգոր վանքի բեմի առաջ, ինչպես մարմնացած արձան, ծունկ էր չոքել ծերունի վանահայր Տեր-Մարտիրոսը և ձեռքերը դեպի երկինք պարզած աղոթում էր...

Անշքացած եկեղեցու բեմի վրա դրված էր Քրիստոսի խաչելությունը, որի առաջ վառվում էր կանթեղը և թույլ լույսով լուսավորում խաչելությունն ու աղոթող ծերունուն:

Գերեզմանային լռությունը տիրում էր չորս կողմը:

Միայն երբեմն շարժվում էր ծերունի վանահոր ալեզարդ մորուքը, որի վրայով մերթընդմերթ գլորվում էին արտասուքի կաթիլները և թրջում քարե հատակը...

Ջերմ ու զգացված էր վանահոր աղոթքը, դա աղոթք չէր ձևի համար, ո՛չ. ծերունին մոռացած յուր գոյությունը, մոռացած աշխարհը, ուրախությունն ու տառապանքը, յուր ամբողջ էությամբ ամփոփվել էր այդ աղոթքի մեջ:

Հանկարծ նրա շրթունքները շարժվեցին, և մեռելային լռության մեջ լսվեց նրա ձայնը.

— Օ՜հ, տե՛ր, — ասում էր նա, — տուր ինձ, իմ տկար բազուկներին ուժ և իմ հոգուն՝ արիություն, որ ես կարողանամ ի կատար ածել իմ մտադրությունները... Անմեղ ժողովուրդը տառապում է, հալածվում անօրեններից քո սուրբ անվան համար, տուր ինձ կորով, որ ես կարողանամ մտնել ժողովրդի մեջ, ոգևորել նրան՝ քո խաչը ձեռքիս, որ նա մի սիրտ, մի հոգի դարձած կռվի յուր հալածիչների դեմ... Տե՛ր, խնայիր քո ժողովրդին, խնայիր այդ տառապյալ ժողովրդին, միության և համերաշխության ոգի ներշնչիր նախարարներին, որ նրանք ձեռք մեկնեն օրինական թագավորին՝ Աշոտ Երկաթին և այդպիսով դուրս հալածեն թշնամիներին: Տե՛ր, խնայի՛ր մեզ... — Ապա նա նայում էր խաչելությանը, և հոգեկան բուռն ալիքները երևում էին նրա դեմքին:

Նրա աչքերը լցվում էին ոգևորությամբ, երակների մեջ կարծես վազում էր թարմ ու երիտասարդական արյուն, ծերության կնճիռները կարծես անհետանում էին նրա դեմքից: Մի տեսակ գերբնական զորություն կամաց-կամաց մտնում էր նրա երակների մեջ:

Այդ իսկ միջոցին լուսո աղոտ լուսավորությունը տարածվել էր վանքի մեջ: Վանահայրը վերջին անգամ յուր «Հայր մերը» մրմնջաց, վերջին անգամ համբուրեց խաչելությունը և վեր թռավ տեղից կարծես 20 -30 տարով ջահելացած:

Այդ միջոցին վանքի դուռը կամաց բացվեց և երևաց Տեր-Մարտիրոսի ծառան:

— Հա՛յր սուրբ, ձիերը պատրաստ են, — ասաց նա:

— Այս րոպեիս, որդի, — ասաց վանահայրը և դուրս եկավ վանքից: Մի փոքր անց վանահայրը և յուր ծառան, հեծնելով ձիերը, թողին վանքը: Երկար ժամանակ նրանք առաջ էին գնում, մինչև որ կեսօրվա դեմ կանգ առան մի գյուղում, որ մի փոքր հանգստանան և ապա կրկին ճանապարհը շարունակեն:

Գյուղի մեռելությունը Տեր-Մարտիրոսի վրա սաստիկ վատ տպավորություն թողեց: Այստեղ-այնտեղ, գետնափոր խրճիթներից երբեմն երևում էին գլուխներ, որ երկյուղով էին նայում ճանապարհորդներին:

Տեր-Մարտիրոսը կանգ առավ գյուղի մեջտեղը և իսկույն նրան շրջապատեցին գյուղացիները ու սկսեցին աջը համբուրել: Խեղճերը, նրա ալեզարդ մորուքից խաբվելով, կարծում էին, թե եպիսկոպոս է շնորհ բերել իրենց գյուղը, ու նրանցից ամեն մեկը, ձիու սանձը բռնելով, խնդրում էր նրան իրենց տուն գնալ հանգստանալու:

— Ո՞ւր է գյուղի քահանան, — հարցրեց Տեր-Մարտիրոսը:

— Հա՛յր սուրբ, գյուղի քահանային դեռ անցյալ տարի սպանեցին անօրենները, մենք այժմ քահանա չունենք:

Տեր-Մարտիրոսը ոչինչ չպատասխանեց, իջավ ձիուց և մտավ հանդիպակաց խրճիթը: Շինականները բոլորը տխուր և հուսահատ էին, խորին թախիծը պատել էր նրանց դեմքերը, նրանք և իրենց, երեխաները մերկ ու բոկոտն էին, մի քանի ցնցոտիներ միայն ծածկում էին նրանց մարմինը:

— Ինչպե՞ս եք, զավակնե՛րս, — հարցրեց Տեր-Մարտիրոսը, թեև համոզված էր, որ տրտունջից ավելի ոչինչ չպիտի լսի:

— Է՛հ, հա յր սուրբ, ինչպես տեսնում եք՝ սոված, քաղցած, մերկ և տանջված: Ամեն բան խլեցին մեզանից անօրենները, ամեն բան տարան, ամեն անզթություն գործեցին, մեր մեջ էլ չմնաց ուժ, զորություն տանելու այսչափ տառապանքները: Խոփը ժանգոտեց, դաշտերնիս մնաց առանց վարելու, առանց ցանելու. հացերնիս սկսում է պակասել: Մեր տերը դուք եք, եթե դուք օգնություն չանեք, մենք կորած ենք:

— Մի՛ հուսահատվեք, զավակնե՛րս, հույսներդ դրեք աստծո վրա: Նա է գթածը և ողորմածը, կարճ ժամանակ կանցնի և ամեն տառապանքներ կվերջանան, հնազանդ եղեք միայն ձեր թագավորին, կաթողիկոսին, ահա ես գնում եմ ընկնելու Աշոտ Երկաթի և կաթողիկոսի ոտքերը, որ մի ճար անեն ազգի փրկության համար:

— Օրհնյալ լինիք, հա՛յր սուրբ, որ կանգնած եք ժողովրդի համար և նրա մասին եք հոգում:

Այդ ժամանակ նրա համար բերեցին բոքոնի կտոր և մի քանի խաշած ձու:

— Ներողություն կանեք, հա՛յր սուրբ, գյուղի մեջ սրանից ավելի բան չգտանք ձեզ պատվելու, — ասաց տան տերը, որ մի պատկառելի ծերունի էր:

Հայր սուրբը ժպտաց:

— Ի՞նչ հարկավոր է ինձ համար շքեղ ճաշեր, քանի որ իմ ժողովուրդը տառապում է: Ժողովրդի թե՛ ցավը և թե՛ ուրախությունը մերն է, մենք ավելի՝ սոված պիտի մնանք, երբ տեսնում ենք, որ մեր ժողովուրդը սոված է:

Տեր-Մարտիրոսը վերջացրեց համեստ ճաշը, քաջալերեց, հույս տվեց շինականներին և ապա ճանապարհը շարունակեց:

ԻԵ

Դավթին Մասիս սարի ստորոտում ձերբակալելուց հետո շղթայեցին և ձգելով վանքի ախոռներից մեկը՝ պահապաններ կանգնեցրին: Անցավ մի ամբողջ օր, բայց Դավիթը դեռ մի պատառ հաց չէր դրել բերանը, թեև հոգեպես ամենևին ընկճված չէր. ի՞նչ փույթ, թե իրեն մաս-մաս կկտրատեն անօրենները, գոնե ազատեց Աստղիկին, վերջին անգամ տեսավ նրան: Յուր դրությունը մոռացած նա միայն Աստղիկի վրա էր մտածում, չնկատեց անգամ, թե ինչպես ախոռի դուռը բացվեց և մի զինվոր նրա առաջ դրեց խեցե ամանով կեղտոտ ջուր ու հացի փշրանքներ:

Արաբ զինվորը մի փոքր կանգ առավ և տեսնելով նրա մտախոհ դեմքը՝ ասաց.

— Հը՛, անհավա՛տ շուն, ի՞նչ ես մտածում, ու՞ր գնաց քո քաջությունը, որ մահիցդ առաջ այդպես սարսափի մեջ ես ընկել:

Դավիթը ոչինչ չպատասխանեց, ապա տեսնելով հացի կտորտանքը և խեցիով ջուրը, ժպտաց:

— Հ՛ը, ի՞նչ ես ժպտում, գոհ չե՞ս դրանով. ձեզ նման շներին սոված պետք է սպանել, ո՛չ թե հաց ու ջուր տալ:

— Չե՞ս կորչի այստեղից, — ասաց Դավիթը, ցանկանալով վերջ դնել նրա վայրահաչությանը, և հրացայտ աչքերը ուղղեց զինվորի վրա:

— Սպասի՛ր, շուտով քո կաշին էլ կքերթենք, ափսոս միայն, որ մեր իշխանը թույլ չի տալիս քո դատաստանը այստեղ անել, բայց վնաս չկա, Դվինում էլ չես ազատվի մահից, — ասաց զինվորը և դուրս գնաց:

Չանցավ մի քանի ժամ, և ահա նա զգաց, որ ինչ-որ մեկը աքացի է տալիս իրեն: Շփոթված վեր թռավ տեղից, սուրը միտն ընկավ և ձեռքը անգիտակցորեն դեպի գոտին տարավ, բայց սուրը չկար. շղթաներն էին միայն զնգզնգում: Խելքի եկավ նա, յուր գերությունը մտաբերեց և հաղաղած աչքերը շուրջը դարձրեց: Կանթեղի թույլ լուսավորության տակ նկատեց հինգ թե վեց զինվոր՝ սրերը և նիզակները ձեռքներին, որոնցից մի քանիսը իր վրա ընկնելով՝ սկսեցին իրեն չվաներով պինդ կապկապել. շղթաներից գոհ չէին, պարաններով էլ էին կապում: Դավիթը լուռ էր և չէր դիմադրում:

Կապկապելուց հետո նրան ձի նստեցրին և հիսուն ձիավորներով տարան: Մթության մեջ Դավիթը ճանապարհներին էր նայում... հասկացավ, որ իրեն տանում են Դվին, ուր նստած էր Յուսուֆը: Զգում էր նա, որ Դվին ընկնելուց հետո էլ փրկության հույս չկա, ուստի ուժ էր անում պարաններն ու շղթաները կտրատելու, բայց նրանք շատ էին ամուր: Ա՜խ, եթե ազատ լիներ և սուրբ ձեռքին, այն ժամանակ վա՜յ իրեն շրջապատողներին, հոգ չէր, թե դրանք հիսուն հոգի էին, իսկ ինքը՝ միայնակ:

Մյուս օրը, երեկոյան դեմ նրանք Դվին մտան: Դավիթը սպասում էր տաժանելի չարչարանքների և խոնավ ու մութ բանտի, բայց շատ զարմացավ, երբ ետ արին չվանները՝ թողնելով միայն երկաթե շղթաները և մի մաքուր սենյակ տանելով՝ պատվական ճաշ հրամցրին:

— Այս ճաշը դեռ ուտենք, հետո տեսնենք, թե ի՞նչ է դուրս գալիս: Բայց այս ընդունելությունը լավ նշան չէ, — մռմռաց ինքն իրեն Դավիթը: Այնքան դուր եկավ ճաշը, որ քիչ մնաց ամաններն էլ հետը ուտեր:

Անցավ մի քանի օր, և ահա նրա սենյակի դուռը բացելով ներս մտավ մի մարդ՝ սպիտակ չալմայով: Այցելուն մոտեցավ Դավթին և նստելով նրա մոտ՝ ասաց.

— Ողջո՜ւյն քաջին. մեծ սպարապետ Յուսուֆը, լսելով քո քաջությունները, հիացած է մնացել: Թող ալլահը ավելի ուժ և կարողություն տա բազուկներիդ: Բայց դու թո՛ղ քո պիղծ հավատը և ընդունիր Մուհամմեդի սուրբ ու ճշմարիտ կրոնը, և այն ժամանակ Յուսուֆը աչքի լույսի պես կպահի քեզ ու մեծամեծ ընծաներ կտա:

— Հա՜, հա՜, հա՜ — մի քրքիջ արձակեց Դավիթը, — ա՜յ թե ինչի համար էր Յուսուֆն ինձ պատիվներ տալիս, իսկ ես այնքան հիմար էի, որ այդ չէի էլ մտածում:

Բարկության ներկը անցավ մոլլայի դեմքով, բայց նա զսպեց իրեն:

— Գյավուրնե՜ր, մինչև ե՞րբ պետք է մոլորված մնաք և չճանաչեք ճշմարիտ հավատը, մի՞թե չեք տեսնում ձեր երկրի ավերմունքը, ժողովրդի տառապանքը, որ կրկին այդպես համառում եք:

— Մոլլա՜, լավ կլինի այստեղից պոչդ հավաքես և գնաս, եթե չես ուզում, որ փորիդ աքացի տամ: Գնա, հայտնի Յուսուֆին՝ ինչ անելու է, թող անի, ես նրանցից չեմ, որ մահից վախենամ և ընդունեմ ձեր պիղծ հավատը:

Մոլլան, նզովելով Դավթին, դուրս գնաց սենյակից: Նույն երեկոյան նրան ձգեցին մութ ու խոնավ բանտը՝ երկու օրը մի անգամ տալով ցամաք հաց ու ջուր: Բայց Դավիթը չէր հուսահատվում: Նա պատրաստվում էր ընդունելու ամեն տեսակ չարչարանք, հիշում էր Սմբատ արքայի տանջանքները, երկնային պսակը և ավելի ոգևորվում:

Անցավ մի քանի ամիս, և նա դեռ տանջվում էր բանտի մեջ: Եվ ամեն անգամ, երբ գալիս էին յուր մոտ Յուսուֆի ուղարկած մարդիկ, որոնք խոստանում էին մեծամեծ պարգևներ՝ միայն թե հավատը ուրանա, կոպտությամբ ետ էր մղում նրանց: Բայց բանտի խոնավությունը և սննդի պակասությունը ազդում էին նրա առողջության վրա, օր ավուր այդ աժդահա մարդը հալվում էր ու մաշվում:

Տարան մի անգամ էլ Յուսուֆ սպարապետի մոտ, որ գրկեց քաշին, ոսկի և իշխանություն խոստացավ նրան, եթե հավատը ուրանա, բայց Դավիթը կրկին անդրդվելի մնաց: Յուսուֆը բարկացավ և հրամայեց մյուս գերիների հետ գլխատել նաև նրան: Դավիթը վերադարձավ բանտ այն հույսով, որ վաղը առավոտյան կարժանանա նահատակության պսակին:

Բայց գիշերը շատ երկար էր տևում, անցնում էր ժամանակը դանդաղ ինչպես հավիտենականություն: Դավիթն արթուն էր և սպասում էր արշալույսին, բայց բանտի միակ լուսանցքը դեռ չէր լուսավորվում աղոտ լույսով, խավար էր շուրջը, խավար էր նրա սրտի մեջ, կսկիծը, վիշտը, տառապանքը, դառն ու անմխիթար հիշողությունները մորմոքում էին նրա հոգին...

Եվ հանկարծ խորին լռության մեջ նա մի սուր ձայն է լսում, որ փշաքաղում է նրա մարմինը: Նա գլուխը վեր է բարձրացնում: Երկաթապատ բաց պատուհանից լսվում է գորտի սուր կոկռոցը, որ մոտենալով պատուհանին, յուր վերջին ողբն է կարդում: Դավիթը սարսռում է և երանի տալիս գորտին, որ այնպես ուրախ կոկռում էր: Նա սիրում էր այդ գորտին, որ այնպես հաճախ յուր նվագներն էր սարքում և յուր վերջին ժամերը մխիթարում: Բայց շուտով գորտն էլ լռեց, ու կրկին տիրեց լռությունը: Ա՛խ, ուր է թե շուտ լուսանար: Նա ծունկ չոքեց և աղոթել սկսեց: Ահա բանտի դռները բացվեցին, և երևաց դահիճը: Սառնասրտությամբ նայեց նա դահճին և հետևեց նրան: Երբ հասավ այն հրապարակին ուր պիտի կատարվեր յուր գլխատումը, սոսկալի պատկերը ցնցեց նրա ուղեղը: Քառասուն, թե հիսուն հոգի մարդ, կին, աղջիկ, ռամիկ թե իշխան, պինդ շղթաներով կապած բոլորաձև մի շրջան էին կազմել, որոնց գլուխներին, վայրենի գազանների նման պտտվում էին դահիճները՝ մերկ սրերը ձեռքներին:

Զարհուրանքը պատեց նրան, երբ տեսավ գերյալների գունատ և սոսկումով պատած դեմքերը, իսկ այդ գերիների մեջ յուր կրտսեր եղբորը՝ Գուրգենին: Երկու եղբայրների հայացքները հանդիպեցին իրար, և նրանք վրա վազելով փորձեցին գրկել միմյանց: Դահիճները, Յուսուֆի հրամանով, սկսեցին իրենց գործը: Շրջանում կանգնողներից մեկի արյունաթաթախ գլուխը վայր գլորվեց, վերջին անգամ բաց ու խուփ եղան սպանվածի աչքերը և հետո հառվեցին դատապարտյալների վրա:

Սոսկումը և զարհուրանքը փշաքաղեցին խեղճ գերյալներին, որոնք մեկ-մեկ ընկնում էին ցած և օրհնելով աստծուն ավանդում հոգիները... Հերթը հասավ Դավթին:

— Ուրացի՛ր քո պիղծ հավատը և ազատի՛ր քեզ, — կրկնեց Յուսուֆը:

— Ո՛չ, չեմ ուրանա հավատս, ես քրիստոնյա եմ:

Յուսուֆը նշան տվեց, և դահիճը մոտեցավ Դավթին սա վերջին անգամ նայեց յուր եղբորը և նկատելով նրա մահվան գունատությունը, երկյուղ կրեց, թե նա կթուլանա յուր հավատից, ուստի դիմելով նրան, ասաց.

— Եղբա՛յր իմ, զոհիր քեզ Քրիստոսի սիրույն, ինչպես նա զոհեց յուր կյանքը մեզ համար:

Գուրգենը առաջ ընկավ և ներկայացրեց վիզը դահճին:

Դահիճը կտրեց նրա վիզը և քիչ հետո Դավթին գլխատեց: Ընկավ քաջի գլուխը առանց մի ձայն, մի տրտունջ հանելու...[11]

ԻՁ

Ինչ էր անում այդ միջոցին հայոց Հովհաննես կաթողիկոսը, որ կարող էր մեծ դեր խաղալ յուր ահագին ազդեցությամբ:

Նա անդադար փոփոխում էր յուր տեղը և վերջին ժամանակները գտնվում էր վրաց երկրում, Ատրներսեհի հովանավորության ներքո և այնտեղից ողբում ազգի թշվառությունը: Մի երեկո նրան հայտնեցին, թե Բագրևանդի սուրբ Գրիգոր վանքի վանահայրը ցանկանում է տեսնել իրեն:

Կաթողիկոսը հրամայեց ընդունել նրան:

Ներս մտավ Մարտիրոս հայրը և ծունկ չոքելով կաթողիկոսի առաջ՝ համբուրեց աջը:

— Վեր կաց, ծերունի՛, և պատմիր, թե ի՞նչ լուր ունիս դու կարոտ հայրենիքից և թե ի՞նչը բերեց քեզ ինձ մոտ:

Մարտիրոս հայրը վեր կացավ և սկսեց պատմել այն թշվառությունները, որոնց ենթակա էր եղել ազգը, ապա համարձակ դիմելով կաթողիկոսին ասաց.

— Ազգը ձեզ, վեհափա՛ռ տեր, և Աշոտ Երկաթի՛ն է կարոտ: Աշոտ Երկաթը միայնակ է և ձեր օգնության է կարոտ, դուք միայն գլուխ պիտի կանգնեք, կոնդակներ ուղարկեք ամեն կողմ և ոգևորեք ազգը: Ձեր պարտքն է ազգի մեջ ցրիվ տված ուժերը միացնել. հոգևոր գլուխը դո՛ւք

[11] Այս նահատակների հիշատակը եկեղեցին տոնում է հունիսի 3-ին:

եք, ո՛ւր պիտի քարոզեք նրանց միություն և համերաշխություն, ապա թե ոչ՝ ազգը կորած է. կկործի ազգը, կկործի և կաթողիկոսությունը: Մեր թշնամիները հողի համար չեն կռվում, այլ կրոնի, հավատի համար, այդ է արաբաց ջանքը: Մեր թշնամիները շատ լավ գիտեն, որ եթե մենք կրոնով միանանք արաբներին կամ հույներին, մեր երկիրն էլ նրանցը կդառնա:

Պետք է հիշենք հինգերորդ դարը, այդ կրոնական պատերազմը, որ Վարդան Մամիկոնյանը յուր քաջերով մղեց Հազկերտի դեմ: Հինգերորդ դարում պարսիկներն էին աշխատում մեր հավատը խախտել, իսկ այժմ՝ արաբներն ու հույները: Հինգերորդ դարում էլ ունեինք դավաճաններ՝ Վասակներ և Մերուժաններ, այժմ էլ ունենք Գագիկներ և Աշոտներ... Հինգերորդ դարում էլ ունեինք քաջ զորապետ, ինչպիսին՝ երևելին Վարդանն էր, այժմ էլ ունենք Աշոտ Երկաթ, օրինական թագավոր, որ շվարել մնացել է և երկնքից է օգնություն սպասում: Այժմ մեզ միայն մի բան է պակասում, որ նմանվենք ճիշտ հինգերորդ դարին, այդ Ղևոնդ երեցի պակասությունն է, որ չկա մեր մեջ: Ո՞ւր է այժմ Ղևոնդը, որ յուր անուշաբույր քարոզներով ոգևորի մեզ — չկա նա: Դո՛ւք վեհափա՛ռ տեր, որ գլուխ եք կանգնած հոգևորականության, ձեր անձնական օրինակով պիտի ոգևորեք ազգը, որ նա չկործի, նա ձե՛զ է սպասում...

Կաթողիկոսը լուռ լսում էր նրան: Վերջացրեց վանահայրը, իսկ կաթողիկոսը դեռ լսում էր. նա կարծում էր, թե դեռ հայր Մարտիրոսը խոսում է և յուր հոգվո մեջ թողնում մի-մի սուր սլաք: Հիրավի կաթողիկոսի հոգու մեջ բացվեցին հին-հին վերքեր և հուզեցին թշվառ ծերունուն... Այդ րոպեին նա ազգի ցավերով էր ցավում, նրա տառապանքներով տառապում, բայց միևնույն ժամանակ զգում էր, որ բավական չէ միմիայն լալ, ողբալ, հարկավոր է նաև ցավերին դարման անել, վերքերը բուժել: Մարտիրոս հոր խոսքերը սուր սլաքի նման ցցվեցին իր սրտում և, դիմելով նրան, ասաց դողդոջուն ձայնով.

— Այո՛, ծերուկ, ես գլուխ եմ կանգնած ազգի, բայց մինչև օրս միայն ցավերով եմ անցկացրել օրերս: Գնա, որդի՛, դու էլ մտիր ժողովրդի մեջ և քարոզիր նրանց, ոգևորիր նրանց երկնային լույսով, իսկ ես, ինչքան թույլ կտան իմ տկար ուժերը, կընկնեմ նախարարների ոտքերը, կաղաչեմ, կպաղատեմ և կհաշտեցնեմ նրանց իրար հետ, որ պաշտպանեն օրինական թագավորին:

Մարտիրոս հայրը դուրս եկավ կաթողիկոսի սենյակից գոհ սրտով և համարյա վազելով դեպի յուր օթևանը, դարձավ ծառային և ասաց ուրախ-ուրախ.

— Ծառո՛ւկ, շտապով պատրաստիր ձիերը, մենք իսկույն պետք է ճանապարհ ընկնենք:

— Ի՞նչ կա, հա՛յր սուրբ, որ այդպես շտապում եք, հարկավոր է մի փոքր հանգստանալ, — պատասխանեց ծառան զարմացած նրա այլայլված և ոգևորված դեմքը դիտելով:

— Պետք է շտապել, որդի՛ս, պետք է շտապել, մենք շատ գործ ունենք կատարելու, ժամանակը շատ սուղ է:

Ծառուկը գլուխը քորեց և լուռ գնաց ձիերը պատրաստելու:

Կարճ ժամանակից հետո նրանք իրենց երեսները դեպի Արշարունիք դարձրած մտախոհ առաջ էին գնում:

Ի՞նչ էր մտածում Տեր-Մարտիրոսը, հայտնի չէ, միայն թե ամեն մի գյուղում երկար կանգ էր առնում, քարոզներ խոսում, ոգևորում և նրանց միջից զենք բանեցնող երիտասարդներից խմբեր կազմելով, կարգում էր նրանց վրա մի-մի մեծավոր և ապա շարունակում ճանապարհը...

ԻԷ

Ցուրտ ձմեռը վրա հասավ: Փչեցին սառը քամիներ, սար ու ձոր ձյունով ծածկեցին և սառցե հաստ կեղևով պատեցին Հայաստանը: Բուքը սկսեց ձյան հետ խաղալ՝ պար բռնելով և անախորժ ոռնալով... Վատ էր այդ ժամանակ խեղճ տառապյալ ժողովրդի դրությունը, որ հենց նոր էր շունչ քաշել սովի ձեռքից և այժմ ցուրտ սառնամանիքի դեմ էր կռվում:

Առավոտ էր: Արևը նոր էր դուրս եկել և յուր ճառագայթները սփռել սպիտակ տարածության վրա:

Այդ միջոցին Արշարունիք գավառից դեպի Շիրակ տանող ճանապարհին երևացին մոտ երկու հարյուր հետիոտն ուղևորներ, որոնք չնայած ցրտի սաստկության, ուրախ զրույց անելով իրար հետ, առաջ էին գնում: Կորովի և քաջ տղամարդիկ էին դրանք, բայց ամենքն էլ գյուղական պարզ հագուստներով և մորթե ահագին գլխարկներով: Նրանք ամենքը զինված էին զանազան տեսակ զենքերով, նրանցից ոմանք սրեր, ոմանք էլ երկայն նիզակներ ունեին: Նրանց առջևից գնում էր ոտքից գլուխ զինված մի հաղթանդամ երիտասարդ, որ շարունակ խոսում էր յուր հետ քայլող ծեր հոգևորականի հետ:

— Հա՛յր սուրբ, ի՞նչ ես կարծում, կարո՞ղ է արդյոք կաթողիկոսը հաշտեցնել մեր իշխաններին և նրանցից միացյալ ուժ կազմել, — հարցրեց խմբի առաջնորդը կողքից գնացող հոգևորականին, որ մեզ ծանոթ վանահայր Մարտիրոսն էր:

— Ես հույս ունիմ, իշխա՛ն, — պատասխանեց Մարտիրոս հայրը, — մեծ է աստծո զորությունը, կգա ժամանակ, երբ նրանք կհասկանան իրենց բռնած կործանաբեր դիրքը և կմիանան: Մեզ մի մարդ էր հարկավոր, որ այդ բանին գլուխ կանգներ, քարոզեր միություն, և այդ մարդը կաթողիկոսն է: Նա մեծ բան կարող է անել, եթե գործ դնի յուր բոլոր ճարտարությունը:

— Դժվա՛ր: Այն դիրքը, որ այժմ բռնել են, և այն լարված հարաբերությունը, որ նախարարներն ունեն իրար հետ, համարյա թե անկարելի են անում միությունը:

— Ինչո՞ւ չպիտի միանան, քանի որ այդ իրենց շահն է պահանջում: Մի՞թե նրանք չեն հասկանում, որ եթե չմիանան, այն ժամանակ արտաքին թշնամին մեկ-մեկ կոչնչացնի նրանց:

— Եսականությունը և անձնասիրությունը այն աստիճան զարգացած է նրանց մեջ, որ նրանք այդ մասին ամենևին հոգս չեն անում: Նրանց միակ մտածմունքն այն է, որ իրենք հանգիստ լինեն, որսի գնան, քեֆ անեն և իրար ոտքի տակ փորելով՝ իրար ձեռքից հողերը հափշտակեն:

— Ո՞ր մեկ օրինակը ասեմ քեզ: Գագիկ Արծրունին, որ բռնությամբ թագավորությունը հափշտակեց, այժմ ո՞վ գիտե, թե ինչ է մտածում: Աշոտ սպարապետը՝ Աշոտ Երկաթի հորեղբոր որդին, որ նստած է Դվին՝ Յուսուֆի մոտ, հարմար ժամանակի է սպասում, որ հափշտակի օրինական գահը: Եվ վերջապես Գուգարաց, Տայոց, Սյունաց և հազար ու մի մանր-մունր իշխաններ, որոնք չեն ուզում ճանաչել Աշոտ Երկաթին: Ի՞նչ պիտի լինի Աշոտ Երկաթի դրությունը, եթե դրանք կրկին շարունակեն իրար դեմ և Աշոտ Երկաթի դեմ զինվել:

— Ի՞նչ պիտի լինի — ոչի՛նչ. թող շարունակեն մինչև որ իրենց պատիժը կստանան: Թող Աշոտ Երկաթի կողմը ժողովուրդը լինի, ահա այս կտրիճները, որոնց մեջն է ուժը,— ասաց Մարտիրոսը և ցույց տվեց իրենց հետևող խմբին:

— Շատ լավ ես ասում, հա՛յր սուրբ, իսկ եթե նրանք սկսեն և դրանց արգելք դնել, այն ժամանակ ի՞նչ դուրս կգա միայն Այրարատյան երկրի մի բուռ ժողովրդով, որ առանց այն էլ հլու հպատակ է Աշոտ Երկաթին:

— Իսկ ի՞նչ ենք շինում մենք, կաթողիկոսը: Մենք մեր տերունական խաչով ոտքի կկանգնեցնենք ամբողջ ազգը և ճանաչել կտանք օրինական թագավորին, այն ժամանակ վա՛յ իշխաններին, վա՛յ մատնիչներին, — պատասխանեց Մարտիրոս հայրը: Եվ երկուսն էլ լուռ կացան:

Օրն արդեն թեքվել էր, երբ նրանք հասան մի գյուղ, որի գետնափոր խրճիթները հազիվ էին երևում ձյան տակից: Նրանք կանգ առան: Հենց այդ միջոցին խրճիթներից դուրս թափվեցին մարդիկ, որոնք լուռ կանգնեցին իշխանի և Մարտիրոս հոր շուրջը:

— Հը՛: Որդի՛ք ինչպե՞ս եք, — հարցրեց Մարտիրոս հայրը:

— Գոհություն աստծո, լավ ենք, հա՛յր սուրբ, և մեր տղաներն էլ պատրաստ են ձեր հրամանը կատարելու, — ասաց գյուղացիներից մեկը, որ ըստ երևույթին գյուղի մեծը պիտի լիներ:

— Շատ բարի, շատ լավ, հրամայիր թող գան, միանան այս կտրիճների հետ:

— Տղա՛յք, գնացեք, մի փոքր հանգստացեք և ապա պետք է ճանապարհներս շարունակենք, — ասաց իշխանը դիմելով յուր խմբին, իսկ ինքը հայր սուրբի հետ ուղղվեց դեպի գյուղի մեծավորի տունը: Դեռ մի քանի քայլ չարած նրանց հանդիպեց երեսուն մարդուց բաղկացած մի խումբ, որոնք տեսնելով հայր սուրբին, ակնածությամբ գլուխները մերկացրին:

— Ապրեք, զավակնե՛րս, այժմ գնացեք մի փոքր հանգստացեք մինչև որ ձեզ հրաման կտան մեզ հետ ճանապարհ ընկնելու, — ասաց Մարտիրոս հայրը այդ խմբին, որը եկել էր միանալու նրանց և ապա դառնալով դեպի գյուղի մեծավորը, ասաց.

— Ապրե՛ս, լավ խումբ ես պատրաստել:

Նրանք մտան խրճիթ և սկսեցին համեստ ճաշը վայելել: Խոսակցության նյութը Աշոտ Երկաթն էր, որին օգնության էին գնում նրանք: Հանկարծ գյուղացիներից մեկը ներս ընկավ և լեղապատառ կանչեց.

— Հա՛յր սուրբ, մենք կորանք, հեռու, գյուղի սահմանում երևում են ձիավոր մարդիկ, վախենում եմ, որ Յուսուֆի գունդը լինի:

— Մի՛ վախենաք, որդի՛ք, — ասաց հայր սուրբը, այժմ այստեղ երկու հարյուրից ավելի զինված մարդ ունենք, սրանք չորս հարյուր Յուսուֆի զինվորներ արժեն:

Ապա իշխանն ու Մարտիրոս հայրը դուրս եկան և սկսեցին դիտել:

Հեռու, գյուղի հորիզոնում, սպիտակ ձյան վրա մի քանի կետեր էին երևում, որոնք արագությամբ դեպի գյուղն էին շարժվում: Կասկած չկար, որ դրանք ձիավորներ են, որոնցից մի քանիսը առաջ էին ընկել, կարծես շուտ հասնելու գյուղը, իսկ մի մեծ սև կետ հետևից էր գալիս:

— Է՛, հոգ չէ, — ասաց իշխանը, երբ նրանց խմբի քանակությունն աչքով որոշեց, — հարկավոր է միայն մեր տղայոցը խումբ-խումբ տեղավորել խրճիթներում և լուռ սպասել, երբ նրանք միամիտ ներս կխուժեն իրենց ասպատակությունն սկսելու, այն ժամանակ մենք կկտրենք նրանց գլուխները:

Խմբին պատվերներ տվին, իսկ իշխանը քսան մարդով մի խրճիթում թաքնվեց, որ հանկարծակի հարձակվելով նրանց վրա՝ պակասն էլ ինքը լրացնի:

Գյուղը լուռ էր: Արաբաց խումբը մոտենում էր: Նրանց ձիերը քափ ու քրտինք էին կտրել: Մերկ սրերը հանած նրանք մտան գյուղ: Գյուղի մեռելությունը արաբաց հրոսակներին զարմանք պատճառեց: Մի խումբ շներ միայն հալածում էին նրանց, ոչ մի մարդ չէր երևում:

— Անհավատները բոլորն էլ կոտորվել են, — ասաց մի վայրենի դեմքով մարդ, որ ըստ երևույթին խմբի մեծավորն էր:

— Տղե՛րք, իջեք ձիերից և դուրս քաշեցեք հայերին հավաքներից, — դարձավ նա խմբին և ինքը իջնելով ձիուց հանդիպակաց խրճիթը դիմեց, որի դուռը փակ գտավ:

Մի ակնթարթում խումբը ցրիվ եկավ գյուղի մեջ և ամեն մեկն աշխատում էր շուտ մտնել խրճիթները և ավարի լավ պատառները ինքը վերցնել:

Հանկարծ ամեն կողմից լսվեցին վայնասունի, ճիչի և հայհոյանքի ձայներ, և քիչ հետո արաբաց խումբը դեպի յուր ձիերն էր վազում: Բայց հենց այդ միջոցին վրա հասավ Գնորգ իշխանը և յուր կտրիճներով սկսեց նրանց ճանապարհը կապել: Արաբները կռվում էին հերոսաբար, բայց նրանց փրկություն չկար: Դուրս թափվեցին նաև հայոց մնացած խմբերը: Չանցավ կարճ ժամանակ, և երեք հարյուրի չափ ընտիր ձիեր և այդչափ էլ զենք ու զրահ մնաց հայ կտրիճների ձեռքին, որոնք ուրախությունից խելքներն էին կորցրել: Աստված ինքը հասցրեց նրանց ձիեր և զենք, որոնց այնքան կարոտ էին:

Արևն արդեն մայր էր մտնում, ուստի ուշ լինելու պատճառով խումբը որոշեց գիշերը գյուղում անցկացնել, լավ հանգստանալ, կազդուրվել և ապա առավոտյան կրկին ճանապարհը շարունակել:

Բայց երբ լուսացավ, թանձր մշուշը պատել էր ամբողջ գյուղը, մի քանի քայլի վրա ոչինչ չէր երևում: Չնայած մառախուղին՝ խումբը ձիեր հեծած, կազմ և պատրաստ էր ճանապարհ ընկնելու: Երբ դուրս եկան իշխանը և հայր սուրբը՝ խումբը վերցրեց գլխարկները:

Մարտիրոս հայրը նայեց այդ քաջերին և ժպտաց: Մառախուղի մեջ ծածանվում էր կարմիր դրոշը՝ Բագրատունյաց խաչանիշ նշանով: Ապա նա պահպանիչ ասաց, և խումբը շուտով անհետացավ թանձր մշուշի մեջ...

Գյուղի մեծ ու փոքրը, կանայք ու ծերերը երկար ժամանակ դեռ նայում էին նրանց ետևից և օրհնում նրանց ճանապարհը: Նրանք դեռ հեռվից, մառախուղի մեջ, տեսնում էին ծածանվող դրոշակը, որ այնպես սիրուն սազ էր գալիս այդ փոքրիկ խմբին:

— Աջն ու խաչը ձեզ պահապան, — կրկնեցին գյուղացիները, երբ անհետացան նրանց աչքից խումբն ու դրոշակը, և ապա ամեն մարդ յուր խրճիթը մտավ:

Այդ ժամանակ սկսեց ձյունը, Հայաստանի խոշոր և փաթիլ-փաթիլ եկող ձյունը:

ԻԸ

Գագիկ Արծրունին դժգոհ էր յուր վիճակից: Նախիջևան քաղաքը առնելով նրա սիրտը չէր գոհացել: Նա ուրիշ մտադրություններ ուներ յուր երկրի սահմանները ընդարձակելու և երկիրը ապահովելու համար, բայց այդ իրեն չէր հաջողվում: Յուսուֆի հրոսակները ողողում էին նաև Վասպուրականը և ոչ մի րոպե հանգստություն չէին տալիս նրան, ու ստիպված նա էլ Աշոտ Երկաթի նման լեռներն ու ամրոցներն էր քաշվում և հանկարծակի հարձակվում թշնամու գնդերի վրա:

Այդ տեսակ երերուն դրության մեջ էր Գագիկ Արծրունին, երբ Հովհաննես կաթողիկոսից օրհնության կոնդակ ստացավ, ուր կաթողիկոսը հրավիրում էր նրան գնալ Տարոն, նախարարների ժողովին ներկա գտնվելու և ազգի դրության մասին խորհրդակցելու:

Գագիկը մերժեց այդ հրավերը, քանի որ ինքը, Վասպուրականի թագավոր լինելով, նախ՝ ոչ ոքից կախում չուներ և երկրորդ այդ ժողովում իրեն համար ոչ մի շահ չէր տեսնում: Նա չէր սիրում Բագրատունյաց ցեղը, և կույր նախանձը խեղդում էր նրան: Ամեն կերպ նա ջանում էր նսեմացնել այդ ցեղը, հավատացած լինելով, որ եթե ընկնեին Բագրատունիք, Արծրունյաց ցեղը պիտի գլուխ կանգներ և ձեռք գցեր Հայաստանի թագավորական գահը: Նա հավատացած էր, որ Բագրատունյաց ցեղն է յուր արգելքը, հետևապես Աշոտ Երկաթի դեմ պիտի դարձնե այդ հարվածը, բայց յուր այդ զայրույթն ու նախանձը ոչ մի կերպ չէր արտահայտում, որպեսզի աչքի չընկնի և այդպիսով գործը չփչացնի: Նա գործում էր Աշոտ Երկաթի դեմ, բայց շատ զգույշ և շրջանկատ. արտաքուստ շատ լավ հարաբերություններ ուներ Աշոտ Երկաթի հետ, թեև ո՛չ նրան էր թողնում յուր գործերին խառնվելու և ո՛չ ինքն էր նրան մի բանում օգնում, իսկ թե ի՞նչ էր գործում վարագույրի տակ, այդ ոչ ոք չգիտեր:

Մի գիշեր Գագիկ Արծրունին քաշվեց յուր շքեղ սենյակներից մեկը, երկար ժամանակ զրույց էր անում Ռշտունյաց և Անձևացյաց իշխանների հետ, որոնք ճրագի աղոտ լուսավորության տակ մի խորհրդավոր տպավորություն էին թողնում:

— Լսո՞ւմ եք, իշխաննե՛ր, — ասում էր Գագիկ Արծրունին, համարյա շշնջյունով, — ես վախենում եմ Աշոտ Երկաթից, նրան պետք է մեջտեղից վերացնել. ամեն հնարք, ամեն միջոց պետք է գործ դնել, որ նա բռնվի և Յուսուֆի ձեռքն ընկնի:

— Ինչպե՞ս անենք, այդ մի փոքր դժվար է: Եթե նրա կյանքի դեմ դավադրություն լարեինք, հեշտ էր, բայց նրան Յուսուֆի ձեռքը գցելը մի փոքր դժվար է, — ասաց Ռշտունյաց իշխանը, որ մի քառասուն և հինգ տարեկան խորամանկ մարդ էր:

— Չէ՛, պետք չէ նրա կյանքին ձեռք տալ, այդ մեր գործը չէ, հարկավոր է զգույշ կենալ: Մեր գլխավոր ջանքն այն պիտի լինի, որ նա Յուսուֆի ձեռքն ընկնի: Իսկ թե Յուսուֆն ինչ կանի նրան, այդ ամենի համար պարզ է:

— Ես կարծում եմ, որ մեր արքան շատ լավ է ասում, — ասաց Անձևացյաց իշխանը, — եթե մեզանից մեկը ձեռք բարձրացնի, ազգը գլխի կընկնի, և կասկածը այսպես թե այնպես Արծրունյաց ցեղի վրա կընկնի: Միակ միջոցն այն է, որ մենք աշխատենք Աշոտ Երկաթին Յուսուֆի ձեռքը գցել...

— Բայց ինչպե՞ս, — ընդհատեց Ռշտունյաց իշխանը:

— Ինչպե՞ս, շատ պարզ: Հայտնի է, որ Յուսուֆն ընկած է նաև Վասպուրականի թագավորության հետ: Մենք պետք է ներկայանանք Յուսուֆին իբր Գագիկ արքայից հալածվածներ և պաշտպանություն խնդրենք: Յուսուֆը, կասկած չկա, որ մեզ սիրով կընդունի, և այն ժամանակ հեշտ է նրանց խմբի գլուխ անցնելը և Աշոտ Երկաթին հալածելը, — պատասխանեց Անձևացյաց իշխանը:

— Ապրե՛ս, — ասաց Գագիկը՝ ձեռքը Անձևացյաց իշխանի ուսին խփելով, — լավ միտք հղացրիր իմ մեջ, դրանից ավելի լավ ճանապարհ անկարելի է գտնել:

— Ճիշտ որ լավ է, — համաձայնեց նաև Ռշտունյաց իշխանը:

— Այո՛, շատ լավ է: Ուրեմն վճռված բան է, հենց վաղը առավոտյան դուք երկուսով ճանապարհ կընկնեք Դվին և կներկայանաք Յուսուֆին: Այնտեղ ձեր գլխավոր ջանքը պիտի լինի արաբաց գնդի գլուխն անցնել և արշավել Աշոտ Երկաթի վրա: Իսկ հետո, երբ լավ կապեր կհաստատեք սպարապետի հետ, ձեր գլխավոր ջանքը պիտի լինի ոչնչացնել Վասպուրականի լարված հարաբերությունը: Դուք Յուսուֆին կհայտնեք, որ ես ամենևին միտք չունեմ նրա դեմ ապստամբելու և թե պատրաստ եմ հարկը կանոնավորապես նրան հասցնելու, եթե ինձ հանգիստ թողնի:

Իշխանները ոտքի ելան:

— Հա՛, իմ քա՜ջ իշխաններ, իմացեք, որ սա միայն երեքիս մեջ խորին գաղտնիք է և այդ գաղտնիքը ոչ ոք չպիտի իմանա: Չվհատվեք, ամեն բանի դիմեցեք, ձեռք առեք ամեն միջոց և հաջողեցրեք գործը:

— Միամիտ եղիր, արքա՛:

— Ուրեմն բարի ճանապարհ, — ասաց Գագիկը և գրկելով համբուրեց նրանց ու ճանապարհ դրեց մինչև պալատից դուրս: Նա ներս եկավ և սկսեց շրջել սենյակում: Ամբողջ պալատը խոր քուն էր մտել, ո՛չ մի ձայն չէր լսվում, բացի լճի ծփանքից, որ մեղմ, բայց հավասարաչափ ծեծում էր Վանի ժայռերը:

Միամիտ շրջում էր Գագիկը սենյակում և զանազան ծրագրեր կազմում, եզրակացություն հանում, ինքն իրեն տխրում, ուրախանում, իրճվում և սարսափում՝ առանց նկատելու, թե ինչպես երկու վառ աչքեր հետևում են իրեն և դիտում յուր հոգու այլայլությունը:

Գագիկ Արծրունու գաղտնիքը երեք անձնավորության մեջ չէր ամփոփված, այլ՝ չորս:

ԻԹ

Մարտիրոս հոր հեռանալուց հետո, Հովհաննես կաթողիկոսը մի փոքր ժամանակ անշարժ մնաց, կարծես դյութված լիներ, ապա ոտքի կանգնեց և սկսեց շրջել ընդարձակ դահլիճում: Բուռն մտքերը նրան հանգստություն չէին տալիս: Նա մտքերի ծովն էր ընկել, որից չէր կարողանում դուրս գալ: Երկար, շատ երկար մտածում էր նա, իր անելիքը կշռում, ցածր ու բարձր անում, մինչև որ հասավ գիշերը, և նա խոնջացած մահիճ մտավ, որ գոնե փոքր-ինչ հանգստանա և ազատվի յուր հոգու վրդովմունքից: Բայց գիշերն էլ հանգիստ չտվեց նրան, զարհուրելի պատկերները շփոթում էին կաթողիկոսի հոգին: Մտքերը բուռն ալիքների, վիշապների նման բարձրացնում էին իրենց գլուխները, իրար վրա հարձակվում, ջարդում, փշրում և ապա նորից հարձակվում...

Տխուր էր կաթողիկոսի հոգին, և դառն էին նրա մտքերը, որոնք հետզհետե ավելի էին դառնանում: Նա ճանաչում էր հայ նախարարներին, գիտեր նրանց հոգին, նրանց անմիաբանությունն ու եսասիրությունը և ավելի էր հուսահատվում... Ի՞նչ պիտի աներ. միակ ելքը, միակ փրկությունը դա էր, յուր բոլոր ճիգը պիտի թափեր նախարարներին Աշոտ Երկաթի հետ հաշտեցնելու ու միացնելու համար, ապա թե ոչ՝ ազգը կորած էր: Ուստի նա կանգ առավ այն մտքի վրա, որ նախ հաշտեցնի Վրաց, Աղվանաց և Ափխազաց իշխաններին և ապա Տարոնի մեջ, այնտեղ, ուր գտնվում է մուրազատու սուրբ Կարապետի վանքը, նախարարների ժողով հրավիրի:

Ու հոգնոր տերը քուն մտավ փայփայած այդ մտքով՝ հաջողությունը աստծո վրա դնելով:

Արևի անդրանիկ ճառագայթները նոր էին դուրս եկել, երբ զարթնեց ազգի հովիվը, աղոթեց աստծուն և հենց պատրաստվում էր ներկայանալ վրաց Ատրներսեհ թագավորին, երբ հայտնեցին, թե հունաց կայսրից թուղթ է բերված իրեն: Ի՞նչ թուղթ էր դա, նոր թշվառությո՞ւն, թե՞ ուրախություն էր բերում, թե՞ հույները Հայաստանի թշվառությունը տեսնելով՝ նորից արծարծում էին հին առակները՝ կրոնական միության խնդիրը: Դողդոջուն ձեռքերով բաց արավ թուղթը և կարդաց հունաց

Կոստանդին Պերփերուժեն կայսեր կողմից գրած պատրիարքի գրությունը.

«...Սրա հետ միասին թուղթ ուղարկեցինք Ատրներսեհին և Ափխազաց Գուրգենին, խրատելով նրանց, որ լսեն ձեր խրատները, մոռանան իրենց գժտությունները և միմյանց հետ սիրով ու միաբան լինին: Ձեր պարտքն է բերանե-բերան, թղթով, պատգամավորներով, եպիսկոպոսներով և քահանաներով աշխատել, որ չար հակառակությունը վերանա ձեր միջից և այդպիսով, միաբան և միախորհուրդ լինելով, չարությունը այլևս չկարողանա ապականել ձեր աշխարհը: Եթե դուք այդպիսով միանաք, այն ժամանակ մեր ինքնակալ թագավորն էլ, անհրաժեշտության դեպքում, կուղարկե բազմաթիվ զորք, իբրև ձեզ օգնական...»:

Ուրախացավ կաթողիկոսը կարդալով այդ թուղթը և շտապով ներկայացավ Ատրներսեհին, որը խոսք տվեց նրան դադարեցնել յուր թշնամությունը հայոց հետ և օգնել նրանց Յուսուֆի դեմ:

Գոհ սրտով բաժանվեց կաթողիկոսը Ատրներսեհից և ինքը վերադարձավ Հայաստան, Տարոն գավառը, որտեղից պատգամներ ուղարկեց ամեն կողմ, որ գան հավաքվեն հայ իշխաններն ու նախարարները:

Բայց ի՞նչ շահեց կաթողիկոսը այդ ժողովից: Ոչի՛նչ: Նախարարներից ոմանք չներկայացան ժողովին, իսկ ոմանք, իրար դեմ կրկին հակաճառելով, բաժանվեցին միմյանցից առանց մի ելքի գալու:

Վհատվեց կաթողիկոսը և դառնացած սրտով նամակ ուղարկեց Հունաց կայսեր՝ նկարագրելով ազգի տառապյալ դրությունը, նախարարների անմիաբանությունը և օգնություն խնդրեց նրանից: Կարճ ժամանակ անցավ, և թղթի պատասխանն ստացվեց, որով Հունաց կայսրը իրեն և Աշոտ Երկաթին Կոստանդնուպոլիս էր հրավիրում՝ խոստանալով նրան շատ բարիքներ և օգնական զորք:

Կաթողիկոսը, հրավիրման այդ թուղթը ստանալով, յուր գնալը մերժեց զանազան պատրվակներով, վախենալով, որ եթե ինքը գնա Կ. Պոլիս, կրկին կրոնական միության խնդիր կարծարծվի. ուստի ճանապարհ ընկավ Տարոնից դեպի Շիրակ՝ Աշոտ Երկաթի մոտ, որ խորհուրդ տա նրան ընդունելու հունաց հրավերը:

Լ

Հեղինեն հոր սարսափելի գաղտնիքը իմանալուց հետո սաստիկ անհանգիստ էր: Ի՞նչ էր անում հայրը՝ մի սոսկալի դավադրություն, որով իրենց ամբողջ ցեղը պիտի մատներ դարեդար անեծքի և դավաճանի կոչմանը: Եվ ինչո՞վ կարելի էր այդ արատը վերացնել իրենցից, կրկին ոչնչով: Հեղինեի զգայուն և փափուկ սիրտը կսկծում էր, երբ միտն էր բերում այն գիշերվա գաղտնի խորհուրդը, և նա միջոցներ էր որոնում հոր ծրագիրը խորտակելու: Օրավուր հայրը ատելի էր դառնում, որդիական պարտավորությունները լռում էին նրա մեջ, և տիրապետում էր հոգում ազնվության ու ճշմարտության զգացմունքը: Մի կողմում կանգնած էր հայրը, իր զգվողն ու սիրողը՝ յուր վատ և զազրելի արարքներով, բայց որին բնության օրենքի համաձայն պարտավոր էր սիրել և հարգել, մյուս կողմում Աշոտ Երկաթն էր, օրինական թագավորը, իսկ հանձին նրա և ամբողջ ազգը:

Այստեղ տուժում էր միայն մի անձ, որ կուրացած էր փառամոլությամբ, իսկ այնտեղ՝ ազգը... Ինքը կանգնած էր երկուսի մեջ. երկուսն էլ ուժեղ էին, երկուսն էլ սիրելի, ո՞րին ավելի գերակշռություն տա, հո՞րը, որին պարտավոր էր սիրել, թե՞ ազգին...

Ավելի լավ չէ՞ր լինի, եթե ինքը լռեր, հեռու քաշվեր այդ խարդավանքներից և յուր կանացի գործերին նայեր, քան թե տանը հոր դեմ լրտեսությամբ պարապեր...

Նրա ի՞նչ գործն էր, եթե կսպանվեր Աշոտ Երկաթը, կխորտակվեր ազգը, կոչնչանար ամբողջ Հայաստանը, հո ինքը հանգիստ կլիներ. գոհ յուր վիճակից, շքեղ պալատներում ճեմելիս՝ շրջապատված հոր փաղաքշանքներով...

Օ՜, նա չէր ուզում անձնական հանգստություն, նրա երակներում կարծես չէր հոսում հոր արյունը, հոգու մեջ տիրապետում էր ազգի սերը, ճշմարտությունն ու արդարությունը... Նա ընտանիքը՝ հորը, մորը և ամեն հանգստություն զոհում էր ազգին, որի համար պատրաստ էր ամեն զոհողության: Ազգն էր նրա հայրն էլ, մայրն էլ, հանգստությունն էլ. երբ նա տառապում էր, ինքն էլ պիտի տառապեր, նրա հետ ուրախանար, նրա հետ տխրեր... Ահա թե ինչ էր մտածում նա, երբ մյուս օրն նեթ կանչել տվեց յուր մոտ Տեր-Սահակին, որի հավատարմության մասին կասկած անգամ չուներ:

Երբ Տեր-Սահակը ներս մտավ նրա առանձնասենյակը, Հեղինեի երեսին գույն չկար, ամբողջ գիշերներ անքուն էր մնացել:

— Ի՞նչ կա, աղջի՛կս, ինչո՞ւ այդպես այլայլված ես, — հարցրեց Տեր-Սահակը:

— Օ՜, տեր հայր, հոգիս մաշվում է. երբեմն այնպես եմ վրդովվում, որ քիչ է մնում ինձ ծովը գցեմ և վերջ դնեմ իմ տանջալից կյանքին:

— Ի՞նչ է պատահել, աղջի՛կս, ասա՛, հայտնի՛ր, ես պատրաստ եմ քո բոլոր վշտերն սփոփել:

— Ո՛չ, տե՛ր հայր, ո՛չ, իմ վշտերը չեն սփոփվի, մինչև որ հայրս ձեռք չվերցնի յուր ստոր արարքներից:

— Ի՞նչ կա, էլի՞ նոր բան:

— Եվ ինչպիսի՛... Երեկ իրիկուն մեր պալատումն էին Ռշտունյաց և Անձևացյաց իշխանները, որոնց հետ հայրս երկար խորհուրդ էր անում, թե ինչպես անեն, որ Աշոտ Երկաթին Յուսուֆի ձեռքը գցեն և ապա սպանել տան...

— Օ՛հ, անգո՛ւթ... Ի՛նչ սոսկալի ոճիր... Եվ դու, աղջի՛կս, բոլորը ճի՞շտ լսեցիր:

— Այո, բոլորը լսեցի: Այսօր առավոտյան իշխանները արդեն ճանապարհ ընկան դեպի Դվին, որ ներկայանան Յուսուֆին և այնտեղից արաբաց զնդով բռնեն Աշոտ Երկաթին:

Տեր-Սահակը մի րոպե լռեց և ապա, դառնալով դեպի Հեղինեն, ասաց.

— Ապրե՛ս, աղջի՛կս, որ ընդհանրության շահերը վեր դասելով ծնողական շահերից՝ այդ մասին հայտնում ես ինձ:

Ուշ չէ, կարելի է դրա առաջն առնել: Ես ինքս հենց այսօր նեթ ճանապարհ կընկնեմ դեպի Արշարունիք, կգտնեմ Մարտիրոս հորը և ամեն ինչ կհայտնեմ. իսկ Մարտիրոս հայրը գիտե թե ինչ կանի:

— Ա՛խ, այո՛, Հայաստանի այդ Ղևոնդը... Շտապի՛ր ուրեմն...

Փոքր ժամանակից հետո Տեր-Սահակը ձի հեծած արշավում էր, առանց նայելու ճանապարհի ձյունին ու ցրտին: Շատ նեղություններ կրեց, շատ հարցուփորձ արավ և վերջը գտավ ծերունի վանահայր Մարտիրոսին ու մանրամասն պատմեց գործի հանգամանքը: Երբ Տեր-Սահակը վերջացրեց յուր պատմությունը, Մարտիրոս վանահայրը ոչինչ չպատասխանեց: Լուռ սկսեց անցուդարձ անել և համրիչը ձգելով ինքն իրեն մտմտալ:

Տխուր էր Մարտիրոս վանահոր դեմքը, շա՛տ տխուր, և ինչպես երևում էր՝ ծանր մտածողությունը այդ պահին խիստ հալումաշ էր անում նրան: Հանկարծ նա կանգ առավ, շեշտակի նայեց Տեր-Սահակին և կանչեց.

— Լսիր, Տե՛ր-Սահակ:

— Ի՞նչ է, հա՛յր սուրբ, ես պատրաստ եմ քո ամեն մի հրամանը կատարելու, — պատասխանեց Տեր-Սահակը և խոնարհ գլուխ տվեց Մարտիրոս հորը:

— Այս վայրկյանիս ես վճռեցի մի հանդուգն քայլ անել, եթե իմ գործողությունը կարելի է այդպես անվանել:

— Ինչպե՞ս, հա՛յր սուրբ:

— Ես վճռեցի անձամբ տեսնվել Վասպուրականի արքայի հետ և նրա առաջ դնելով յուր զազիր գործերի ընթացքը, խնդրել, աղերսել ետ կենալու այդ ընթացքից:

Տեր-Սահակը բերանը բաց, ապուշ կտրած նայում էր Մարտիրոսին, որը և ոչինչ չէր պատասխանում:

— Ի՞նչ, դու լռո՞ւմ ես, ոչինչ չե՞ս պատասխանում: Գիտեմ ինչն է քեզ վախեցնում: Մի՛ վախենար, իմ կյանքին նրա կողմից ոչ մի վտանգ չի կարող սպառնալ, և ես կկատարեմ իմ մտադրությունը: Օ՛, եթե նա չի կատարի իմ աղերսը, ետ չի կանգնի յուր զազիր ընթացքից, այն ժամանակ վա՜յ նրան...

— Քո կամքն է, հա՛յր սուրբ, բայց այդ կամակոր մարդուց ոչինչ դուրս չի գա,— պատասխանեց Տեր-Սահակը:

— Այդ կտեսնենք, — ասաց Մարտիրոս հայրը և հրամայեց պատրաստություն տեսնել ճանապարհ ընկնելու դեպի Վասպուրական:

ԼԱ

Բզնունյաց ծովը հուրհրատին էր տալիս վերջալույսին. արևի վերջին ճառագայթները խաղում էին վճիտ ալիքների հետ:

Ծովը հանդարտ ծփում էր, նրա ալիքները վազում էին առաջ ու մարդու սրտի մեջ ցանում մի տեսակ վշտի ու թախծի սերմեր: Այդ ժամանակ էր, որ Հեղինեն՝ Գագիկ արքայի դուստրը, նուրբ շղարշը գցած ուսին, դուրս եկավ դստիկոն և նայեց դեպի ծովը, դեպի հեռվում կապույտին տվող լեռները:

Այդ պահին նրա սիրուն դեմքը մռայլ էր, և ծովի հրաշալի պատկերն ու Վասպուրականի աննման բնությունը չկարողացան նրա սրտի մռայլը ցրել ու հոգին խաղաղեցնել:

Մի փոքր կանգ առավ, նայեց ջրերի ալիքներին ու ինքն իրեն մտմտաց.

— Ա՜խ իմ թրթռուն հոգին էլ ծովի ալիքների նման վազում է առաջ, միշտ առաջ, դեպի անհայտ մթությունը ու սիրտս ցավեցնելու չափ կսկիծ առաջացնում և արցունքի կաթիլներ քամում աչքերիցս... Օ՜հ, ինչքան ճմլվում է սիրտս, հոգիս մռայլվում, երբ միտքս է գալիս այն չար, ոխակալ ոգին, որպիսին տիրապետում է աշխարհիս վրա: Ա՜խ, եթե մեր մեջ տիրապետեր այն սերը, այն խաղաղությունը, որ ավանդեց մեզ Հիսուսը, այն ժամանակ չէին լինի մեր մեջ այն եղբայրասպան կռիվները, որպիսին կատարում է հայրս...

Հեղինեի մտքի թելը կտրվեց, նա նայեց դեպի դստիկոն տանող ճանապարհը, ուր դանդաղ քայլերով բարձրանում էր մի ծերունի վանական:

— Տե՛ր աստված, ո՞վ է այս վանականը, որ գալիս է դեպի իմ կողմը, — ասաց Հեղինեն հետաքրքրությամբ և մի քայլ առաջ գնալով, մեխվածի նման կանգ առավ:

Վանականը, որ փոշու մեջ էր թաղված և ինչպես երևում էր ճանապարհորդությունից նոր էր վերադառնում, մոտեցավ Հեղինեին, բարև տվեց նրան, նստեց քարե նստարանի վրա ու հենվելով երկար ձեռնափայտին, ասաց.

— Օրհնյալ լինիս, աղջի՛կս, ես վաղուց փափագում էի քեզ տեսնել և աստված արժանացրեց ինձ:

— Աստված օգնական, հա՛յր սուրբ, բայց ասա՝ ո՞վ ես և ի՞նչ գործի համար ես շնորհ բերել ինձ մոտ:

Վանականը ժպտաց մի այնպիսի ժպիտով, որ Հեղինեի մարմնով մի տեսակ անուշ բերկրանք անցավ:

— Ես Մարտիրոս վանահայրն եմ, աղջի՛կս...

— Մարտիրոս վանահա՛յրը... Ա՛խ, հա՛յր սուրբ, օրհնի՛ր ինձ, քաջալերիր ու իմ լքված հոգին արիացրու, — ասաց Հեղինեն ու ծունկ չոքելով վանահոր առաջ՝ համբուրեց նրա աջը:

— Վե՛ր կաց, աղջի՛կս, թող աստված օրհնի քեզ: Կարևոր և ստիպողական գործերը ինձ Վասպուրական բերին, բայց չգիտեմ հաջողությա՞մբ կպսակվի, թե ոչ:

— Անշուշտ գործը վերաբերում է հորս:

— Այո՛, բայց նախքան նրա հետ խոսելս, ես կցանկանայի քեզ հետ զրույց անել Բզնունյաց ծովի այս հրաշագեղ ափին:

— Օ՛, ես պատրաստ եմ քեզ լսելու և քո մի հրամանով ծովը նետվելու: Ես գիտեմ, հա՛յր սուրբ, որ դու քո կյանքը նվիրել ես հայրենիքի բարօրությանն ու բարգավաճմանը, ուստի և ես, իբրև մի անփորձ օրիորդ, կարոտ եմ քո խրատներին ու խրախուսանքին:

— Գիտեմ, իշխանուհի՛ս, որ դու Հայաստանի համար մի լուսատու աստղ ես, սակայն հորդ բռնած ընթացքը ինձ խոր կսկիծ է պատճառում և աչքերիցս արցունքներ քամում:

— Ա՛խ, հայր սուրբ, այդ ցավոտ վերքը կսկծեցնում է և իմ հոգին, բայց ես ոչ մի հնար չեմ գտնում այն բուժելու: Հայրս, ընդարձակ Վասպուրականով չբավականանալով, ավելի հեռուն է ձգտում: Նա ուզում է տեր դառնալ և բովանդակ Հայաստանին, և այդպիսով հագուրդ տալ յուր փառասիրությանը:

— Բայց որքա՛ն զոհեր, սրածություն, ավեր կառաջանա դրանից: Մի՞թե մի ելք, մի դարման չկա ետ կանգնեցնելու հորդ այդ քայլից:

— Ես ոչ մի միջոց չգիտեմ, հա՛յր սուրբ, և չեմ էլ կարծում, որ նա ետ կանգնի յուր նպատակից:

— Դու հուսահատեցնում ես ինձ, Հեղինե՛: Իմացիր, որ ես, գիշեր-ցերեկ քայլելով, հոգնած ու տանջված, հասել եմ այստեղ, որպեսզի խոսեմ հորդ՝ Վասպուրականի արքայի հետ, որպեսզի նա բավական համարի Աշոտ Երկաթի դեմ թշնամական ցույցեր անելը և ձեռք-ձեռքի տալով նրա հետ ժողովրդի բարօրության համար մտածի: Մինչդեռ դու քո խոսքերով ինձ բոլորովին զինաթափ ես անում:

— Դժբախտաբար, ես ճշմարտությունն եմ ասում. բայց խոսիր ինքդ, գուցե հաջողվի քեզ կոտրել նրա համառությունը:

— Այո՛, ես կխոսեմ, կաղաչեմ նրան հանուն մեր տանջված և հյուծված ժողովրդի, հանուն մեր տառապած հայրենիքի: Օ՛, եթե նա մերժեց, ես...

— Բայց ահա նա ինքն է գալիս դեպի մեր կողմը, — ընդհատեց Հեղինեն Մարտիրոս վանահոր խոսքերը և ցույց տվեց Վասպուրականի արքային, որը, Աշոտ սպարապետի հետ խոսակցելով, դեպի դստիկոնն էր գալիս:

Մարտիրոս հայրը ոտքի կանգնեց ու երբ մոտեցան նրանք՝ խոր գլուխ տվեց և ասաց.

— Ողջո՛ւյն Վասպուրականի արքային և հայոց սպարապետ Աշոտ իշխանին:

Գագիկ Արծրունին և Աշոտ սպարապետը սուր, թափանցող հայացք գցեցին Մարտիրոս հոր վրա, և մի տեսակ մռայլ ամպ անցավ նրանց դեմքերի վրայով:

Այդ տարօրինակ հանդիպումը, ինչպես երևում էր, խիստ տհաճ պավորություն գործեց երկուսի վրա էլ, որոնք ամենևին չէին սպասում նրան տեսնել իրենց մոտ:

— Բարի ես եկել, հա՛յր սուրբ, նստիր, պատմիր, թե ի՞նչն է քեզ ինձ մոտ բերել — ասաց Գագիկ արքան և ապա, դառնալով դեպի Հեղինեն, ավելացրեց.-աղջի՛կս, ցուրտը հետզհետե սաստկանում է և օդը խոնավանում. դու կարող ես մրսել: Ներս գնա, իսկ մեզ թող այս վանականի հետ մի փոքր խոսելու:

— Ո՛չ, հայրի՛կ, ինձ համար այստեղ անուշ է, դուրեկան: Ես զվարճանում էի ծովի ալիքներով, երբ Մարտիրոս հայրը ներս եկավ: Նա քեզ հետ ուզում է խոսել և ես հույս ունեմ նրան չես վշտացնի և կկատարես խնդիրքը, — պատասխանեց Հեղինեն:

Գագիկը հոնքերը կիտեց: Ինչպես երևում էր, աղջկա խոսքերը նրան դուր չեկան, ուստի դառնալով աղջկան, ասաց.

— Լա՛վ: Թո՛ղ մեզ միայնակ: Ես պատրաստ եմ լսելու նրան:

Հեղինեն գլխիկոր հեռացավ, մինչդեռ Մարտիրոս վանահայրը դիմելով Գագիկին, ասաց.

— Այո՛, տեր արքա, կարևոր և անհետաձգելի գործերը ինձ ստիպեցին քեզ այցելության գալ, և ես ուրախ եմ, որ քեզ հետ միասին տեսնում եմ և Աշոտ սպարապետին: Գործը երկուսիդ էլ է վերաբերում, որովհետև դուք, երկուսդ էլ, ձեռքձեռքի տված մի ուղիով եք ընթանում...

— Այո՛, մի ուղիով, որովհետև այդ է խելացին և օգտակարը, բայց ի՞նչ ես ուզում դրանով ասել, հա՛յր սուրբ, — ընդհատեց Աշոտ սպարապետը:

— Նստիր և պատմիր գալուդ պատճառը, Մարտիրո՛ս հայր, — ավելացրեց Գագիկ Արծրունին:

— Հույս ունեմ, որ վեհափառը կամ Աշոտ Երկաթը, որոնց կողմից անշուշտ եկել ես դու, գործը ծայրահեղ աստիճանի չեն հասցնի:

— Օ՛, միամիտ մնա, Վասպուրականի քա՛ջ արքա: Ինձ ոչ Հովհաննես կաթողիկոսն է քեզ մոտ ուղարկել և ոչ մեր թագավոր Աշոտ Երկաթը:

— Ուրեմն Յուսուփ ամիրա՞ն, — հեգնանքով ասաց Գագիկը:

— Հեգնանք պետք չէ, տե՛ր արքա, Յուսուփի հետ հարաբերություն կունենան միայն ազգուրաց մատնիչները և վատ ու զազիր մարդիկ, որոնք իրենց սին փառքի համար ամենավատ գործի են ընդունակ: Բայց լսիր ինձ, — կանչեց Մարտիրոս հայրը վրդովված, — ինձ այստեղ ուղարկողը ո՛չ վեհափառն է, ո՛չ թագավորը և ո՛չ էլ ամիրան: Դա տրորված և տանջված հայ ժողովուրդն է, որի հեծեծանքի և հառաչանքի աղեկտուր ձայնը ինձ քեզ մոտ է ուղարկել քո դուռը բախելու համար:

Աշոտ սպարապետը, լսելով Մարտիրոս հոր խոսքերը, մի հեգնական քրքիջ արձակեց ու ասաց.

— Ժողովո՞ւրդը... Այդ ի՞նչ նոր բան ասացիր: Այդպիսի բան ես չէի սպասում քեզանից, Մարտիրո՛ս հայր:

— Այո՛, ժողովուրդը, հայ ժողովուրդը, որին տրորում, տանջում, ջարդում են իշխանները և նրանց ոսկորների վրա կանգնում իրենց փառքը, — բուռն կերպով պատասխանեց Մարտիրոս հայրը: — Այդ ժողովրդի աղեխարշ ձայնը երկինք է հասնում, իսկ դուք՝ հայ իշխաննե՛ր, ձեր անձնական կրքերը առաջ տանելու համար ներքին երկպառակություն եք հարուցում, եղբայրասպան կռիվներ սարքում և ձեր օրինական թագավորի դեմ որոգայթներ լարում... Բայց մինչև ե՞րբ, ասացեք, հա՛յ իշխաններ...

— Պարզ խոսիր, հա՛յր սուրբ, և ազատ պահիր մեզ քո քարոզներից, — ընդհատեց Գագիկը զայրացած: — Մենք ժամանակ չունենք այստեղ քո քարոզները լսելու: Դրանք դու կարող ես քո վանքում ասել և այնտեղ միայն աղոթել քո ժողովրդի համար, — ավելացրեց Գագիկը:

— Ես աղոթել եմ և կաղոթեմ իմ ժողովրդի համար, որին դու այստեղ արհամարհում և հեգնում ես, տե՛ր արքա: Բայց լավ իմացիր, որ ձեր ուժը, ձեր փառքը այդ ժողովրդի վրա է հիմնված: Չլինի այդ ժողովուրդը՝

ձեր փառքն էլ կանցնի, կանհետանա ինչպես մի երազ: Այդ ժողովուրդը, որին դուք ոտնատակ եք տալիս, այսօր քնած է ու թմրած, բայց վաղը կզարթնի, կշարժվի, և այն ժամանակ վա՛յ իշխաններին, վա՛յ հզորին... Օ՛, վա՛յ է, երբ թմրած գազանն է զարթնում, ուշքի գալիս և ոռնաչին առաջը տեսնում:

— Ես չեմ վախենում քո այդ թմրած գազանից: Ես կտրորեմ նրան իմ ոտքերի տակ, ինչպես մի թույլ, անզոր մրջյուն: Բայց դու քո ասելիքն ասա, խոսիր, պատմիր, թե ի՞նչ է ուզում ինձնից ատելի Աշոտ Երկաթը, այդ քո ասած ժողովրդի սիրելին,— դառն կերպով ասաց Գագիկը:

— Այո՛, Աշոտ Երկաթը մեր օրինավոր թագավորն է և ժողովրդի սիրելին, ճիշտ նկատեցիր: Ժողովուրդը, որին դուք արհամարհում եք, սիրում է նրան ու հարգում և պատրաստ է յուր կյանքը դնելու թագավորի համար: Եվ ահա ես, որպես ժողովրդի իղձերի թարգման, Վասպուրականի տե՛ր և դո՛ւ՝ Աշոտ սպարապետ հայոց, ծունկ չոքած ձեր առաջ խնդրում, աղաչում եմ, վերջ դնել եղբայրասպան կոտորածներին, ձեռք մեկնել մեր սիրեցյալ Աշոտ Երկաթին և հալածել արաբներին: Ահա այդ է իմ այցելության բուն պատճառը, ահա այդ է խնդրում ձեզանից տանջված և հուսաբեկ հայ ժողովուրդը:

— Դու խենթ ես, հա՛յր սուրբ: Մի՞թե դու կարծում ես, թե Գագիկ արքան կմոռանա Աշոտ Երկաթի իրեն հասցրած վիրավորանքը: Օ՛, ո՛չ: Գիշերները ես բաց աչքով եմ լուսացնում, բարկությանս հուրը քրքրում է սիրտս և ինձ դեպի վրեժ, դեպի հուր ու մոխիր մղում: Գնա, հայտնիր քո թագավորին, որ ես երբեք հաշտության ձեռք չեմ մեկնի, մինչև որ նա չտապալվի իմ սրից և նրա արյունաթաթախ դիակը չթավալվի ոտքերիս տակ... Գնա, հայտնիր նույնպես քո սիրեցյալ ժողովրդին, որ ես նրան էլ եմ ատում ու արհամարհում, որը, ինչպես մի թույլ մրջյուն, կարող է միայն ոտքերիս տակ սողալ և գթություն հայցել ինձնից...

— Բայց նա կզարթնի, տե՛ր արքա, և այն ժամանակ վա՛յ ձեզ, — կանչեց Մարտիրոս հայրը սպառնագին:

— Կզարթնի, բայց ոտքերի տակ գլորվելուց դենը չի անցնի: Ի՞նչ պիտի անի մրջյունը առյուծին: Այդ առակները քեզ համար պահիր, Մարտիրո՛ս հա՛յր, և ժողովրդով մեզ մի՛ վախեցնի,— ավելացրեց Աշոտ սպարապետը:

— Կույր նախանձը և փառամոլությունը կուրացնում է ձեզ, իշխաննե՛ր, և դուք ձեր հարազատ թագավորի դեմ զենք եք բարձրացնում: Պիղատոսի նման ես ձեռքերս լվանում եմ և ասում՝ արյուն ձեր ի գլուխ ձեր եղիցի... — ասաց Մարտիրոս հայրը և վեր կացավ տեղից:

— Բավական է, հա՛յր սուրբ, — ասաց Գագիկը կատաղած: — Գնա դու քո աղոթքները քո վանքում մրմնջա և մեր գործերին մի՛ խառնվի: Շուտով Աշոտ Երկաթը բախտ կունենա մեր ուժերի հետ չափվելու:

— Այո՛, կերթամ, կերթամ իմ աղոթքները մրմնջալու իմ սիրելի ժողովրդի համար և նրա հոգու մեջ ցանելու գիտակցության և ինքնաճանաչության սերմերը: Կերթամ կասեմ նրան, որ ժամանակն է զարթնելու, խմբվելու մեր օրինական թագավորի շուրջը և, նրան թև ու թիկունք դառնալով, դուրս վանելու ազգուրաց իշխաններին...

— Լռի՛ր, բավական է ինչ խոսեցիր, թե չէ երկինքը վկա, որ քո դիակը դուրս շպրտել կտամ այստեղից, — ասաց Աշոտ սպարապետը և ձեռքը դեպի սուրը տարավ: Այդ նկատեց Մարտիրոս հայրը:

— Պահիր սուրդ, իշխա՛ն, ես մահից չեմ վախենում, բայց մինչ այդ ես կխոսեմ և իմ հուժկու ձայնը կհնչեցնեմ իմ ժողովրդի մեջ և կասեմ նրան՝ զարթնի՛ր, հայ ժողովուրդ, որովհետև զարթնելու ժամ է արդեն, — ասաց Մարտիրոս հայրը, ձեռնափայտը ամուր զարկեց գետնին ու շտապ քայլերով դուրս եկավ անհյուրընկալ պալատից...

ԼԲ

Արաբաց զնդերի գլուխ անցած երկու հայ իշխանները Դվինից արշավում են դեպի Այրարատյան երկիրը՝ նրան հուր ու մոխիր դարձնելու: Ռշտունյաց և Անձրևացյաց իշխանները արդեն կատարել էին Գագիկ Արծրունուն տված խոսքը, թեև շատ ծանր գնով: Յուսուֆը չհավատալով նրանց խոսքին, պահանջեց, որ հավատներն ուրանան, միայն այդ դեպքում նրանց խնդիրը կկատարե՝ տալով օգնական գունդ թե Գագիկ Արծրունու դեմ, որից նրանք իբր թե հալածված էին, և թե Աշոտ Երկաթի դեմ, որին շատ ուրախ կլիներ բռնելու: Իշխանները ուրացան իրենց եկեղեցին, մոռացան Լուսավորչի հավատը և երդվեցին, որ նրանք հաստատ կմնան Մուհամմեդի կրոնին և ամեն ճիգ կթափեն հայրենակիցներին էլ նույն ճշմարիտ կրոնը ընդունել տալու:

— Լավ խաղ ենք խաղում, իշխա՛ն, — ասաց Ռշտունյաց իշխանը՝ դառնալով ընկերոջը,— տեսնենք ինչո՞վ է վերջանալու:

— Ես կարծում եմ, որ ինչով էլ վերջանա, մենք հաղթող պիտի դուրս գանք: Կընկնի Գագիկը՝ մենք Յուսուֆին կհարենք, կընկնի Յուսուֆը՝ Գագիկից պաշտպանություն կգտնենք: Մեր ի՞նչ հոգն է, թե երկուսը իրար միս կուտեն, մերն այն է, որ մենք հանգիստ լինենք:

— Այդ ճշմարիտ է, իշխան, բայց այն էլ պետք է ի նկատի ունենալ, որ մեր առաջ Աշոտ Երկաթ կա, որը կարող է մեզ արժանավոր պատիժ տալ:

— Է՛հ, ես ամենևին չեմ մտածում Աշոտ Երկաթի վրա, քանի որ վաղ թե ուշ նա մեր ձեռքը կընկնի:

Այնուհետև երկուսն էլ լռությամբ առաջ էին քայլում, երբ նրանց առաջ մի գյուղ երևաց:

Օրը արդեն մթնելու վրա էր, և ցուրտը հետզհետե սաստկանում էր. ուստի երկու հայ իշխանները վճռեցին այդ գիշեր գյուղում անցկացնել: Երբ նրանք մտան գյուղ, այնտեղ Մարտիրոս հոր կազմած հիսուն մարդուց բաղկացած մի խումբ կար միայն:

Ռշտունյաց և Անձևացյաց իշխանները ցած թռան ձիերից և դիմեցին գյուղի մեծավորի տունը, իսկ խումբը, ցրվելով գյուղի զանազան խրճիթները, ամենապատվաբեր տեղերում հանգիստ նստեցին և տան տերերից ընթրիք պահանջեցին:

Գյուղացիները լուռ կատարում էին նրանց հրամանները և աղոթում աստծուն, որ շուտ հեռացնի իրենցից այդ փոթորիկը:

Արաբները կերան, կշտացան, բայց հայկական լիառատ հյուրասիրությունից գոհ չմնացին, ավելին պահանջեցին:

Բավական չէին գիշերվա տաք ու կակուղ անկողինները, աներես շների նման գյուղացոց հարսներին ու կույսերին էլ պահանջեցին:

Գյուղացիք խնդրեցին, որ չանեն այդ անամոթությունը: Բայց նրանք իրենց սրերը ցույց տվին, հայտնելով, որ եթե չկատարեն իրենց հրամանը, այդ սրերով կկտրատեն նրանց գլուխները:

Ճար չկար. արտասվաթոր ընկան հայ իշխանների ոտքը և խնդրեցին, որ գոհ մնան իրենց հյուրասիրությունից և չպղծեն իրենց ընտանիքները:

Երկու հայ իշխանները ուսերը թափահարեցին և կոպտաբար պատասխանեցին.

— Հա՛, ի՞նչ կպակասի որ, ինչո՞ւ չեք կատարում նրանց հրամանը:

Գյուղացոց կատաղությանը չափ չկար:

— Լա՛վ, — ասացին նրանք, — մենք կկատարենք ձեր հրամանը, միայն ոչ ինքնակամ, այլ զենքը ձեռքներիս:

Ասացին ու առյուծների նման հարձակվեցին արաբների վրա: Բայց ինչ կարող էին անել Մարտիրոս վանահոր պատրաստած հիսուն մարդը հինգ հարյուրից ավելի մարդու դեմ: Ոչի՛նչ: Նրանք բոլորը կոտորվեցին, սրի անցկացան նաև մանուկներն ու ծերերը: Իսկ արաբները առավոտյան դեմ, իրենց բարբարոս կրքերին հագուրդ տալուց հետո, ամբողջ գյուղը կրակ տվին ու հեռացան:

Փոքր-ինչ առաջ անցնելով, հայ իշխանները ետ նայեցին և տեսան թանձր ծուխ, որ բարձրանում էր գյուղից, բայց նրանց դեմքին խղճի և ո՛չ մի նշույլ չերևաց. նրանք սառն էին, ինչպես շրջապատող ձյունը:

Մի փոքր էլ առաջ անցան, և ահա նրանց առաջ, ճանապարհից մի քանի քայլ այն կողմ, մի սառույցով պատած այրի մեջ մի կին տեսան, որ պինդ գրկել էր յուր մանկանը և ապուշ կտրած նայում էր իրենց: Անձևացյաց իշխանը ձին առաջ քշեց և մոտենալով կնոջը՝ գոռաց.

— Ո՞վ ես դու:

Կինը ոչինչ չպատասխանեց, այլ ապուշ կտրած նայում էր նրան: Նայում էր և փոքրիկ մանուկը յուր սիրուն, բայց արհավիրքով լցված աչքերով:

— Չե՞ս լսում, — գոռաց իշխանը և մտրակով բոթեց: Կինն անխոս ցած գլորվեց, գլորելով յուր հետ նաև մանկանը: Իշխանը հեռացավ, հասկանալով, որ կինն ու մանուկը սառած էին և ոչ մի կենդանության նշույլ չկար նրանց մեջ. այնինչ ինքը, կենդանի կարծելով, խոսում էր նրանց հետ:

Խեղճ կինը գիշերը փախուստ էր տվել գյուղից և ապաստանելով սառցե այդ այգում, յուր մանկան հետ սառել, փետացել էր...

Բայց նրանք չհետաքրքրվեցին անգամ նրա վիճակով, այլ կրկին առաջ անցան: Իրենց ի՞նչ փույթ, թե ետևից թողնում են ավերածություն և մահ, բավական էր, որ գոհ էին իրենց վիճակից: Մի քանի օր այդպես շարունակեցին իրենց ճանապարհը և մի տեղ լուր ստացան, որ Աշոտ Երկաթը հեռու չէ և շրջում է շատ փոքրաթիվ մարդկանցով:

Երկու իշխանների սրտերը թունդ առան, նրանք իրենց գունդը ստվարացրին արաբական գնդերի հաշվին և մոտ հազար հոգով արշավեցին Աշոտ Երկաթի վրա, որն ընդամենը երեք հարյուր մարդ ուներ ձեռքի տակ: Ռշտունյաց և Անձևացյաց իշխանները վստահ էին, որ մի քանի օրից հետո Աշոտ Երկաթը կամ սպանված կլինի և կամ շղթայակապ Յուսուֆի մոտ Դվին կլինի տարվելիս...

ԼԳ

Երեկո էր: Աշոտ Երկաթը յուր խմբով դանդաղաքայլ առաջ էր գնում Բասյան գավառի մի նեղ կիրճով: Երկինքը պատած էր գորշ ամպերով, թափվում էր ձյունը և սպիտակ սավանով ծածկում երկիրը... Տխուր էր Աշոտ Երկաթի սիրտը: Ո՛չ մի բերկրանք, ո՛չ մի հույս նշույլ չէր ուրախացնում նրա հոգին: Սև-սև մտքերը պաշարել էին նրան, որոնք կրծում էին սիրտը և ձգում նրան մի տեսակ տենդային դրության մեջ, որ ո՛չ հուսահատություն էր նշանակում և ո՛չ հոգու խաղաղ տրամադրություն... Ի՞նչ էր յուր կյանքը և ի՞նչ էր յուր ժողովրդի դրությունը:

Ժողովուրդը տառապում էր սովի, նեղության, սրի և երկպառակությանց տակ, իսկ ինքը մի բուռ քաջերով ստիպված էր աստանդական կյանք վարել, զգալ ժողովրդի ցավն ու դարդը, տեսնել նրա վիշտն ու տառապանքը և ոչնչով չկարողանալ օգնել նրան, ահա թե ինչն էր ցավեցնում նրա սիրտը, ինչն էր վրդովում քաջի հոգին: Ոչ մի կողմից փրկության հույս չէր տեսնում նա, քանի որ նախարարների մեծամասնությունը կամ կղզիացած էր իրենից և կամ թշնամացած. իսկ ինքը փոքրաթիվ համերաշխ նախարարներով և փոքրիկ խմբով ի՞նչ պիտի աներ Յուսուֆի ահեղ զորության դեմ, որն օրավուր ոտնատակ էր տալիս Հայաստանը և հայ դավաճան իշխաններով շրջապատված՝ աշխատում էր յուր կյանքի դեմ էլ որոգայթներ լարել: Ծանր էր քաջի դրությունը, բայց նա չէր հուսահատվում, հավատում էր նախախնամությանը, որ չի թողնի իրեն և ժողովրդին անօգնական:

Ու գնում էր Աշոտ Երկաթը գլուխը կախ և խորին մտածմունքի մեջ ընկղմված. նրան լուռ հետևում էին երեք հարյուր քաջ տղամարդիկ, որոնք Աշոտ Երկաթի մի ակնարկին էին սպասում, որ իրենց դեպի կրակը նետեն:

Ձյունը տեղում էր շարունակ: Մութն ընկնում էր արդեն, բայց ձիավորները դեռ աշխուժով առաջ էին գնում, երբ նրանց առաջ բացվեց մի խոր կիրճ, որի երեք կողմից էլ բարձրանում էին սեպացած բարձրաբերձ ժայռեր, որոնք զարդարված էին ձյունի և սառցի կեղևներով պատած ծառերի ոստերով, որոնց ճյուղերից կախված էին հաստ սառցե շիթեր:

Ահարկու կիրճ էր դա, որի մի կողմից հոսում էր լեռնային մի վտակ, որ սառցե կեղևի տակ տխուր ղողանջում էր ու գլորվում ցած. իսկ մյուս կողմից՝ սեպացած ժայռի վրայից թռչում էր մի ուրիշ վտակ և ետևից թողնելով սառցե ահագին շիթը՝ ուժգնությամբ ցած էր գլորվում և ձորում գրկախառնվելով վտակի հետ՝ հոսում էր ցած... Աշոտ Երկաթը գլուխը բարձրացրեց և նայեց բնության այդ խաղին, որ վատ տպավորություն թողեց յուր վրա: Մի տեսակ անհասկանալի թախիծ պատեց և սիրտը, տհաճությամբ նա կրկին իջեցրեց գլուխը և մտրակեց ձիուն: Ձին մի թռիչք արավ և մեխվածի նման կանգ առավ, կարծես աներևույթ մի ձեռք հանկարծ սանձահարեց նրան: Աշոտ Երկաթը զարմացավ և շփոթված աջ ու ձախ նայեց, բայց կասկածավոր ոչինչ չնկատեց, որը կարողանար վախեցնել յուր ուշիմ ձիուն և ստիպել նրան այսպես հանկարծակի կանգ առնելու:

Նա նորից մտրակեց: Ձին մի թռիչք էլ արավ, և այնուհետև որքան մտրակեց՝ տեղից չշարժվեց: Խմբի մարդիկ շրջապատեցին Աշոտ Երկաթին և զարմանքով նայեցին ձիուն, թե ինչո՞ւ նա առաջ չի գնում:

— Է՜ ինչպես երևում է՝ ձիս հոգնել է կամ մի բանից վախեցավ: Հոգնելը սրանից չեմ սպասում, որովհետև շատ երկար ժամանակ չէ, ինչ որ ճանապարհին ենք, բայց թե ի՞նչից վախեցավ, այդ է ինձ զարմացնում: Տղա՜յք, դուք ոչինչ կասկածավոր բան չտեսա՞ք ճանապարհին, — դարձավ Աշոտը դեպի խումբը:

— Ո՜չ, — պատասխանեցին մի քանիսը:

— Ուրեմն հարկավոր է մի փոքր հանգիստ տալ, — ասաց Աշոտ Երկաթը ու մի փոքր ժամանակ հանգիստ տվեց յուր ձիուն: Ձին ականջները ցցել էր և վայրենի կերպով նայում էր առաջ, ճանապարհի ուղղությամբ, որով պիտի անցներ խումբը:

Կասկածը պատեց Աշոտ Երկաթին, և նա էլ դեպի ձիու նայած կողմը նայեց: Ո՛չ մի կասկածելի բան չտեսավ: Ճանապարհը ոլորվում էր մի փոքր տարածությամբ առաջ, որտեղ դուրս էին ցցված ահարկու ժայռերը, որոնք լուռ իրենց էին նայում: Բարկացավ ձիու վրա և հենց ուզում էր մտրակել, երբ ականջին դիպավ մի տեսակ անորոշ ձայն, որը ստիպեց նրան զգաստանալ: Նա նորից ականջ դրեց, այո՛, ձայնը գալիս էր առջևից և հետզհետե մոտենում էր: Այդ ձայները խիստ նման էին ձիերի դոփյունների և փռնչոցների: Աշոտ Երկաթը զգաց, որ առաջից մի խումբ ձիավորներ են գալիս, բայց թե ովքե՞ր են և ինչքա՞ն էր նրանց թիվը դեռ անհայտ էր: Նա նշան արավ խմբին, որ պատրաստ լինեն, իսկ ինքը սուրը պատյանից հանեց ու սպասեց ձիավորների երևալուն:

— Ա՛յ թե ինչի՞ց էր վախենում իմ ձին, — մռմռաց ինքն իրեն Աշոտ Երկաթը:

Հանկարծ նույնպիսի դոփյուններ ետևից լսեց, կարծես երկուսն էլ իմաց էին արել իրար, որ միաժամանակ սկսեն:

Ի՞նչ էր նշանակում այդ, մտածեց նա և ժամանակ անգամ չունեցավ պարզելու այդ հանելուկը, երբ կիրճի երկու կողմերից էլ ահռելի ձայներ լսվեցին և սրերը հանած, ճանճերի նման, բազմաթիվ ձիավորներ վրա տվին Աշոտ Երկաթի խմբին, որը թակարդի մեջ էր ընկել:

Վահանը առաջ քաշեց Աշոտ Երկաթը, սուրը բարձրացրեց, յուր խմբին ձայն տվեց, ահռելի մռնչյուն հանեց և վազեց թշնամիների վրա:

Արյուն էր կաթում նրա սրիցը, մեկը մյուսի ետևից ընկնում են թշնամիները, խորը հառաչում և շունչները փչում... Աշոտ Երկաթը առյուծ է դարձել, առյուծ են դարձել նաև յուր քաջերը, որոնցից ամեն մեկը տասը թշնամի է պառկեցնում և ապա ինքն էլ խողխողված շունչը փչում: Տեսնում է Աշոտը թշնամյաց հունձը, տեսնում է նաև յուր քաջերի ընկնելը, սիրտը կսկծում է և կատաղած՝ երեք չորս գլուխ միասին թռցնում... Բայց ինչքա՛ն շատ են թշնամիները, նրանք կարծես անվերջ, անհամար են. կոտորում է, կոտորում, կրկին սրանք կան, չեն պակասում և պինդ օղակով երկու կողմից սեղմում են իրեն... Ընկնում են յուր քաջերը մեկը մյուսի ետևից, բայց ինքը հերոսաբար դեռ կռիվ է անում, գլուխներ թռցնում... Բայց ի՞նչ կա անսպառ աշխարհիս վրա, որ մի քաջի ֆիզիկական զորությունը անսպառ լինի: Աշխարհս էլ է սպառվում, նա էլ վերջ ունի, ո՞ւր մնաց թե Աշոտ Երկաթի զորությունը... Րոպե առ րոպե նրա ուժը սպառվում է, կամաց-կամաց թուլանում են նրա բազուկները, արդեն յուր ահեղ զորության վերջին թելն է մնացել բազուկների մեջ, այնինչ հոգին, այն վեհ և արի հոգին չի թմրում, չի թուլանում, երկյուղի ո՛չ մի նշան չի արտահայտում: Նրա աչքերը փայլատակում են, բոց ու շանթ արձակում և սարսռեցնում թշնամուն. թշնամիները դեռ դիաթավալ ընկնում էին նրա սրից և մահվան տագնապի մեջ տոչորվում... Բայց թշնամիները չեն պակասում, նրանք բուռն ուժով կրկին վրա են վազում:

Նայում է դրանց Աշոտ Երկաթը, նայում և սիրտը լցվում է դառնությամբ: Թախիծով լի աչքերը նա աջ ու ձախ է դարձնում, յուր քաջերին պտրում, նրանց ձայն տալիս, բայց նրանցից շատերը խոր քուն են մտած, նրա ձայնը չեն լսում, շատերը կոտրված են... միայն մի բուռ քաջեր դեռ կռվում են:

Հուզվում է Աշոտ Երկաթը, վերջին ճիգն է թափում, վերջին անգամ բարձրացնում է ահեղ սուրը և ջախջախում իրեն մոտեցող անօրենների գլուխները...

Բայց բազուկները էլ ՛չեն գործում, թուրը, արյունով ներկված թուրը, որից աղբյուրի նման ծլծլում է արյունը, էլ չի բարձրանում, նրանք ուժից ընկած են, անզոր, ինչպես մանկան ձեռքեր, իսկ յուր ձին տասը տեղից վիրավորված հազիվ ոտքի վրա է կանգնած:

Տեսնում են այդ անօրենները, և դիվական ժպիտը փայլում է նրանց դեմքերին, նրանք հրեշավոր քրքիջ են արձակում և համարձակ վազում դեպի Աշոտ Երկաթը...

Վերջին գերմարդկային ճիգն է թափում քաջը, սուրը բարձրացնում և հուսահատությամբ լի աչքերով վերջին անգամ շուրջը նայում: Հանկարծ նրա աչքին, հեռու ձորի մեջ, ժայռերի մոտ երևում է մի ծերունի՝ Քրիստոսի սուրբ խաչելությունը ձեռքին: Ոգի է ներշնչում այդ խաչը քաջին, և նա կրկին ջախջախում է թշնամյաց գլուխները: Այդ ժամանակ լսվում են աղաղակներ, թշնամին շփոթվում է, թողնում Աշոտ Երկաթին և փախուստի դիմում: Նայում է Աշոտ Երկաթը դեպի խաչը և յուր թշնամիներին: Այդ խմբի մեջ բարձր փայլում է խաչանիշ դրոշակը... Դա յուր խաչն է, յուր փրկիչը, որ ծածանվում է քաջերի մեջ:

Փախչում է թշնամին: Ինքը ազատված է: Խաչն ու դրոշակը մոտենում են: Մոտենում է նաև ծերունին:

Աշոտ Երկաթը ցած է թռչում ձիուց՝ չոքում ձյունի վրա և համբուրում խաչը:

— Կեցցե՛ Աշոտ Երկաթը, ապրի՛ Մարտիրոս հայրը,-գոռում է խումբը և կրկին հալածում թշնամուն:

Ամբողջ կիրճը խավարն է պատում: Մարտիրոս վանահոր խումբը ետ է դառնում հալածելուց և յուր հետ բերում է երկու հայ իշխաններին, որոնց գերել էին քաջերը:

— Դավաճաննե՛ր, — գոռում է Մարտիրոս վանահայրը և բարկությունից ատամները կրճտացնում: Քաջերը ուզում են պատառ-պատառ անել նրանց, բայց Աշոտ Երկաթը նշան է անում, և նրանք ակնածությամբ լռում են և Անձևացյաց ու Ռշտունյաց իշխաններին շղթայակապ յ՛ուր առաջ բերում:

Արիամարիանքով նայում է Աշոտ Երկաթը դրանց և ապա դիմելով պահապաններին, ասում.

— Քանդեցեք շղթաները, ես չեմ ցանկանում, որ հայ իշխանները շղթայակապ իմ առաջ դուրս գան:

Պահապանները զարմացած քանդում են շղթաները և լուռ նայում Աշոտ Երկաթին:

— Մարտիրո՛ս հայր, սրանց ամոթալի արարքը հայտնի է քեզ. քո կտրիճները գերեցին, ուստի և քեզ եմ հանձնում սրանց դատաստանը:

— Ո՛չ, արքա, այդ մեր իրավասությունից դուրս է և մեր կյանքն էլ քո իշխանությանն է հանձնված, մենք չենք կարող սրանց դատաստանը անել, իսկ եթե իմ կտրիճներին թողնես, այդ պատիժը սոսկալի կլինի, — ասաց Մարտիրոս հայրը և մի մոլի հայացք ձգեց դեպի դավաճանները:

— Գթությո՛ւն, մենք սխալված ենք, կին, որդիք ունենք,— ասացին դավաճանները և ընկան Աշոտ Երկաթի ոտքերը:

— Թշվառնե՛ր... — ասաց Աշոտ Երկաթը, — և ապա դարձավ պահապաններին. — զենքերն առեք, իշխանական զգեստը հանեցեք և արձակեցեք դրանց, թող ուր ուզում են գնան:

Այնուհետև Մարտիրոս վանահայրը կրկին մտավ ժողովրդի մեջ խմբեր կազմելու, իսկ Աշոտ Երկաթը հույսը օտար ուժի վրա դրած՝ ուղևորվեց Կ. Պոլիս...

Ի՞նչ պիտի լիներ Հայաստանի դրությունը…

ՄԱՍՆ ԵՐԿՐՈՐԴ

Ա

Չորս կողմը ամայություն էր... Ո՛չ մի կենդանի արարած չէր երևում, ո՛չ մի շարժում չկար այն ճանապարհին, որով անցնում էր Մարտիրոս վանահայրը յուր ծառայի հետ: Շուրջը փռված էին ամայի լեռներ ու ձորեր, որոնք, ծածկված լինելով ձյան թանձր ծածկոցով, մի տեսակ վհատություն էին բերում ճանապարհորդների սրտին: Այդ դաշտերում և ձորերում շարժվում էր միայն սառը քամին, յուր երգը երգում և ապա թռչում հեռո՛ւ-հեռո՛ւ... Երկինքն էլ ծածկված էր գորշ ու մթին ամպերով, որը լացացնելու չափ թախիծ էր բերում ծերունի վանահոր սրտին: Ձյունի բյուրեղները երբեմն-երբեմն ընկնում էին նրա ալեզարդ մորուքին և խճճվելով այնտեղ՝ թաքնվում, կուչ գալիս և ապա կաթիլներ դառնալով ընկնում ցած...

Տխուր էր Մարտիրոս հայրը, տխուր էր նրա ծառա Ծառուկը, որ մորթե տաք մուշտակի մեջ կոլոլված, դողում էր ցրտի սաստկությունից: Երկուսի դեմքերն էլ մթագնած էին. Ծառուկը տաք օթևան և հանգիստ էր երազում, այնինչ ծերունի վանահոր համար ցուրտն ու սառնամանիքը կարծես գոյություն չունեին: Նրա միտքը բոլորովին ուրիշ բանով էր զբաղված, որ այլայլում էր նրա հոգին և վրդովում սիրտը:

Նա սաստիկ հուզված էր: Վերջին դեպքերը՝ Աշոտ Երկաթի Կ. Պոլիս գնալը, կաթողիկոսի անհոգությունը և դավաճանների արձակվելը նրա հոգու վրա խոր տպավորություն էին թողել, որոնք ինչպես մի սուր սլաք ցցվել էին նրա սրտի մեջ՝

բանալով այնտեղ խոր ու անբուժելի վերք...

— Ի՞նչ պիտի լինի Հայաստանի դրությունը, — մտածում էր նա, — ո՞վ պիտի հոգա անպաշտպան ժողովրդի մասին, երբ նրա մարմնավոր և հոգևոր գլուխները հեռացած են նրանից: Պարզ է, որ նա կրկին պիտի տնքա, չարչարվի, տանջվի, ոտնատակ լինի և հարստահարվի զանազան բախտախնդիր իշխաններից և արտաքին թշնամիներից: Հայաստանը մի այգի է անուշահամ պտուղներով և գեղեցիկ ծաղիկներով. նրա դռները թեև բաց էին, բայց ո՛չ ոք չէր համարձակվում մտնել ու ոտնատակ տալ մարգերը և կոտրատել ծառերը, որովհետև վախենում էին այգեպանից: Այդ այգեպանին մենք գտել էինք, նա քաջ և արի էր, և ամենքը երկնչում էին նրանից: Բայց նա այլևս չկա. թողեց յուր այգին անտեր ու անօգնական և գնաց, որ ուրիշ երկրից ջուր բերի յուր այգին ջրելու, առանց հասկանալու, թե օտար ջուրը յուր այգին չի ջրի, թույն կա այդ ջրի մեջ: Նա ականջ չդրեց մինչև անգամ իմ խոսքերին, թե մինչև յուր վերադառնալը եղած ծառերն էլ կկոտրատվեն և յուր սիրուն այգու հետքերը միայն կմնան, և այն ժամանակ օտարի ջրով թող ջրի յուր ամայի այգու սեպացած քարերը... Երկա՛թ, Երկա՛թ... ո՞ւր քո երկաթե բազուկներից համար օտարի փայտյա հենարանն ես խնդրում, այն շուտ կխորտակվի, կփշրվի, այնինչ քո երկաթե բազուկներդ կժանգոտվեն և պետք չեն գա գործածելու... Մի քանի օր է, ինչ հեռացել է Աշոտ Երկաթը, այնինչ Հայաստանի զանազան անկյուններից արդեն լսվում են տրտունջներ: Օձերն իրենց գլուխներն են բարձրացնում և լավ պատառներ որոնում: Գագիկ Արծրունին դարաններ է պատրաստում, իսկ չարանենգ Յուսուֆը արքայական գահի համար փոխանորդ պտրում: Աշոտ սպարապետը՝ Աշոտ Երկաթի հորեղբոր որդին, վաղուց է կարոտ այդ գահին, և Յուսուֆը վաղուց հարմար առիթի է ման գալիս հայերի դեմ հայ զենքով կռվելու: Երկու թագավոր ունենք, երրորդն էլ է պակաս և այդ երրորդը Աշոտ սպարապետն է, Յուսուֆի ձեռքի կույր գործիքը... Աշո՛տ, Աշո՛տ, տեր և տիրական թշվառացած ժողովրդի, դարձի՛ր, դարձի՛ր այդ ճանապարհից, ժողովուրդը քեզ է կանչում, Մարտիրոս վանահոր սիրտը քեզ է սպասում...

Մութն արդեն ընկնում էր: Հեռու լեռներն արդեն թաքնվում էին խավարի մեջ, և ցուրտը հետզհետե զգալի էր դառնում, այնինչ Մարտիրոս վանահայրը մտքերի մեջ ընկղմված այդ չէր նկատում և յուր ձիու ընթացքը չէր արագացնում:

Ծառուկը անհամբերությունից ճաքում էր: Նա մի անգամ առաջ եկավ, որպեսզի ասի Մարտիրոս հորը, որ ձիուն շտապեցնի, բայց նկատելով, որ նա ինչ-որ փնթփնթում է քթի տակ, չհամարձակվեց խանգարել նրան: Վերջապես ծառայի համբերությունը հատավ: Վճռաբար նա առաջ քշեց ձին և նայեց վանահոր դեմքին: Այդ դեմքը այլայլված էր, բայց պատկառելի տպավորություն էր թողնում: Մի քանի վայրկյան լուռ մնաց ծառան և սկսեց դիտել նրա դեմքի այլայլությունը, ապա ցած, հազիվ լսելի ձայնով ասաց.

— Հա՛յր սուրբ:

Մարտիրոս հայրը չլսեց նրան: Նա դեռ ինքն իր հետ էր խոսում:

— Հա՛յր սուրբ, արդեն մթնում է, հարկավոր է շտապել, — ասաց ծառան նորից:

— Դավաճաննե՛ր... ահա թե ովքեր են մեր տունը քանդում և մնում են անպատիժ...

— Հա՛յր սուրբ, մթնում է...

— Ի՞նչ է, որդյա՛կ, — ասաց վանահայրը և սուր, թափանցող հայացքը ուղղեց դեպի ծառան, որը չդիմանալով նրան, իջեցրեց աչքերը:

— Ճանապարհի շատ ունենք, հա՛յր սուրբ, և ցուրտն էլ սաստկանում է: Պետք է մի փոքր շտապել:

— Հա՛, Ծառո՛ւկ, ճշմարիտ է, պետք է շտապել, ապա թե ոչ գայլերի կերակուր կդառնանք:

Երկուսն էլ ձիերին մտրակելով առաջ անցան:

— Դու վախենո՞ւմ ես գայլերից, — դարձավ Մարտիրոս հայրը ծառային՝ մի փոքր լռությունից հետո:

— Ե՞ս, հա՛յր սուրբ... Ե՞րբ եք տեսել, որ ես մի բանից վախենամ:

— Իսկ եթե մի խումբ արաբներ վրա տան՝ կրկի՞ն չես վախենա:

— Ո՛չ: Ես մահից չեմ վախենում, բայց առաջ նրանցից մի հինգին կսպանեմ և հետո կմեռնեմ:

— Ապրես, Ծառո՛ւկ, ես վախկոտներին չեմ սիրում: Աստված էլ չի սիրում վախկոտներին: Վախկոտությունը մահու չափ հանցանք է: Նա, ով վախենում է թշնամիներից, ավելի լավ է չապրի: Ներկա, ժամանակում անզորներն ու վախկոտները ոտնատակ են լինում զորավորներից և հանդուգններից: Պետք է քաջ լինել և ապա հանգիստ ապրել:

Նրանք կրկին լուռ առաջ անցան: Այդ ժամանակ հեռվում՝ լեռան քամակին, կիսախավարի մեջ երևաց մի վանքի պարիսպ:

— Հա՛յր սուրբ, վանքը երևում է:

— Հա՛, տեսնում եմ, վերջապես մի փոքր կհանգստանանք, թե՛ մենք, թե՛ մեր խեղճ ձիերը:

Մի փոքր հետո ճանապարհորդները վանք մտան, ուր Մարտիրոս վանահայրը առանձնացավ վանքի վանահոր խուցը, այնինչ Ծառուկը մեկնվեց վառած կրակի մոտ և սկսեց յուր զրույցը վանքի ծառաների հետ: Նա շատ էր սիրում տաք օջախը և քաղցր զրույցը: Մի փոքր առաջ կերած ցուրտը բոլորովին մոռացել էր Ծառուկը կրակի բարերար ազդեցության տակ:

— Ո՞վ է այդ ծերունի մարդը, — հարցնում էր Ծառուկին վանքի ծառաներից մեկը, շարունակ քորելով մեջքը և սրելով յուր քոսա բեղերը:

— Օ՛, մի՞թե չեք ճանաչում, դա ամբողջ Հայաստանի մեջ սուրբ և զորավոր մարդ է, — պատասխանեց Ծառուկը, առանձին նշանակություն տալով յուր խոսքերին:

— Ինչպե՞ս, ուրեմն մեր Սահակ սրբազանից էլ մե՞ծ է,— հարցրեց քոսա ծառան՝ սուր հայացք նետելով Ծառուկի վրա:

— Իհարկե, ձեր Սահակ սրբազանը ի՞նչ է դրա առաջ: Իմ հայր սուրբը կաթողիկոսից էլ բարձր է:

— Է՛, ի՛նչ մեծ մարդ է եղել...

— Իհարկե մեծ է: Ամբողջ արաբաց զունդը դողում է դրանից, մի՞թե լսած չեք Մարտիրոս վանահոր անունը:

— Չէ, որտեղի՞ց կլինեմ լսած:

— Դե՛, փայտ բեր, ցուրտ է, ես ճանապարհից նոր եմ եկել, մի՞թե չես տեսնում, որ օջախը հանգչում է, — ավելացրեց Ծառուկը հրամայաբար, երբ նկատեց յուր խոսքերի ազդեցությունը:

— Այս րոպեիս, դուրբա՛ն, — ասաց ծառան և դուրս գնալով մի քանի փայտ բերեց և կրակը չաղացրեց: Ծառուկի քունը տանում էր, այնինչ վանքի ծառան պատճառ էր փնտրում նորից խոսակցություն բանալու:

— Երևի շա՞տ հեռու տեղից եք գալիս, — հարցրեց նա;

— Օ՜, էլ մի՛ ասա, ամբողջ երեք օր ճանապարհի ենք գալիս:

— Իսկ ի՞նչն է ստիպում ձեզ այդպես վռազ ճանապարհի գալու, մի՞թե Սահակ սրբազանի մոտ խիստ կարևոր գործ ունեիք:

Ծառուկը, ինչպես էլեկտրականությունից ցնցված, վեր թռավ տեղից և ուղղակի իրեն խոսակցի աչքերը դիտեց: Ըստ երևույթին վատ տպավորություն թողեց նրա վրա, որ հոնքերը կիտելով կարճ կտրեց.

— Է՜, բարեկա՛մ, դրանով մենք շատ հեռու կերթանք, ավելի լավ է ինձ համար ընթրիք բերես, ես հոգնած եմ և քնել եմ ուզում:

Քոսա ծառան նկատեց, որ էլ նրանից ոչինչ չի իմանա, ուստի ընթրիքը բերեց դրեց Ծառուկի առաջ և քայլերն ուղղեց դեպի վանահոր խուցը՝ մի գիրկ փայտ ներս տանելով:

Կարճ ժամանակից հետո Ծառուկը, ընթրիքն անելով, մեկնվեց կրակի մոտ և անուշ քնի մեջ ընկղմվեց. եթե աշխարհն էլ տանեին, չէր իմանա:

Բ

Վանքը, ուր իջավ Մարտիրոս հայրը, գտնվում էր Բյուրական ամրոցում, որ շինել էր Հովհաննես կաթողիկոսը կոփածո քարերով և ուր փակակալ էր Լուսավորչի դռան Սահակ անունով մի եպիսկոպոս: Սահակը թխադեմ, բայց լիքը մարդ էր: Լայն թիկունքը և ուժեղ բազուկները տալիս էին նրան մի առանձին հաղթանդամ տեսք: Միջին հասակի էր նա, մոտ 40 - 45 տարեկան, միշտ ուրախ, զվարթ, իսկ բնավորությամբ՝ կատակասեր: Գեթ արտաքուստ իրեն ցույց էր տալիս շատ զվարճասեր և ո՛չ մի բանի վրա չմտածող, այնպես որ շրջակա գյուղացիները նրան «հանաքչի սրբազան» անունն էին տվել և սաստիկ համակրում ու սիրում էին:

Արդարև, Սահակ սրբազանը յուր պարզ բնավորությամբ գրավել էր շրջակա գյուղացոց համակրությունը: Իսկ եթե թափանցեինք նրա հոգու խորքը, կտեսնեինք, որ հոգին կատակ չէր անում, չէր ծիծաղում, չէր ժպտում, ինչպես արտաքուստ, այլ ընդհակառակը, հոգին պատած էր այն տեսակ տխուր և սրտամաշ մտքերով, որ լացացնելու չափ կսկծացնում էր իրեն: Խաբուսիկ և կեղծ էին Սահակ սրբազանի կատակներն ու ժպիտները: Նա արտաքուստ այդ դիրքն էր ընդունել միմիայն գյուղացոց համակրությունն ու սերը վայելելու, որի մեջ և հաջողություն ուն՛եր: Իսկ իրեն հենց այդ էր պետք: Ուրիշ բանի նա կարոտ չէր:

Երբ Մարտիրոս վանահայրը մտավ նրա խուցը, նա մտազբաղ նստած էր և առաջը թափված էին զանազան թղթի կտորներ, որոնց մեկ-մեկ վերցնում էր, ջոկում, աչքի անցնում և ինքն իրեն մտածում: Ճրագի աղոտ լուսավորությունը ընկել էր նրա կլոր և լիքը երեսին, որ այդ ժամանակ խիստ դժգույն էր: Այդ միջոցին նրա լուրջ դեմքից անհետացել էր ժպիտը, և հայացքը ներկայացնում էր խոր ու ծանրակշիռ գործերով զբաղվող մարդու հայացք:

— Վերջապե՛ս... — ասաց նա, տեսնելով Մարտիրոս հորը, — վերջապես եկար, իսկ ես քո մասին անհանգստանում էի:

— Ինձ համար ի՞նչ կարիք կար անհանգստանալու, սրբազա՛ն, ես ծեր եմ և ուժասպառ, իմ օրերը համարված են, և ես շատ շուտ գերեզման կմտնեմ:

— Վա՛հ, Մարտիրոս հայր, ի՞նչ ես ասում, մի՞թե գերեզմանը իրավունք ունի քեզ նման սուրբ մարդուն կլանելու:

— Կատարյալ իրավունք ունի, ինչպես և ամեն մարդու:

— Չէ՛, ես իրավունք չեմ տալիս, դեռ հարկավոր ես, շա՛տ հարկավոր, երբ որ ժամանակը կգա, ես քեզ կիայտնեմ:

— Վա՛հ, լավ է, մահվան իրավո՞ւնքն էլ ես ուզում ձեռքդ գցել, — պատասխանեց Մարտիրոս հայրը, և մի դառն ժպիտ անցավ նրա դեմքի վրայով:

— Իհարկե, իհարկե. աստված քեզ վրա իրավունք չունի, դու մերն ես և հարկավոր ես մեզ: Ես հոգեհան հրեշտակի թևերը կկտրատեմ, եթե քեզ մոտենա:

— Սրբազա՛ն, երևում է, որ դու հանաք անելով էլ պետք է մեռնես:

— Իհարկե, դրանից ավելի ի՞նչ պիտի տանենք այս փուչ աշխարհից: Բայց կատակները մի կողմ թողնենք, արի բարձրացիր նստիր ահա այս բարձի վրա, հոգնած կլինես:

Մարտիրոս վանահայրը յուր ձմեռվա քուրքը մի կողմ գցեց, ծալապատիկ նստեց թախտին և լուռ դեպի ճրագի աղոտ լուսավորությունը նայեց: Երկուսն էլ կարճ ժամանակով լուռ էին:

— Ի՞նչ տեղեկություններ ես ժողովել, սրբազա՛ն հայր,— լռությունն ընդհատելով հարցրեց Մարտիրոս հայրը:

— Տեղեկություններ շատ ունեմ, բայց, դժբախտաբար, ուրախ ոչինչ չկա, ամեն բան դեպի վատն է գնում:

— Ինչպե՞ս, մի՞թե մեր ծրագրերն էլ են քանդվում, — հարցրեց Մարտիրոս հայրը և կիսով չափ բարձրացավ տեղից:

— Չէ՛, խոսքս մեր ծրագրերի մասին չէ, ընդհակառակը, մեծ ծրագրերն առաջ են գնում խիստ լավ: Ամեն մի վանքում պատրաստություններ են տեսնում, խմբեր են կազմում: Մեր գործակալները շատ լավ են գործում, բայց Աշոտ Երկաթի Կ. Պոլիս գնալով գործը կանգ է առել. զանազան բախտախնդիր իշխաններ արգելք են լինում դրան և ժողովրդին գրգռում Աշոտ Երկաթի դեմ:

— Որքան էլ ցավալի է, բայց այդպես է: Այդ իշխաններին պետք է վերջ դնել դրանք հայի տունը քանդեցին, բայց ի՞նչ ասես, որ Աշոտ Երկաթը արհամարհում է դրանց և դավաճան իշխաններին յուր ձեռքից բաց թողնում:

— Մի՞թե այդ քո ներկայությամբ էր:

— Ես ներկա էի, բայց խեղդեցի իմ մեջ բարկության բոցը: Ռշտունյաց և Անձևացյաց իշխաններին իմ ձեռքով հանձնեցի նրան, որոնք դավադրություններ էին լարել նրա կյանքի դեմ, բայց նա արձակեց նրանց: Ժողովուրդը ուզում էր պատառ-պատառ անել, բայց ես ազատեցի նրանց՝ բարձր պահելով թագավորի խոսքը և ներողամտությունը:

— Սպասիր, հա՛յր Մարտիրոս, ահա կարդա այս նամակը և տես, թե ի՞նչ են գրում այդ ձեր ազատած իշխանների մասին, — ասաց Սահակ սրբազանը և վերցնելով սեղանի վրա փռված նամակներից մեկը, հանձնեց Մարտիրոս հորը: Վանահայրը ուշադրությամբ կարդաց նամակը և մահվան գունատությունը պատեց նրա ճերմակ դեմքը: Բարկությամբ դեն շպրտեց թուղթը, վեր կացավ տեղից և սկսեց արագ-արագ շրջել սենյակում:

— Դավաճաննե՛ր, անպիտաննե՛ր, լրբե՛ր... Ես գիտեի, ես ճանաչում էի դրանց... Ա՛խ, սխալվեց Աշոտ Երկաթը, պետք էր դրանց տեղն ու տեղը կախել և ոչ թե ազատել:

— Տեսնո՞ւմ ես, ի՞նչ սոսկալի դավադրություն են կազմում Աշոտ Երկաթի դեմ և ո՞ւմ են իրենց ձեռքի գործիք դարձնում — նրանց, ովքեր երախտիք ունեն Աշոտ Երկաթից, որոնք նրա աղն ու հացն են ուտում: Այժմ Գուգարաց իշխաններին՝ Վասակ և Աշոտ Գնթունիներին են ուզում ձեռք գցել և ապստամբեցնել օրինական թագավորի դեմ: Տեսնո՞ւմ եք, թե այդ ձեր ազատած իշխանները ի՞նչ են անում:

— Արծրունյաց Գագիկի բաներն են դրանք. նա է այս բոլոր դավադրությանց կենտրոնը և մեր ամբողջ ջանքը այդ դավադրությանց խորտակման մեջ պիտի լինի: Ի՞նչ եղավ, ե՞րբ պիտի գա Սահակ քահանան:

— Վաղը, երեկոյան դեմ կհավաքվեն Սահակ Արծրունյաց քահանան, Գևորգ Մարզպետունին և Բասյանց գավառի իշխանը:

— Թող գա՛ն, պետք է սպասել դրանց, պետք է տեղեկություն ժողովել Տեր Սահակից, թե արդյոք էլ ինչե՞ր է ծրագրում ատելի Գագիկ Արծրունին:

— Անպատճա՛ռ: Մեր գլխավոր երկյուղը Վասպուրականից է: Դա զորավոր ախոյան է, որից պիտի զգույշ լինել:

— Բայց Տարոնից խիստ լավ տեղեկություններ են ստացված, այնտեղ արդեն պատրաստի մի գունդ ունենք, մոտ 400 մարդուց բաղկացած:

— Ապրի՛ Գնորգ իշխանը, այդ նրա շնորհքն է:

Այդ ժամանակ վանքի դուռը ծեծեցին: Նրանք երկուսն էլ լսեցին և հետաքրքրությամբ սպասում էին, թե ո՞վ պիտի լինի, որ այդպես կեսգիշերին դուռը ծեծում է: Սահակ սրբազանը շտապով դուրս գնաց և հրամայեց դուռը բանալ, երբ նկատեց մի ձիավոր՝ կանգնած վանքի դռանը:

Ձյունը քուլա-քուլա փրթում էր, և ձիավորը ամբողջապես կոլոլված էր ձյան մեջ: Նա շտապով ներս մտավ վանքի գավիթը և արագությամբ ցած թռչելով ձիուց, ուղղակի դեպի սրբազանը դիմեց, որ դեռ ապուշ կտրած նայում է նրան, առանց ճանաչելու ուշացած ճանապարհորդին:

— Ողջո՛ւյն, սրբազա՛ն հայր, — ասաց ճանապարհորդը և սովոր մարդու նման ուղղակի դիմեց դեպի սրբազանի խուցը:

Սրբազանը մեքենաբար ներս մտավ և երբ ճրագի աղոտ լույսի տակ դիտեց նրա դեմքի գծագրությունը՝ քա՜հ-քա՜հ մի քրքիջ արձակեց:

— Վա՛հ, Տե՛ր-Սահակ, ես քեզ բոլորովին չճանաչեցի. ձյունից այնքան ես ճերմակել, որ հարյուր տարեկան զառամյալ ծեր կարծեցի: Բարո՛վ, հազա՛ր բարի ես եկել, բայց մենք քեզ այսօր չէինք սպասում, — ասաց սրբազանը:

Եկողը, որ Արծրունյաց տան քահանա Տեր-Սահակն էր, մոտենալով նախ Մարտիրոս վանահոր աջը համբուրեց, ապա սկսեց թափ տալ յուր վրայի ձյունը և շորերից սառույցները պոկել:

— Մեռա՜, ամբողջ գիշեր ճանապարհ էի գալիս, — ասաց նա:

— Հը՛, երևի կարևոր լուր ունես, որ այդպես շտապով ճանապարհորդել ես:

— Առայժմ միայն մի ուրախալի լուր կասեմ, իսկ մնացածը կթողնեմ վաղվան: Ես հոգնած եմ, ննջել եմ ուզում: Յուսուֆը վերջապես հանգիստ թողեց Գագիկին և յուր զորքերով Ատրպատական քաշվեց: Այժմ Հայաստանը մի փոքր շունչ կառնի, եթե դավաճան և քսու իշխանները գլուխ չբարձրացնեն:

— Յուսուֆը այնքան վտանգավոր չէ, որքան դավաճանները, — նկատեց Մարտիրոս հայրը լուրջ կերպով, — բայց այժմ գնա հանգստացիր, վաղը կմտածենք այդ մասին:

Սահակ սրբազանը և Տեր-Սահակը դուրս գնացին, թողնելով Մարտիրոս հորը միայնակ, որը դեռ երկար ժամանակ արթուն էր, մինչև որ հոգնածությունը հաղթեց նրան, և նա քուն մտավ: Ժողովրդի հայրը ննջում էր... բայց խիստ վրդովալից և անհանգիստ էր այդ քունը, որը կարճ ժամանակ, տևեց, և նա իսկույն վեր թռավ: Օրը բացվել էր, և արևի անդրանիկ ճառագայթներից պսպղում էր ձյունը:

Նույն օրը հասավ, և Գևորգ Մարզպետունի իշխանը յուր փոքրաթիվ ձիավորներով, որոնց սովորություն ուներ միշտ յուր հետը վերցնելու և հարկավոր դեպքերում նեղելու արաբներին: Շուտով այդ չորս անձինք՝ երեք հոգևորական և մի աշխարհական, խորհրդի նստեցին, որը շատ երկար տևեց: Չորսն էլ տխուր էին, ուրախության ո՛չ մի նշույլ չէր երևում նրանց դեմքերին: Ապագան մութ ու անորոշ էր: Կատակասեր սրբազանն էլ մոռացել էր յուր կատակները և ընկել մտածության ծովը:

— Չէ՛, շատ անմխիթար է հայի ապագան, — լռությունը ընդհատեց Մարտիրոս վանահայրը՝ դառնալով խորհրդակիցներին, — բայց մենք ամենևին չպիտի ընկճվենք, չպիտի հուսահատվենք: Ի՞նչ անենք, թե օր-օրի վրա խռովությունները ավելանում են և դավաճանների թիվը շատանում է: Մենք մեր պարտքը պիտի կատարենք, որպեսզի ամոթով չմնանք մեր խղճի առաջ: Էլ ի՞նչ հայ ենք, որ հայի նեղ ժամանակը պետք չգանք, մեր կյանքը չզոհենք նրան: Ի՞նչ անենք, որ Արծրունյաց Գագիկը, փառասիրական ձգտումներից դրդված, դիմում է ամեն միջոցի, ձգտում է իմ և Գևորգի կյանքն էլ վերացնելու: Թող մեռնենք, թող սպանել տա մեզ, եթե պետք է մեր կյանքը նրան, ինչ վնաս, մեր տեղը ուրիշները դուրս կգան, իսկ դրանց տեղը դարձյալ ուրիշներ... Կրկնում եմ, մենք պիտի ճգնենք վերացնել արգելքները և ծառայել ժողովրդին ու օրինական թագավորին: Այդ պարտքը սուրբ է, և այն սրբությամբ էլ պիտի կատարենք: Թող Գևորգ իշխանը զենքով հալածե թշնամիներին, իսկ մենք խոսքով: Մեր պարտքը պիտի լինի խրախուսել ժողովրդին, դրանցից փոքրիկ գնդեր կազմել և այդ գնդերը հանձնել իշխանի հրամանատարությանը, որի պարտքն էլ պիտի լինի օգնել Աշոտ Երկաթին:

— Բայց, հա՛յր սուրբ, մեր հաջողությունը շատ դանդաղ է առաջ գնում, — ավելացրեց Տեր-Սահակը, — Վասպուրականում ո՛չ մի գործ առաջ չի գնում, այնտեղ լուրջ կերպով հսկում է Գագիկը և հոտն էլ առել է, ես վախենում եմ Հեղինեի վիճակից:

— Ճիշտ, ի՞նչ է անում Հեղինեն, երկար ժամանակ է նրանից լուր չի ստացվել,— հարցրեց սրբազանը:

— Լսելով հոր տմարդի գործերը՝ ապրում է ահ ու վախով: Ազնիվ, հայրենասեր աղջիկ է, բայց ցավում եմ, որ վերջը վատ է լինելու:

— Ինչո՞ւ:

— Շատ պարզ: Վաղ թե ուշ հայրը լսելու է նրա արարքները, և այն ժամանակ մութ բանտերը և տանջանքները նրա համար անխուսափելի են:

— Պետք է ազատել նրան հոր ճիրաններից,— ավելացրեց Գևորգ իշխանը, որ մինչ այդ լուռ էր:

— Հը՛, ի՞նչ է, հո դուր չի՞ գալիս քեզ Արծրունյաց օրիորդը, — հարցրեց սրբազանը, որի վրա ամենքը ծիծաղեցին:

— Է՛հ, սրբազա՛ն հայր, այսպիսի ժամանակ մեզ շատ բան է դուր գալիս, բայց ուշադրություն չենք դարձնում:

— Չէ՛, ի՞նչ կա որ, մի այնպիսի՛ հարսանիք կանենք, որ քեֆդ գա, դեռ հարսանիքումդ էլ պար կգամ:

— Բայց հանաքը մի կողմ, սրբազա՛ն, նա ամեն կերպ ուզում է փախուստ տալ Վասպուրականից, — ավելացրեց Տեր-Սահակը:

— Թող գա՛, այդ մի սոսկալի հարված կլինի դավաճանին: Բացի դրանից, թող այս գործում խառնվեն նաև օրիորդները: Դու, Սահա՛կ հայր, պատրաստվիր դրան, իսկ ես և Գևորգ իշխանը շուտով կազատենք նրան: Մենք չենք թողնի, որ անմեղ զոհը տանջվի Գագիկի ճիրաններում, — ասաց Մարտիրոս հայրը: Եվ ապա, զանազան ծրագրեր կազմելուց և կարգադրություններ անելուց հետո, մյուս օրն նեթ ցրվեցին զանազան կողմեր՝ թողնելով Սահակ սրբազանին Բյուրական ամրոցում կրկին միայնակ:

Գ

Ռշտունյաց և Անձևացյաց իշխանները, ազատվելով կապանքից, շտապով ներկայացան Գագիկ արքային և ամեն մանրամասնություն պատմեցին: Գագիկը զայրացավ, բարկության ներկն անցավ նրա դեմքի վրայով, և նա կատաղած կանչեց.

— Լա՛վ, Աշոտ Երկաթը կրկին չի պրծնի իմ ձեռքից, եթե նույնիսկ ամբողջ Բյուզանդիոնի բանակն էլ հետը բերի: Այժմ ես կդիմեմ այնպիսի միջոցի, որի դեմ չի կարող կանգնել ո՛չ մի զորություն:

— Ի՞նչ միջոցի, — հարցրեց Անձևացյաց իշխանը՝ խորամանկ աչքերը հառելով Գագիկ Արծրունուն:

— Այն տեսակ միջոցի, որով խռովություն կձգեմ հայոց բոլոր իշխանների մեջ: Ես կհարուցանեմ նրա դեմ յուր սիրելի իշխաններին, եղբորն անգամ կգրգռենք յուր դեմ և նրա գահը հանձնել կտամ Աշոտ սպարապետին, որ վաղուց ձգտում է դրան. իսկ այն անզգամներին՝ զառամյալ ծերունուն և Գևորգ իշխանին կհրամայեմ մաս-մաս կտրատել, որ համարձակվում են իմ դեմ գործել:

— Այո՛, լավ միտք է, դրանից լավ միջոց չի կարելի ձեռնարկել... Օ, եթե դա հաջողվի, այն ժամանակ սիրտս հանգստացած կլինի, ապա թե ոչ այն անպատվությունը, որ Աշոտ Երկաթը հասցրեց մեզ՝ մոռանալ չի կարելի:

— Բայց զարմանալի բան է, կարծես Մարտիրոս վանահայրը

տեղեկություն ուներ մեր որոգայթի մասին, որ այնպես հանկարծակի օգնության հասավ: Ուրիշ կերպ չի կարելի բացատրել, թե չէ նա երբեք այդպիսի խմբով ման չի գալիս և բացի դրանից, չէր էլ համարձակվի մեզ վրա հարձակում գործել, — նկատեց Անձևացյաց իշխանը փոքր լռությունից հետո:

— Ես էլ նույն կարծիքին եմ, արքա՛, — պատասխանեց Ռշտունյաց իշխանը՝ դիմելով Գագիկին, — որ մեր ամեն մի քայլափոխը լրտեսվում է ու հաղորդվում է Մարտիրոս հորը, և մեր հակառակորդները շատ լավ գիտեն, թե մենք ի՞նչ ենք անում և ի՞նչ մտածում: Եվ եթե Աշոտ Երկաթը արտաքուստ լավ հարաբերության մեջ է Վասպուրականի հետ, ապա դա պիտի վերագրել միայն նրան, որ բացահայտ կերպով չի ուզում թշնամանալ քեզ հետ:

— Ո՛չ, իշխաններ, դուք սխալվում եք, ո՛չ մի մարդկային արարած չի կարող լրտեսել մեր խոսակցությունը, իսկ եթե Գևորգ իշխանը և Մարտիրոս հայրը նրան օգնության հասան, դա մի դիպված պետք է համարել և ուրիշ ոչինչ:

— Ոչ, տեր իմ, մեզ լրտեսում են, գուցե և հենց այս րոպեիս: Պետք է գտնել այդ լրտեսին և պատժել: Շուտափույթ պետք է ոչնչացնել նրան, Գևորգ Իշխանին և Մարտիրոս հորը, որոնք ինչ-որ բան են պատրաստում, որը պիտի տակնուվրա անի մեր բոլոր ծրագրերը:

Գագիկը ուսերը թոթափեց և ընկավ մտածության մեջ: Մի տեսակ կասկած անցավ նրա մտքով, որն ստիպեց նրա հոգին այլայլելու, բայց շուտով էլ զսպեց իրեն և ապա դառնալով իշխաններին, ասաց.

— Թողնե՛նք այդ: Լրտեսները իրենց արժանավոր պատիժը կստանան, բայց հարկավոր է նաև մեր գործը առաջ տանել: Լուր է պտտվում, որ Աշոտ Երկաթը Բյուզանդիոնում մեծ ընդունելության է արժանացել և թագով ու ոսկեհուռ զգեստներով վարձատրվել: Վաղ թե ուշ նա հունական զորքերով դառնալու է Հայաստան, և այն ժամանակ ամեն ինչ կերպարանափոխվելու է: Պետք չէ այս ժամանակը կորցնել, քանի նա Հայրենիքում չի, ապա թե ոչ հետո շատ դժվարին կլինի առաջն առնել: Ես շատ անհանգիստ եմ: Պետք է շտապել որոմն ցանելու, որ այն հասունանա այն ժամանակ, երբ Աշոտ Երկաթը Հայաստան կգա: Դու, Ատո՛մ իշխան, վաղօրոք պետք է գլուխ բերես մի դժվարին գործ: Ես քեզ վրա մեծ հույս ունեմ, դու լեզվով ճարտար ես և հոգով արի: Դու պիտի մտնես Հայաստան և առատությամբ որոմն ցանես: Պիտի ջանաս ապստամբեցնել Աշոտ Երկաթի դեմ Գուգարաց վերակացուներին՝ Վասակ և Աշոտ Գնթունիներին, Աբխազաց Գուրգենին և եթե կարող ես նաև Աշոտ Երկաթի եղբորը՝ Աբասին: Ճարտար լեզուն օձին բնից կհանի, և ես վստահ եմ քեզ վրա: Իսկ գալով Ռշտունյաց իշխանին, սրա պարտքը պիտի լինի ներկայանալ Յուսուֆին և ամեն ջանք թափել, որ Աշոտ սպարապետը գահ նստի Աշոտ Երկաթի տեղ, և այն ժամանակ խռովության քարը, գլորված կլինի, իսկ այդ պղտոր ջրի մեջ մենք մեր որսը կանենք, մեր գործերը՝ առաջ կտանենք, — ասաց Գագիկը և ապա սկսեց շրջել սենյակում:

Այնուհետև երկար խորհրդակցում էին Հայաստանի այս երեք որոմն ցանողները: Եվ ապա Գագիկը, նամակներ պատրաստելով զանազան իշխանների անունով, դրանք հանձնեց Ռշտունյաց ու Անձևացյաց իշխաններին և ճանապարհ ձգեց պալատից:

Երբ իշխանները հեռացան, Գագիկը մի տեսակ ծանր մտատանջության մեջ ընկավ: Նրա հոգին սաստիկ խռովված ու այլայլված էր, և խորին թախիծը կրծում էր սիրտը: Այդ միջոցին բացվեց յուր առանձնարանի դուռը և շեմքում երևաց դուստրը՝ Հեղինեն:

Գագիկը վեր թռավ տեղից և վազեվազ դեպի աղջիկը գնաց: Նա ուզեց գրկել նրան, փայփայել, որպեսզի մոռանա յուր վիշտը, սրտի և հոգու այլայլությունը, բայց սառածի նման կանգ առավ, և հոգին ավելի այլայլվեց, ավելի վրդովվեց, երբ նկատեց աղջկա տխուր, դալկացած դեմքը: Հեղինեի աչքերում երևում էին դեռ չցամաքած արցունքներ և միևնույն ժամանակ՝ մի տեսակ ոգևորության փայլ, որոնք վճռականություն էին արտահայտում:

— Ի՞նչ կա, աղջի՛կս, դու տխուր ես և աչքերդ արտասուքով լի են, ի՞նչ է պատահել քեզ, — ասաց Գագիկը և ուզեց գրկել Հեղինեին, փայփայել նրան, համբուրել սիրուն աչքերը: Գագիկի հոգին լի էր խարդավանքով, դավաճանություններով և շփոթություններով և յուր այդ ալեծուփ հոգին ուզում էր խաղաղեցնել կուսական անմեղության առաջ: Հայրական սիրտը կարոտ էր դրան, կարոտ էր որդիական այն անարատ սիրույն, որի առաջ մոռացվում են աշխարհային զազրելի և գծուծ գործերը:

— Հեռո՛ւ ինձանից, — կանչեց Հեղինեն հրելով հորը, երբ նա ուզում էր գրկել իրեն և մի այնպիսի մոլեգին հայացք ուղղեց Գագիկի վրա, որ նա՝ Վասպուրականի արքան, սարսռեցավ և մի տեսակ սառը դող անցավ մարմնով:

Մի քանի քայլ ետ-ետ գնաց Գագիկը և մեխվածի նման կանգ առավ, առանց հասկանալու, թե ի՞նչ է կատարվում շուրջը և որտե՞ղ է գտնվում:

— Ահա այն լրտեսը, որին դուք որոնում էիք, որին ուզում էիք պատժել, կախաղան բարձրացնել, այն ե՛ս եմ, Արծրունյաց Գագիկ թագավորի աղջիկը՝ Հեղինեն, բռնեցեք նրան և գործադրեք ձեր տանջանքները:

Գագիկը մի քանի րոպե ցնորվածի նման նայեց աղջկան, մի խորին ա՛խ քաշեց, սիրտը բռնեց, որը կարծես խոցվեց մահաբեր սրով և դառն կերպով ասաց.

— Աղջի՛կս, Հեղինե՛... վա՛յ ինձ, նա ցնորվել է... Է՛յ, ո՞վ կա այդտեղ, — ասաց Գագիկը և ծափ տվեց:

Ծափի վրա ներս վազեցին երկու սպասավոր:

— Չէ՛, հա՛յր, ես ցնորված չեմ, զուր դու իմ հոգու այլայլմունքը նկատելով ինձ ցնորվածի տեղ ես ընդունում: Ես կրկին հայտնում եմ, որ ե՛ս եմ այն լրտեսը, որ տեղեկություններ է տալիս Բագրևանդի վանահորը և Աշոտ Երկաթին: Բռնեցե՛ք ինձ, հրամայեցեք սպանել, որ վերջ դրվեն իմ տանջանքներին. ապա թե ոչ ես այլևս չեմ կարող տանել իմ հոր ստոր դավաճանությունները…

Կատաղության փրփուրը անցավ Գագիկի դեմքին, աչքերը արյունով լցվեցան և զարհուրելի կերպով դուրս թռան ակնակապիճներից, մազերը փշաքաղվեցան, և բարկությունից դողացող ձեռքերը դեպի յուր սրի երախակալը տարավ:

— Լռի՛ր, լռի՛ր, Հեղինե՛, ապա թե ոչ՝ չգիտեմ ի՞նչ կանեմ քեզ: Է՛յ, դուրս տարեք սրան, — դիմեց Գագիկը սպասավորներին, որոնք շփոթված կանգնել էին դռների մոտ:

— Չեմ լռի, և քանի շունչս բերանումս է, ես կբողոքեմ քո ստոր արարմունքի դեմ... Ամո՛թ մեր ցեղին, ամո՛թ Վասպուրականին, որ Մեհրուժանով չբավականանալով, այժմ Գագիկ էլ է ծնել...

— Չե՞ք լսում, — դարձավ կրկին Գագիկը դեպի սպասավորները՝ խեղդված ձայնով և հազիվ շունչ քաշելով, — հեռացրե՛ք սրան այստեղից այս րոպեիս:

Սպասավորները դուրս տարան Հեղինեին: Գագիկը սենյակում մնաց միայնակ: Վայրենի հայացքով նա չորս կողմն էր նայում. նրա կուրծքը արագ բարձրանում ու իջնում էր, իսկ դեմքը դարձել էր ահարկու: Մի տեսակ անորոշ և անհասկանալի բառեր էին երբեմն դուրս թռչում նրա բերանից: Մի փոքր հետո նա գլուխը բռնեց. կարծես փախչելիս լիներ յուր մարմնից, անջատվում, ջլատվում և սլանում էր հեռո՛ւ- հեռո՛ւ կամ կարծես թե հրդեհ լիներ յուր գլխում, որ լափվում էր բոցերով: Հիրավի, նրա գլուխը այրվում էր: Ժանտ բոցերը լափում էին նրա ուղեղը: Այնտեղ դադարել էր դատողությունը, հատել մտքերի պաշարը և տիրել ամայությունն ու չորությունը: Ոչի՛նչ, ոչի՛նչ կարծես չկար նրա զանգի մեջ, որը մի պահ առաջ որոգայթներ էր լարում, դավաճանության ծրագրեր կազմում... Ո՞ւր գնացին դրանք, ի՞նչ եղան... Օ՜, մի հարված, և ամեն ինչ ոչնչացվեց, ամեն բան կերպարանափոխվեց. բայց մինչև ե՞րբ... Կանցնի փոթորիկը, զարշ մտքերը նորից տեղ կբռնեն նրա մտքում, և ամեն բան առաջվա շավղով կընթանա... Այժմ նա շփոթված է, այլայլված, ինքն էլ չի իմանում, թե ո՞րտեղ է և ի՞նչ է անում: Գիտակցությունը հեռացել է նրանից՝ տեղի տալով հոգեկան բուռն վրդովմունքին... Հանկարծ Գագիկը գլուխը վեր բարձրացրեց, կրկին չորս կողմը նայեց, և դառն արցունքները երևացին նրա աչքերում... Այդ արցունքները սոսկալի կերպով կրծում էին նրա սիրտը: Նա ամենաթշվառ մարդն էր աշխարհիս երեսին... Մի փոքր ժամանակ անց նրա ջղերը հանդարտվեցին, գիտակցությունը տեղն եկավ և հրամայեց Հեղինեին ներս բերել: Խրոխտ և վայրենի էր նրա կերպարանքը այժմ: Առաջվա վրդովմունքը անցել էր՝ տեղի տալով անտարբեր սառնությանը:

Հեղինեն կանգնած էր այդ անտարբեր սառնության առաջ այնքա՜ն հանգիստ, այնքա՜ն խաղաղ, որ հոր սառնասրտությունը հաղթվելու վրա էր:

Երկուսն էլ լուռ էին, երկուսն էլ մտասույզ: Զորավորի դեմ կանգնած էր անզորը: Արդարության և վեհության դեմ՝ անարդարությունը և կեղտոտությունը... Արդյոք ո՞վ պիտի հաղթեր...

Մի փոքր ժամանակ նայեց Գագիկը յուր աղջկան և ապա իջեցրեց յուր հայացքը գետին՝ չդիմացավ նրա քնքուշ, անմեղության տիպար հայացքին: Իջավ Գագիկի խրոխտ տեսքը, բարկության բոցը հանգավ նրա սրտում և աչքերում երևացին արտասուքի կաթիլներ... Ինչե՞ր անցան այդ վայրկյանին Վասպուրականի արքայի մտքով, հայտնի չէր, միայն թե նա չդիմացավ մի թույլ արարածի հայացքին և մոտենալով աղջկան՝ բռնեց նրա ձեռքերը:

Հեղինեի ձեռքերը սառն էին ինչպես սառույց և դողդողում էին աշնան տերևների նման: Հեղինեն էլ հուզված էր և մտազբաղ:

Մի տեսակ ծանր, խեղդող միտք ճնշում էր նրա հոգին, և նրան թվում էր, թե ոտքերի տակից փախչում է գետինը և ամբողջ աշխարհը արագ-արագ շրջան է կազմում և յուր հետ պտտեցնում թե՛ իրեն, թե՛ հորը և թե՛ այն սենյակը, ուր կանգնած էր ինքը... Ա՜խ, ինչքա՜ն արագ է պտտվում, րոպե առ րոպե արագացնում է յուր ընթացքը. ա՜խ, գոնե մի րոպե, մի վայրկյան դադարեր... Եվ Հեղինեն զգում է, որ ինքը չի կարողանում ոտքի վրա կանգնել, գլուխը շշմում է, աչքերն արդեն մթնել են, էլ ոչինչ չի տեսնում, ամեն բան անհետանում է աչքերից, իսկ ինքը թռչում է անսահման տարածության վրա, հեռո՜ւ, հեռո՜ւ, դեպի անհայտություն, ո՞վ գիտե դեպի ուր... յուր առաջ արդեն բացված են անհատակ անդունդներ, և նա զգում է, թե ինչպես անհուն բարձրությունից ընկնում է ցած, դիպչում մի ինչ-որ աներևույթ ժայռի, օրհասական մի ճիչ արձակում և ուշաթափվում...

Երբ բաց է անում աչքերը, տեսնում է, որ ինքը գտնվում է յուր ննջարանում, ուր մի կողմից նստած է հայրը և տխուր, փիատ աչքերը դարձրել է իրեն:

— Աղջի՜կս... Հեղինե՜, — ասում է Գագիկը, երբ տեսնում է աղջկա ուշքի գալը:

— Ա՜խ, — շշնջում է Հեղինեն և կրկին փակում աչքերը:

Նա զգում է ամբողջ իրողությունը, որ ինքը, չկարողանալով տանել յուր հոգեկան բուռն վրդովմունքը, ուշաթափվել էր հոր առանձնասենյակում, չդիմանալով հոր այն ահարկու հայացքին, — որը սուր սլաքի նման ցցվում էր յուր սրտում, այն սրտում, որը նոր բացվող կոկոնի նման դեռ չգիտեր աշխարհային ո՛չ մի տառապանք և լի հույսով հենց ուզում էր յուր քնքուշ թերթիկները բանալ, հագենալ թարմ օդով, երբ հանկարծ նրան դիմավորեց ահռելի, սարսռեցուցիչ փոթորիկը...

Ի՞նչ պիտի աներ թույլը հզորի առաջ…

Դ

Աշոտ Երկաթը, Հունաստանում փառավոր ընդունելություն գտնելուց հետո, հունական զորքերով վերադառնում էր Հայաստան... Ալեկոծյալ ծով էր ներկայացնում այդ ժամանակ Հայաստանը, և նա, իր հույսը օտար զորքերի վրա դնելով, գալիս էր խաղաղեցնելու այն ալիքները, որ ամեն բան ավերելով ո՛չ մի բան իր տեղը չէին թողել: Նա գալիս էր թագավորելու այնտեղ, ուր բացի իրենից թագավորում էին երկու հոգի՝ մինը Գագիկ Արծրունին Վասպուրականում, մյուսը հորեղբոր որդին՝ Աշոտ սպարապետը Դվինում, չհաշված այն մանր իշխաններին, որոնք հայտնի կամ անհայտ կերպով թագավորում էին իրենց երկրներում:

Հունական զորքի գլուխ անցած՝ Աշոտ Երկաթը շտապում էր Հայաստան: Քանի դեռ չէր մտել յուր երկրի սահմանները, տխուր էր նա: Երբեմն նայելով յուր ետևից սլացող հունական գնդին, նրա սիրտը ավելի էր կսկծում, ավելի էր ցավում: Նա զգում էր, որ ինքը միայնակ է օտար երկրում, անտեր, անօգնական և թե յուր ետևից սլացող գունդը օտար է իրեն և վաղը կարող է այդ սուրը յուր դեմ դարձնել... Բայց հենց որ մտավ յուր երկրի սահմանները, հենց որ ոտքը դրեց հայրենի հողի վրա, նրա սիրտը թունդ առավ, երակների մեջ կարծես նոր արյուն վազեց: Մի տեսակ սարսուռ անցավ նրա մարմնով, որը ցնցեց նրա մկանները, և նա զգաց, որ ինքն է այդ հողի տերն ու տիրականը, թագավորն ու իշխանը, ու նա սուրը պատյանից հանելով, մտրակեց նժույգին և փոթորկի նման սլացավ առաջ՝ դեպի վեհ Մասիսը, դեպի յուր երկրի սիրտն ու հոգին...

Գունդը սլանում էր նրա ետևից: Ամեն տեղ, ուր կային շեն գյուղորայք և քաղաքներ, ընդառաջ էին գալիս և ողջունում իրենց թագավորին, գյուղացի աղջիկներն ու տղաներն անգամ ծաղիկներ էին փռում Երկաթի ոտքերի տակ և ուրախաձայն աղաղակում.

Ապրի՛ Աշոտը շատ ու շատ օրեր,
Ապրի՛ Երկաթը բյուրավոր դարեր…

Աշոտ Երկաթը լսում էր անմեղ մանուկների բերանից այդ խոսքերը, ու նրա սիրտը հուզվում և տակնուվրա էր լինում: Իսկ երբ նա մոտեցավ Մասիս սարին, երբ տեսավ նրա ալեզարդ գագաթը, նրա սիրտը փղձկաց և արտասուքներ ընկան աչքերից: Նա լուռ լալիս էր: Ո՞վ գիտե ինչի համար և կամ ի՞նչ մտքեր ալեկոծեցին նրա սիրտը, ի՞նչ զգացմունքներ պատեցին հոգին... Նա տեսավ ալնոր Մասիսը և հուզվեց: Սիրուն էր Մասիսը: Վիթխարի հսկայի նման կուրծքը դեմ էր տվել և հպարտությամբ նայում էր չորս կողմ: Ամեն բան փոքր էր երևում նրա առաջ, այնինչ ինքը վե՜հ էր, բա՜րձր, և ի հաստատություն յուր կարծիքի, չորս կողմը արդեն տիրում էր խավարը, այնինչ յուր գագաթը, սպիտակ ձյունային բարձրությունը, այնտե՛ղ, ուր տիրում է հավիտենական սառնամանիքը, բուքն ու մրրիկը դեռ ոսկեզօծված էր արևի թույլ, բայց հրաշալի ճառագայթներով... Ծիրանի քող էր ձգված այդ գագաթին: Ծիրանագույն քողով էր զարդարվել հսկա Մասիսը և այդպես էր ընդունում տիրոջը, թագավորին, որ այսօր կրկին դառնում էր յուր գիրկը...

Բայց հետզհետե դա էլ նսեմացավ, նսրացավ և հանկարծ չքացավ: Աներևույթ մի ձեռք հանկարծ վերցրեց այդ ծիրանի քողը հսկա Մասիսի գագաթից, և նա էլ ընկղմվեց խորին խավարի մեջ: Այժմ միայն նրա հսկա ստվերանկարն էր երևում:

Աշոտ Երկաթը սրտնեղեց: Նա ուզում էր երկա՛ր, շա՛տ երկար նայել այդ գագաթին, հագենալ նրանով, այնինչ խավարը շուտ կլանեց նրան և չթողեց յուր կարոտը հագեցնելու: Տխրեց Աշոտ Երկաթը և ձիու ընթացքը ավելի արագացրեց: Գիշերը հետզհետե պատում էր. հարկավոր էր շուտ տեղ հասնել, հանգստանալ և հանգիստ տալ զորքերին: Հանկարծ խորին խավարի միջից լսվեցին ձիերի դոփյուններ: Ովքե՞ր էին դրանք, թշնամի՞, թե բարեկամ, նա չգիտեր, բայց որ դիմացի կողմից գունդ էր գալիս — անկասկած էր: Աշոտ Երկաթը նշան արավ, և զորքը կանգնեց:

Բայց հանդիպակաց գունդը աներկյուղ առաջ էր գալիս, երևում էր, որ կամ նա ոչ մի բանից երկյուղ չունի, կամ էլ չի տեսնում իրենց: Երբ որ նրանք բավականին առաջ եկան, Աշոտ Երկաթը սուրը ճոճելով խրոխտ կանչեց.

— Ո՞վ է գալիս, բարեկա՞մ, թե թշնամի:

— Կեցցե՛ Աշոտ Երկաթը, ապրի՛ Մարտիրոս հայրը, — գոռաց գունդը և, մի փոքր առաջ գալով, կանգ առավ:

Աշոտ Երկաթը և Մարտիրոս վանահայրը գրկվեցին: Ծերունի վանահայրը ամուր սեղմեց նրան իր կրծքին և մրմնջաց.

— Կորածիս գտա, այժմ կապրի Հայաստանը:

Երկու խումբն էլ, որոնցից մեկին առաջնորդում էր մեզ ծանոթ Գնորգ Մարզպետունի իշխանը, միանալով իրար հետ՝ սրարշավ առաջ էին գնում: Հեռու էր Կողբ գյուղաքաղաքը, ուր պիտի իջևանեին Երկաթը և զորքը:

Գյուղաքաղաքը արդեն երևում էր հեռվում, երբ հանկարծ մի քանի նետեր թռան, և ապա, հանկարծակի, մի խումբ խառնիճաղանճ ձայներ հանելով, սրերը հանած, հարձակվեց Աշոտ Երկաթի զորքի վրա:

— Դավաճանությո՛ւն, — կանչեց Աշոտ Երկաթը և նետվեց թշնամիների մեջ:

— Վա՜տ և անա՛րգ... — մռմռաց Մարտիրոս վանահայրը:

— Աշոտ սպարապետն է, նա դրժեց խոսքը և կրկին դավաճանեց, — պատասխանեց Գևորգ իշխանը և յուր խմբով հարձակվեց թշնամիների վրա:

Մթության մեջ լսվում էր միայն սրերի շխկոցը և ընկնողների վայնասունը: Կարճ ժամանակ անց թշնամին, որին ղեկավարում էր Աշոտ սպարապետը, չդիմանալով Աշոտ Երկաթի զորությանը, փախուստ տվեց դեպի Կողբ գյուղաքաղաքը: Բայց մեր խումբը ետ չկանգնեց: Նա հետևեց նրան, և քիչ ժամանակից հետո խավար երկիրը լուսավորվեց հրեղեն լեզուներով, որոնք հետզհետե ավելի ու ավելի էին բոցավառվում և մոխրակույտերի վերածում Կողբ գյուղաքաղաքը...

Բոցերի մեջ դեռ կռվում էին Աշոտ սպարապետի և Աշոտ Երկաթի զորքերը, այնինչ ժողովուրդը, փլատակների տակ թաղվելով՝ օգնություն էր կանչում:

Հանկարծ Աշոտ սպարապետը անհետացավ: Ինչպես երևում է, նա փախուստ էր տվել գյուղից, այնինչ կոտորածը դեռ շարունակվում էր, և բոցերը ագահորեն լափում էին շինությունները:

— Դադարեցրե՛ք կռիվը, — հրամայեց Աշոտ Երկաթը:

Բայց հանկարծ զորքերը, դադարեցնելով կոտորածը, թալանել սկսեցին հայերին, այն հայերին, որոնք իրենց թագավորին կռվով էին դիմավորում:

Ե

Մինչդեռ Աշոտ Երկաթը հունական զորքով վերադառնում էր Հայաստան, մինչդեռ ժողովուրդը ցնծության և ուրախության աղաղակներով էր ողջունում թագավորին, այդ միջոցին Վասպուրականի Գագիկ թագավորը միջոցներ էր որոնում ամեն կերպ նսեմացնելու Աշոտ Երկաթի փառքը և յուր իշխանությունը տարածելու ամեն կողմ: Բայց նա այսօր շատ խռովված էր, մի խորին թախիծ տակնուվրա էր անում նրա սիրտը: Այն արի սիրտը, որ վախ անգամ չուներ կրակի մեջ նետվելու, այժմ դողում էր և ամեն մի շշունկից վախենում: Հուսահատ մարդու նման նա կանգ առավ յուր շքեղ սենյակի պատուհանի մոտ և ապա բարձրացնելով թանձր վարագույրներից մեկը՝ դուրս նայեց: Դրսում փայլում էր գեղածիծաղ արևը և թռչունները ուրախ-ուրախ սավառնում էին օդում... Ցնծում էր բնությունը, ժպտում էր սիրուն արևը, բայց այդ տեսարանը ո՛չ մի տպավորություն չէր թողնում նրա վրա. նա ավելի էր տխրում, ավելի մռայլվում:

— Օ՛, ինչ ծանր վերք հասցրեց ինձ աղջիկս: Ինչ որ չէի նախատեսել՝ կատարվում է: Եվ նա յուր արտասուքով ուզում է իմ իղձերը ոչնչացնել, փափագներս խորտակել... Չէ՛, սիրում եմ աղջկաս, պաշտում եմ նրան, չեմ ուզում տեսնել նրա արցունքները, բայց միևնույն ժամանակ Գագիկ Արծրունու երկաթե կամքը կմնա անհողդողդ, կարծր և ամուր, այնպես, ինչպես այն ժայռերը, որոնց դարերից ի վեր ծեծում են Վանա ջրերը, բայց նրանք կան և կլինեն... Ինձ համար չկա ընտանիք, կին, դուստր, ժողովուրդ, քաղաք ու շեն. ամեն բան ոչինչ են Վասպուրականի թագավորի առաջ, և նա պիտի կոխկրտի ամեն բան յուր ոտքերի տակ, հուր ու մոխիր դարձնի ամբողջ Հայաստանը, միայն թե ոչնչացնի Բագրատունյաց տոհմը... Արծրունյաց արծվանիշ դրոշը պիտի տարածվի Հայաստանի մի ծայրից մինչև մյուսը, ահա այդ է ցանկանում Վասպուրականի Գագիկ թագավորը...

Գագիկը լռեց. նա չնկատեց անգամ, թե ինչպես կից սենյակում խշխշոց լսվեց և ինչպես մեկը զգույշ քայլերով մոտեցավ դռանը ու ծածկվեց թանձր վարագույրների ետևում:

— Պիտի մեռնի Աշոտ Երկաթը, ահա իմ դատավճիռը, — կանչեց Գագիկը մի տեսակ խուլ ձայնով, որ կարծես դուրս եկավ նրա թոքերի ամենամթին խոռոչներից:

Այդ խոսքերը լսելով վարագույրի մեջ պահվածի մարմնով մի ցնցում անցավ. նա ուզեց դուրս թռչել, փախչել այդ տեղից, բայց Գագիկը կրկին շարունակեց.

— Իսկ Հեղինեն... է՛հ, մի ցնորք էր այդ բոլորը: Ես չեմ հավատում, որ նա լինի իմ տան լրտեսը, մատաղահաս սրտի թելադրանք էին նրա խոսքերը, քնքուշ, մեղմ սրտի արգասիք... Բայց նա չգիտե, որ քաղաքականությունը քնքշություն չի սիրում, որ նրա ասպարեզը հուր ու մոխիր... Արյո՛ւն է նրա ասպարեզը, և արյունով պիտի մաքրեմ իմ ճանապարհը. վա՛յ նրան, ով իմ առաջ կկանգնի...

Գագիկը կրկին լռեց: Այդ միջոցին լրտեսողը, որ Հեղինեն էր, դուրս թռավ թաքստի տեղից և անզգուշաբար աղմուկ հանեց: Գագիկը սարսռեց: Նա ետ նայեց և սկսեց դեպի կից սենյակի դուռը գնալ, որտեղ պահված էր օրիորդը, բայց հավաստիանալով, որ ոչ ոք չկա, նորից դեպի պատուհանը գնաց և սկսեց դիտել հեռվում ոլորվող ճանապարհը: Նա կարծես սպասում էր մեկին: Այդ ժամանակ ճանապարհի վրա երևաց մի մարդ, որ երկայն նիզակը ձեռքին շտապ դեպի Գագիկ Արծրունու ամրոցն էր գալիս:

— Վերջապե՛ս, — ասաց Գագիկը ուրախացած: — Բավական ժամանակ է, որ ես լուր չունեմ, թե ի՞նչ են անում իմ մարդիկ:

Նա սկսեց անհանգստությամբ անցուդարձ անել սենյակում՝ մինչև ճանապարհորդը հասներ ամրոց:

Եվ ահա Գագիկի սենյակի դուռը կամաց բացվեց, և մի մարդ, աննկատելի ներս մտնելով, յուր նիզակը դռան մոտ դրեց, իսկ ինքը լուռ կանգնեց դռների մոտ: Գագիկ Արծրունին մի քանի անգամ գնաց-եկավ սենյակում, բայց նրան չնկատեց: Նորեկ մարդը, որ կարճահասակ ու լիքն էր, անհամբերությամբ աչքերը Գագիկի վրա էր դարձրել և անթարթ աչքերով նրան էր նայում: Գագիկը կրկին մոտեցավ պատուհանին և նայեց դուրս: Իրեն հետաքրքրող ճանապարհորդը այլևս չէր երևում:

— Ինչո՞ւ ուշացավ... նա ամրոցի գաղտնի ճանապարհը գիտե, ի՞նչը զբաղեցրեց Քոսակին:

— Ես այստեղ եմ, տե՛ր, — կանչեց ուղևորը և խոր գլուխ տվեց:

— Ա , դու արդեն այստե՞ղ ես: Ես կարծեցի, թե դևերը քեզ կուլ տվին:

— Դևերը ինձ ձեռք չեն տա, տե՛ր, ես նրանց գլխավորն եմ, — պատասխանեց Քոսակը:

Գագիկի դեմքին մի դառն ժպիտ երևաց, որ ամենին չսազեց նրա տխուր տրամադրությանը: Նա նստեց բազմոցի վրա և, դիմելով Քոսակին, ասաց.

— Արի, Քոսա՛կ, նստիր, պատմիր տեսնենք ի՞նչ տեղեկություններ ունես:

— Ո՛չ, տե՛ր, ես հրաժարվում եմ մի բան ասելուց, մինչև չեմ հավաստիանա, թե մեզ լսող չկա:

Գագիկը կարմրեց: Նրա մտքով կայծակի նման անցավ Հեղինեն, դա ցնցեց յուր ամբողջ մարմինը, բայց հոգու ալեկոծությունը ծածկելով՝ վեր կացավ տեղից, դռները պինդ փակեց, վարագույրները ցած թողեց և կրկին նստելով տեղը, հրավիրեց Քոսակին:

— Արի, Քոսա՛կ, այժմ կարող ես հանգիստ մնալ, մեզ ոչ ոք չի կարող լսել:

— Տե՛ր, այս անգամ մենք տարվեցինք:

— Ինչպե՞ս, — հարցրեց Գագիկը զարհուրելով:

— Չպետք է հուսահատվել՝ թեև այժմ ուժը նրանց կողմն է, բայց խորամանկության և հեռատեսության առաջ ամեն բան կոչնչանա: Աշոտ Երկաթը հունական զորքով արդեն մտավ Հայաստան: Ժողովուրդը ցնծության աղաղակներ է

արձակում, և նորատի կույսերը ծաղիկներ են փռում նրա ոտքերի տակ: Կողբ գյուղաքաղաքի մոտ, երբ նրա հոգնած զորքը հանգստության էր կարոտ և սպասում էր ճոխ ընդունելության, մենք միայն մոխրակույտ քաղաքը հանձնեցինք:

— Ինչպե՞ս, մի՞թե Կողբը՝ Աշոտ սպարապետի կալվածքը ավերվեց:

— Քարը-քարի վրա չմնաց: Դեռ Կողբին չմոտեցած, Աշոտ սպարապետը Անձևացյաց և Ռշտունյաց իշխանների հետ միասին անակնկալ կերպով հարձակվեց Աշոտ Երկաթի վրա և սկսեց կոտորել հունաց զորքը, բայց այդտեղ մենք տարվեցինք: Սպիտակ դևը կրկին օգնության հասավ և քշեց մեզ...

— Ո՞վ...

— Սպիտակ դևը: Մի՞թե չեք ճանաչում նրան, խոսքս Մարտիրոս վանահոր մասին է, որ անակնկալ կերպով հայտնվում է այնտեղ, ուր մենք չենք սպասում:

— Անիծվի՛ նա, — մռմռաց Գագիկը՝ ատամները կրճտացնելով:

— Մենք հաղթում էինք, երբ թշնամին մի կողմից հունաց զորքով, մյուս կողմից Մարտիրոս հոր և Գևորգ իշխանի կազմած հրոսակներով, գրոհ տվեց մեզ վրա և քշեց մեզ: Մենք մտանք Կողբ: Այնտեղ էլ կռիվը շարունակվեց, և քիչ հետո կրակե լեզուները սկսեցին լափել քաղաքը:

— Իսկ ինչ եղան իմ իշխանները:

— Փա՛ռք տիրոջը, ամենքը ազատվեցին: Ռշտունյաց և Անձևացյաց իշխանները ծպտյալ գնացին Ափխազաց Գուրգենի մոտ, նրան մեր կողմը հակեցնելու, իսկ Աշոտ սպարապետը քաշվեց յուր կալվածքների ներսը նոր հարձակում գործելու համար: Նա մտադիր էր ավերել Աշոտ Երկաթի կալվածքները:

Երկուսն էլ առժամանակ լուռ մնացին:

— Տե՛ր, այդ մի հաղթությունը տանուլ տվինք ո՛չ թե մեր զորքի թուլության պատճառով, այլ այն պատճառով, որ նրանք սպասում էին, նրանք գիտեին, թե մենք ի՞նչ ենք անում և ի՞նչ մտածում

— Ինչպե՞ս:

— Շա՛տ պարզ: Մեր ամեն քայլափոխը լրտեսում են, և այդ լրտեսը գտնվում է քո պալատում, նա...

— Ի՞նչ նա... — գոռաց Գագիկը, հասկանալով, թե ում է ակնարկում Քոսակը:

— Իշխանուհի է և քեզանից սիրված, — հարվածեց Քոսակը առանց խնայելու:

— Ո՞վ է նա,

— Աղջիկդ:

— Հեղինե՞ն... Ոչ, անկարելի է:

— Այո՛, Հեղինեն, նա լրտեսում է մեզ և ես այդ մասին ամենևին կասկած չունեմ:

— Դու սխալվում ես, Քոսա՛կ, իմ աղջիկը չի կարող մեզ լրտեսել:

— Քոսակը երբեք չի կարող սխալվել. ինչ-որ նա ասում է՝ հաստատ գիտե: Հեղինեն լրտես է:

— Լռի՛ր, անզգա՛մ, — գոռաց Գագիկը և կատաղությամբ բռնեց նրա օձիքից: Քոսակը անտարբեր էր, ինչպես անշունչ առարկա: Միայն մի դառն ժպիտ երևաց նրա շրթունքներին, որից սարսուռ զգաց Գագիկը:

— Քոսա՛կ, մի ասա՛ այդպես, ասա՝ ես սխալվեցի:

— Կրկնում եմ, տե՛ր, Հեղինեն լրտես է:

Բարկությունը ներկեց Գագիկի դեմքը և նա, յուր սուրը պատյանից հանելով, խրոխտ ձայնով կանչեց.

— Ապացո՛ւյց, ապա թե ոչ կտոր-կտոր կանեմ քեզ:

Քոսակը յուր նոսր բեղերը սրեց և անտարբեր կերպով, ձեռքը դեպի ծոցը տանելով, մի նամակ հանեց և մեկնելով Գագիկին՝ ասաց.

— Ահա՛ ապացույցը:

— Ի՞նչ է դա, — հարցրեց սարսափած Գագիկը:

— Քո աղջկա գրած նամակը Մարտիրոս հորը: Գագիկը դողդոջուն ձեռքով վերցրեց նամակը, կարդաց և գունատվեց: Սառը մահվան դող պատեց նրան. աչքերին չէր հավատում: Այդ նամակը Հեղինեի ձեռքով գրված նամակ էր, որով զգուշացնում էր Մարտիրոս վանահորը հոր լարած որոգայթներից:

— Ո՞վ տվեց այս նամակը, — հարցրեց Գագիկը գերեզմանային ձայնով:

— Գողացա, — սառն կերպով պատասխանեց Քոսակը:

— Որտեղի՞ց գողացար, պատմիր:

— Բյուրականի վանքում, երբ Սահակ եպիսկոպոսը և Մարտիրոս հայրը իշխանների հետ խորհրդի էին նստել, ես դևի նման ներս սողացի և այս նամակը գողացա: Նրանք շատ խոսեցին քո աղջկա մասին, շատ գովեցին նրան և ամեն միջոց պիտի գործ դնեն Հեղինեին քեզնից հեռացնելու:

— Այդ չեն կարող անել, — ասաց Գագիկը և, բանալով կից սենյակի դուռը, երեք անգամ ծափ տվեց:

Երկու սպասավոր ներս վազեցին ու լուռ կանգնեցին դռան շեմքում:

— Կանչեցեք այստեղ Խորեն իշխանին, — ասաց նա՝ դառնալով դեպի սպասավորները:

Նրանք դուրս գնացին, և քիչ հետո ներս մտավ Խորեն իշխանը, որ ամրոցի գլխավոր էր կարգված:

— Խորե՛ն իշխան, իսկույն բանտարկիր Հեղինեին և մի աղախին թող նրա մոտ, և բացի հաց ու ջրից ոչինչ չտաս:

Խորեն իշխանը, որ 40 - 45 տարեկան մի մարդ էր և յուր աղջկա նման սիրում էր Հեղինեին, շանթահարի նման կանգ առավ, երբ լսեց Գագիկի հրամանը:

— Դու չլսեցի՞ր...

— Բայց, տե՛ր, նա առանց այն էլ հիվանդ է, ինչպե՞ս կդիմանա...

— Լուռ, կատարել այն, ինչ հրամայում եմ: Վա՛յ քեզ, Խորե՛ն իշխան, եթե լավ չես հսկի: Մի թռչուն անգամ չես թողնի նրա մոտով անցնի:

— Անգո՛ւթ հայր, — մռմռաց ինքն իրեն Խորեն իշխանը և դուրս գնաց հրամանը կատարելու:

Քոսակը լուռ լսում էր նրանց, և երբ Խորենը դուրս գնաց, նա մի դիվական ժպիտով ասաց.

— Արժանի էր...

Հեղինեն բանտարկված էր…

Ջ

Ուր որ հեռու, անսահման տարածությունից այն կողմ, անհայտության մեջ լսելի էր լինում որոտման խուլ հառաչանքներ... Այնտեղ՝ հեռվում կատարվում էր ինչ-որ խառնակություն, ինչ-որ շփոթ, ուր լացացնելու չափ հառաչում էին ամպերը և լռողի սրտում սերմանում վշտի ու տխրության սերմեր...

Եվ Հեղինեն, կանգնած բանտի պատուհանի առաջ, չուռ լսում էր այդ հառաչանքը, որ հետզհետե ավելի ու ավելի լսելի էր լինում և նրա սիրտը լցնում էր մի տեսակ անհասկանալի ու անբացատրելի դառնությամբ: Ի՞նչ էր կատարվում յուր հետ — ինքն էլ չգիտեր, բայց զգում էր, որ այդ րոպեին սիրտը պատրաստ էր դուրս թռչելու, ժայթքելու այնտեղից, ուր նա կաշկանդված էր, և յուր մեջ ամբարված դառնությունները չորս կողմը տարածելու... Եվ նա տխուր, հուսահատ ու անթարթ աչքերով դիտում էր հեռու հորիզոնը, որտեղից դանդաղությամբ բարձրանում էին ամպերը և կամաց-կամաց ծածկում հորիզոնը: Զով քամին ծածանում էր նրա ալիքանման մազերը, իսկ խավարը աննկատելի կերպով տիրապետում էր երկրին... Խավարում էր աշխարհը, խավարում էր Հեղինեի սիրտը, բայց նա դեռ արձանի նման կանգնած նայում էր ամպերի պարին ու փայլակների թռիչքներին, կարծես ինչ-որ բան էր սպասում ամպերից: Կարծես խավարի մեջ լույս էր փնտրում, այն լույսը, որին ինքը այնքա՛ն կարոտ էր… Խե՛ղճ, նա մոռանում էր, որ հոր պահապանները լուրջ հսկում են յուր վրա և դիտում յուր ամեն մի շարժումը...

Արդեն խավարը պատեց ամեն կողմ: Եվ Հեղինեն, հեռանալով պատուհանից, ուժասպառ ընկավ յուր համար պատրաստված չոր թախտին: Նա ձեռքերով բռնեց գլուխը և առատ արտասուքը հեղեղեց նրա աչքերը: Չնկատեց մինչև անգամ, թե ինչպես ներս մտավ աղախինը և վառած ճրագը դնելով մոտը, լուռ նայում էր իրեն:

Սառը քամին փչում էր բաց պատուհանից և օրորում ճրագի բոցը, աղախինը ուզեց փակել պատուհանը, բայց անվճռականությամբ կանգ առավ, ապա դառնալով դեպի Հեղինեն՝ ասաց.

— Իշխանուհի՛։

Պատասխան չկար։ Հեղինեն մտքի մեջ այնքա՛ն էր խորասուզված, որ չլսեց աղախնի խոսքերը։

— Իշխանուհի՛, կցանկանա՞ս պատուհանը փակել, այնտեղից փչում է սառը քամի և կարող է ճրագը հանգցնել։

Հեղինեն բարձրացրեց գլուխը և ապուշ կտրած աչքերով նայում էր աղախնին։ Երկուսն էլ լուռ իրար երեսին էին նայում, առանց համարձակվելու ընդհատել այդ խորհրդավոր լռությունը։

Այդ միջոցին դրսից լսելի եղավ անձրևի խշխշոցը, և քամին ուժգնությամբ ներխուժելով սենյակ՝ քիչ մնաց ճրագը հանգցներ։

— Իշխանուհի՛, փակե՞մ պատուհանը, ճրագը կհանգչի, և դու կմնաս խավարի մեջ։

— Ո՛չ, թող բաց մնա այդ միակ պատուհանը, որտեղից ես շնչում եմ ազատ ու թարմ օդ, որտեղից գալիս է իմ լույսը և կյանքի հույսը։ Ինչո՞ւ փակել այդ պատուհանը և հուսալ այս թշվառ ճրագի վրա, որի յուղը պակասելով՝ ինքն էլ պիտի հանգչի, այնինչ այդ պատուհանից գալիս է արևի անսպառ լույսը և հույս ու կյանք ներշնչում ինձ նման կալանավորներին։ Ա՛խ, Արուսյա՛կ, ես ինչքա՛ն եմ կարոտ լույսին, այն լույսին, որ հավիտենական է և անսպառ։ Ինչո՞ւ իմ սրտի մեջ տիրում է հավիտենական խավարը։ Մի՞թե դու, Արուսյա՛կ, չես կարող լուսավորել իմ սրտի խավարը։ Ճրագ բեր, որ սիրտս լուսավորի, ճրագ, որի ճառագայթները կյանք սփռեն, թե չէ ինչի՞ է պետք այս ճրագը, որ բերել ես։

— Ա՛խ, իշխանուհի՛ս, աչքերս պիտի կուրանային, և քեզ այդպես չտեսնեի... բայց ահա քայլերի ձայներ եմ լսում, իմ ուշանալը կարող են նկատել, գիշե՛ր բարի, — ասաց աղախինը և դուրս գնաց։ Հեղինեն նայեց նրա ետևից, մի փոքր ժամանակ անշարժ մնաց և ապա գլուխը օրորեց.

— Խե՛ղճ Արուսյակ... ինչքա՛ն էր ինձ սիրում, իսկ այժմ մի րոպե անգամ չի կարողանում մոտս մնալ, ինձ հուսադրել։ Օ՜հ, ինչքան թանկ է կյանքը և ինչպես ամեն մարդ դողում է յուր կաշվից։ Այդպես են մարդիկ, կյանքի վտանգի առաջ ամեն բան մոռացվում է, ամե՛ն բան, և ատիճան, և՛ սեր, և՛ երախտագիտություն։ Չլիներ այդ անիծած կյանքի վտանգը մարդիկ այսպես չէին լինի, և աշխարհս բոլորովին այլ կլիներ։

Հեղինեն վեր կացավ և մի քանի անգամ անցավ բանտի մի ծայրից մյուսը։ Հանկարծ ինչ-որ բան թրխկաց յուր առաջ։ Նա սոսկալով նայեց և տեսավ մի քարի կտորի վրա կապած ինչ-որ բան։ Երկար ժամանակ չէր համարձակվում ձեռք տալ, ապա կռացավ ու բարձրացրեց այն։ Դողդոջուն ձեռքերով քանդեց կապոցը և մի փոքրիկ ծրար տեսավ, որի վրա մանր, բայց գեղեցիկ տառերով ինչ-որ բան էր գրած: Ի՞նչ էր նշանակում այդ և ո՞վ էր գրողը: Նա, վախենալով, աջ ու ձախ նայեց, որ չխլեն յուր ձեռքից այդ թանկագին տոմսակը, ապա մոտենալով ճրագին կարդաց. «Հեղինե, մոտ է ազատության ժամը. պատրաստ եղիր այս գիշեր: Բոլոր պահապանները կաշառված են, հայր Մարտիրոսը քեզ է սպասում յուր կտրիճ խմբով: Խոստովանահայրդ՝ Սահակ քահանա»:

Սարսռեց խեղճ աղջիկը, երբ վերջացրեց տոմսակի ընթերցումը, և մի տեսակ անվճռականություն պատեց նրա սիրտը: Ի՞նչ անի, փախուստ տա հորից, թե՞ կրկին տանջվի այդ մթին բանտում...

Նա մնացել էր երկու կրակի մեջ...

Երկա՜ր, շա՜տ երկար մտածում էր նա, բայց ո՜չ մի ելք չէր գտնում: Մտքերը մինը մյուսից սև, մինը մյուսից սարսափեցնող՝ պաշարում էին և սարսափեցնում նրան: Երբեմն մտածում էր ուղղակի իրեն պատուհանից ցած գցե, ջախջախե իրեն, որպեսզի ամեն բանի վերջ տրվի, բայց զսպում էր իրեն, չէր ուզում մեռնել, չէր ուզում խավարեցնել մատաղ կյանքը:

— Օ՜, ծանր է իմ դրությունը, — կանչեց նա և ուժասպառ ընկավ փայտյա թախտին: — Ծա՜նր է, բայց այնտեղ է իմ հույսը, ուր կանչում է այս տոմսը: Նա ապրում է այն ոլորտում, ուր գործում է Աշոտ Երկաթը: Նա թագավորի հետ կռիվ է մղում դավաճանների դեմ, և ես էլ պիտի ատեմ այդ դավաճաններին՝ լինի դա ծնող, թե մի ուրիշը: Ես սիրում եմ նրան, նրա պատկերը միայն հիշում և նրա համար ապրում...

Բայց նա, օ՜հ տե՜ր իմ աստված, սիրո՞ւմ է ինձ, չի՞ մոռացել արդյոք այն, երբ ես դեռ փոքր էի և կատակներ անելով փաթաթվում էի յուր վզով, անմեղ մանկական համբույրներ էի տալիս, չարաճճիի նման մի րոպե անգամ հանգստություն չէի տալիս, իսկ ինքը... նայում էր ուղղակի աչքերիս մեջ և լուռ մտածում... Ի՞նչ էր մտածում նա, չգիտեմ, բայց այն օրից ես սիրեցի նրան, սիրեցի իմ ամբողջ էությամբ, բայց հենց որ սերս հասավ կատարելության, նա թողեց ինձ, թողեց մեր տունը և հեռացավ: Նա սուրը հորս դեմ դարձրեց՝ միանալով Աշոտ Երկաթի հետ, և այնուհետև, ոտք չդրեց այստեղ: Բայց ինչքան ծանր և վշտալից են այդ տարիները, ամեն րոպե սերս աճում է, ես նրան չեմ մոռանում, իսկ ինքը արդյոք սիրո՞ւմ է ինձ, սիրո՞ւմ է յուր Հեղինեին, որի սրտի մեջ ցանեց սերմեր և հեռացավ... Գևո՜րգ, Գևո՜րգ, Մարզպետունյաց քաջ և ազնիվ իշխան, քեզ համար է բաբախում Հեղինեի սիրտը և քեզ համար է նա ապրում: Սուրբ էր այդ անունը ինձ համար և սրբությամբ էլ, ինչպես մի ավանդ, պահում էի այն սրտիս սրբազան խորքերում, բայց այլևս անհնար է պահել, սիրտս լիքն է, նա արդեն ժայթքում է... — ասաց Հեղինեն և թեքվեց մահճակալին: Նրա աչքերից անընդհատ զեղում էր արցունքը: Անցավ մի փոքր ժամանակ. նրա աչքերը կամաց-կամաց փակվեցին, և կուսական կուրծքը հանգիստ ցածր ու բարձր էր անում. նա արդեն նիրհում էր... Վրդովալից էր նրա նիրհը, իսկ բաժակը՝ շատ ծանր: Փշալից կյանքի օրհասը մոտ էր վախճանին և կարծես նա նիրհում էր վերջին, օրհասական նիրհով: Մնոտի, խաբուսիկ երազներն էին նրան գուրգուրում այդ վայրկյանին, իսկ աշխարհս կարծես գոյություն չունենար նրա համար: Նա մոռացել էր ամեն ինչ՝ և՛ սեր, և՛ դավաճանություն, և՛ ծնող... Նա չէր լսում մինչև անգամ որոտի գոռում-գոչյունը, փայլակների փայլփլելը և քամու շռնչյունը, որ վայրենի գազանի նման ոռնալով հարձակվում էր Հեղինեի բանտի պատերի վրա, ներս սողում, քնքուշ համբույրներ դրոշմում նրա բորբոքված այտերին, շոյում նրա գանգուրները և ապա դուրս թռչելով սենյակից, խելագարի նման վազում առաջ...

Ո՞ւր էին տանում այդ համբույրները՝ հայտնի չէր...

Է

Որոտն անցնում էր...

Բայց Վանա ծովը կատաղի փրփրում էր, հորձանքներ տալիս և դիպչելով ծովափնյա ժայռերին՝ փշրվում, կտոր-կտոր էր լինում և ետ նահանջում: Վանա բերդի մոտ, ծովի մի փոքրիկ խորշի մեջ կապված էին մի քանի մակույկներ, իսկ նրանց մոտ, ծովափին, մի մեծ ժայռի տակ, երևում էին մոտ քսաննիհինգ զրահավորված մարդիկ: Մեկը միայն զենք ու զրահ չուներ, բայց նրանից ամենքը ակնածում էին և պատրաստ էին նրա ձեռքով նշան տալուն պես ծովը նետվելու և կուլ գնալու կատաղի ալիքներին:

Մութը հետզհետե խտանում էր, իսկ կայծակի վայրկենական փայլփլելը հետզհետե նվազում, որոտն արդեն անցել էր նրանց գլխով և այժմ հեռու՝ լեռների ետևից էր լսելի անում յուր խուլ, անորոշ գոռգոռոցը:

— Ծովը փոթորկվում է, հա՛յր սուրբ, ի՞նչպես կհրամայեք, այժմ ժամանա՞կ է արդեն գործ սկսելու, — ասաց զենքերի մեջ կորածներից մեկը՝ դիմելով վանականին:

— Ալիքները մեզ վախեցնել չեն կարող, ուր որ է կհանդարտվի, և մենք կփախցնենք Գագիկ Արծրունու զոհը... Բայց չդարձա՞վ Տեր-Սահակը, ինչո՞ւ նա ուշացավ:

— Չգիտեմ, Մարտիրո՛ս հայր, գուցե նա մի փորձանքի հանդիպեց կամ գուցե չկարողացավ նշան տալ Հեղինեին:

— Չեմ կարծում, Գևո՛րգ իշխան, Սահակ հայրը ամեն ծակուծուկ

ճանաչում է. նա դժվար գործը արդեն վերջացրել է՝ կաշառելով պահապաններին, իսկ Հեղինեն չեմ կարծում հակառակի:

— Այո՛, եթե պահապաններին փոխած չլինեն: Ո՞վ գիտե, Գագիկը գիշերներն էլ է հսկում յուր աղջկան, նա կարծես հոտ է քաշել մեր անելիքի մասին:

— Բայց բավական ուշացավ Սահակ հայրը, չլինի թե...

Մ՛ս... քայլերի ձայներ եմ լսում, կարծես նա լինի գալիս:

Հիրավի, հեռվից զգույշ քայլերի ձայներ լսվեցան: Մարտիրոս վանահայրը և Գնորգ Մարզպետունի իշխանը լռեցին և լայն բացած աչքերով առաջ էին նայում, բայց մութը այնքան սաստիկ էր, որ ոչինչ չէր երևում: Քայլերի ձայներն էլ երբեմն լսվում էին, երբեմն՝ ոչ: Ծովի հորձանքի ձայնը չէր թողնում պարզ լսել:

— Տղե՛րք, զենքներդ պատրաստ պահեցեք, ո՞վ գիտե ով է, ամեն բանից պետք է զգույշ կենալ, մենք կարող ենք թակարդի մեջ ընկնել, — դարձավ Գնորգն խմբին:

Այդ ժամանակ լսվեց գորտի կռկռոց, որի ձայնից իսկույն միամտեցին և այդ կռկռոցին իրենք էլ գորտի կռկռոցով պատասխանեցին:

— Սահակն է և Ծառուկը: Փուչը լավ է նմանեցնում գորտին, կարծես իսկը գորտ լինի, — ասաց Մարտիրոս վանահայրը և անհամբերությամբ դեպի ձայնի կողմը նայեց:

Անցավ փոքր ժամանակ, և Սահակն ու Ծառուկը կանգնած էին այդ փոքրիկ խմբի մեջ:

— Հը՛, Սահա՛կ հայր, ի՞նչ եղար, ի՞նչ պատահեց քեզ, մենք կարծեցինք, թե Գագիկը քեզ էլ ու Ծառուկին էլ բանտ դրեց, — հարցրեց Մարտիրոս հայրը:

— Չէ՛, դեռ վաղ է ինձ բանտ դնելը, գործեր շատ ունիմ, մեղքերս շատ են. պետք է քավել և ապա բանտ նստել ու մեռնել:

— Ի՞նչ արիր, հայտնեցի՞ր Հեղինեին, նա համաձա՞յն է փախչելու, — ասաց վրդովված Գնորգը և շունչը պահելով պատասխանի էր սպասում, կարծես այդ խոսքից կախված լիներ նրա մահն ու կյանքը: Բայց Սահակն ուշացնում էր պատասխանը, նա չգիտեր, թե ինչ կա Գնորգի սրտում. նա չէր էլ տեսնում, թե ինչպես նրա դեմքը այլայլվում է:

— Հայտնեցի, բայց թե...

— Ի՞նչ բայց թե...

— Բայց թե պատասխան չստացա: Մեր լրտեսը համբավ բերեց, թե նա կարդաց նամակը և, ուժասպառ ընկնելով մահճակալին, քնեց:

— Քնե՛ց... Քնեց այն ժամանակ, երբ մենք ուզում ենք փրկել նրան... Այդ ի՞նչ է նշանակում, տե՛ր հայր, ուրեմն նա չի ուզում յուր փրկությունը, արհամարհում է մեզ, — ասաց Գնորգը և մի խոր ախ քաշեց:

Այդ «ախը» գաղտնի չմնաց Մարտիրոս վանահորից, որ ամեն բան տեսնում էր և նախագուշակում:

— Մի՛ հուսահատվիր, Գեորգ, ես գիտեմ, թե ինչ կա սրտումդ և ինչն է քեզ վրդովում: Երիտասարդական արյունդ բորբոքվում է, բայց համբերություն ունեցիր: Հեղինեն քեզ կպատկանի:

Գեորգը ծունկ չոքեց և համբուրեց Մարտիրոս հոր աջը:

— Դու ճանաչում ես ամեն սիրտ, հա՛յր սուրբ, ես քեզ եմ ապավինում:

— Իսկ դու չկարողացա՞ր անձամբ ներկայանալ Հեղինեին, — հարցրեց Մարտիրոս հայրը Սահակին:

— Ո՛չ, այդ անկարելի էր: Դուրսը շրջում են նրա պահապանները, ես վախեցա անտեղի կասկածի մեջ ձգել նրանց:

— Լավ, ի՞նչ ես կարծում, եթե մենք նրան փախցնելիս լինենք, նրանից ոչինչ ընդդիմություն չե՞նք գտնի:

— Վստահ եղեք ինձ վրա:

— Լա՛վ: Այժմ Գեորգ իշխանի և մի խումբ զինվորների հետ գնացեք Հեղինեին բերելու, բայց զգույշ, ամեն մի քայլը նախատեսեք և այնպես առաջ գնացեք: Ոչ մի աղմուկ չլինի, իսկ մենք կսպասենք այստեղ: Ծովը հետզհետե խաղաղվում է և հաջող քամի է փչում: Դեհ, ժամանակ հարկավոր չէ կորցնել, ամեն մի րոպեն մեզ համար թանկ արժե:

Գեորգ իշխանը և Սահակ քահանան իրենց խմբով հենց ուզում էին առաջ գնալ, երբ ոտքի ձայն լսեցին և նրանից հետո՝ քարի գլորվելու ձայն, որը գլորվելով ծովն ընկավ:

— Մեզ լրտեսում են, — շշնջաց Սահակը:

Նրանք սկսեցին ականջ դնել, բայց կասկածավոր ոչինչ չիմացան:

— Չէ՛, ո՛չ ոք չկա, քամին էր, որ քարը ծովը գցեց, թե չէ ո՞վ կհամարձակվի մեջ գիշերին այս ամայի տեղում թափառելու:

— Ո՛չ, ինձ այնպես երևաց, որ մարդու քայլեր են, քամին չէր կարող քարը ծովը ձգել, մենք պիտի շտապենք և լրտեսին բռնենք, թե չէ ամեն բան կորած է:

— Գնա՛նք ուրեմն, — ասացին նրանք և մի ակնթարթում առաջ անցան և զգուշությամբ ամեն մի քար, ամեն մի մացառ սկսեցին խուզարկել, բայց ոչինչ չգտան: Նրանց աչքից փախավ մի մեծ քար, որի տակ մեկնված էր մի մարդ և շունչը իրեն պահած, սպասում էր, որ այդ խումբը առաջ անցնի: Նա խմբից ուզում էր առաջ անցնել, բայց տեսնելով, որ յուր հոտն առան, թաքնվեցավ քարի տակ:

Փոքրիկ խումբը զգույշ առաջ անցավ: Երբ որ նրանք բավականին հեռացան, քարի տակի մարդը ազատ շունչ քաշեց և վեր կենալով տեղից դեպի խումբը նայեց, որ հազիվ էր երևում մթության մեջ:

Նա թափ տվեց յուր շորերը, որոնք շաղախվել էին ցեխի և հողի մեջ և ինքնիրեն մռմռաց.

— Հը՜մ... անպիտանները ինձանից առաջ անցան, պետք է շտապել, ապա թե ոչ ամեն ինչ կորած է, — ասաց նա և ինքն էլ մթության մեջ շուտով անհետացավ:

Այդ մարդը Քոսակն էր:

Ը

Հեղինեն խորհրդավոր տոմսակի ընթերցումից հետո մեկնվել էր մահճակալին և ամուր, շատ ամուր սեղմում էր ձեռքի մեջ այդ տոմսակը: Նա ո՛չ արթուն էր, ո՛չ քնած, այլ լայն բացած աչքերով նայում էր առաստաղին: Անթարթ էին նրա աչքերը և ապուշի նման միշտ վեր էին նայում առանց հասկանալու, թե ո՞ւր էր և ի՞նչ էր կատարվում իր հետ: Նա մոռացել էր յուր գոյությունը, մոռացել աշխարհը: Քրտնքի խոշոր կաթիլները միայն զարդարել էին նրա մարմարե ճակատը, որոնք թույլ լուսավորության տակ ադամանդի նման էին պսպղում: Միրուն էր նա, հրաշալի յուր այդ դիրքով, և նախանձի չաստվածները կարծես նրան դյութել էին, որ նա անշարժ մնա, իսկ ջրային ադամանդները նրա ճակատը զարդարեն: Ու նա անշարժ նայում էր վեր, միշտ վեր, ճիգ էր անում հասկանալու, թե ի՞նչ կա այնտեղ, ինչպե՞ս են կապված քարերը, ի՞նչ մի անհասկանալի զորություն պահում էր նրանց վերևում, օդի մեջ, բայց ոչինչ չէր հասկանում, չէր կարողանում լուծել այդ հանելուկը:

Հանկարծ, այդ խորին լռության մեջ, լսվեցավ յուր բանտի դռան թեթև շրխկը, և մի քանի մարդ կանգնեցան նրա գլխի վերև: Նա երեսը դեպի նրանց դարձրեց և դեռ ապուշի նման նայում էր: Նա չէր հասկանում, թե ովքե՞ր են եկողները և ի՞նչ են ուզում իրենից:

— Հեղինե՛, — ասաց ցած ձայնով ներս եկողներից մեկը:

Հեղինեն ուշադրությամբ նայում էր նրանց և ուժ գործ դնում ճանաչելու, բայց նրա միտքը պղտորվում էր և դեռ ուշքի չէր կարողանում գալ:

— Հեղինե՛, մի՞թե ինձ չես ճանաչում, — կրկնեց նույն մարդը և կարեկցաբար գլուխը շարժեց:

— Ինչպես չէ, ա՜խ, հա՛յր, դու դարձյալ եկար, դարձյալ ուզում ես վրդովել ինձ... թույլ տուր ինձ հանգիստ այս բանտի մեջ մեռնելու: Ես լռեմ եմ, ինձ կտոր-կտոր արա, սպանիր, վերջ դիր կյանքիս, — ասաց Հեղինեն և երեսը շուռ տվեց ներս եկողներից:

— Ի՞նչ ես ասում, աղջի՛կս, ճանաչիր ինձ, ես հայրդ չեմ, այլ խոստովանահայրդ՝ Սահակ քահանան, մի՞թե ինձ չես ճանաչում... ա՜խ, դու հիվանդ ես...

— Սահակ հա՞յրս... — ասաց Հեղինեն և վեր թռավ տեղից, մի տեսակ սարսուռ անցավ նրա մարմնով և նա ուշքի գալով ընկավ Տեր-Սահակի ոտքերը: — Աղոթիր ինձ համար, տե՛ր հայր, — ասաց նա, և հեկեկանքը խեղդեց նրան:

— Ամեն ժամ, ամեն րոպե, աղոթում եմ քեզ համար, աղջի՛կս, — ասաց Սահակ քահանան, ոտքի կանգնեցնելով նրան:

— Բաժակս դառն է, տե՛ր հայր, փրկիր ինձ այս տանջանքներից:

— Դու փրկված ես, աղջի՛կս, ազատությանդ ժամը հասել է և դու պիտի հետևես մեզ:

— Ո՞ւր, մի՞թե ես պիտի հեռանամ, փախչեմ, իսկ հայրս...

Պիտի փախչես, որովհետև այդ է քո փրկության ճանապարհը,

Իսկ հա՞յրս, տե՛ր հայր, մի՞թե թույլ կտա, նա մաս-մաս կկտրատի թե՛ քեզ և թե՛ ինձ:

— Այդ չի կարող անել, տեսնում ես ով է այստեղ կանգնած:

— Ո՞վ է:

— Գևորգ իշխանը:

— Ա՛հ, — մի ճիչ արձակեց և ուրախությունից թե ինչից նա ուշաթափվեց և տարածվեց Տեր-Սահակի ձեռքերի վրա:

Գևորգ իշխանը, որ մինչ այդ լուռ արձանի նման նայում էր օրիորդին, մոտ վազեց և գրկեց Հեղինեին:

— Հեղինե՛, լսիր ինձ, ես քո Գևորգն եմ, որի սիրտը վաղուց քեզ համար է բաբախում:

Հեղինեն ամուր սեղմում էր Գևորգի ձեռքը և մրմնջում.

— Տարե՛ք ինձ, ես ձեզ հետ եմ...

Նրանք առաջ անցան: Գևորգ իշխանը գրկած Հեղինեի նազուկ իրանը, ասում էր նրան.

— Մի փոքր էլ, իմ թանկագի՛ն Հեղինե, և մենք կհասնենք ծովափ: Գիտեմ, հասկանում եմ. փոթորիկն է տիրապետում հոգուդ մեջ, ահարկու մտքերը զբաղեցնում են քեզ. բայց հավատացնում եմ քեզ, որ քո այդ վճռական քայլը սրբում է այն սև բիծը, որ հայրդ դնում է Արծրունիների անվան վրա:

— Գևո՛րգ իշխան, ինչպես երևում է դու դեռ ինձ չես ճանաչում, — պատասխանեց Հեղինեն: — Իմացիր, որ սրտիս մեջ վախկոտի արյուն չէ հոսում և ես իմ ամեն քայլը կշռել ու չափել եմ: Րոպեի ազդեցության տակ չէ իմ փախուստը, այլ երկար գիշերների մտածության արգասիք: Գիտեմ, ծանր, մահացու հարված եմ հասցնում հորս, բայց թե ուրիշ ելք չեմ գտնում: Սիրում եմ ապրել ու մեռնել այնտեղ, ուր ազնվությունն ու հայրենասիրությունն է թագավորում: Եվ ես կերթամ մեռնելու իմ քույրերի և եղբայրների հետ, որոնք իրենց կյանքը հայրենիքի սիրո համար են զոհում:

— Իմ թանկագի՛ն Հեղինե, չէ՛, դու չես մեռնի, — պատասխանեց

Գևորգը և ծունկ չոքած նրա առաջ, համբույրներով ծածկեց օրիորդի ձեռքերը: — Դու կապրես երջանիկ, անդորր կյանքով: Իմ կուրծքը պատնեշ կշինեմ, կյանքս ոտքերիդ տակ կզոհեմ և թույլ չեմ տա, որ դու վշտանաս: Այդ սիրուն աչքերից թախիծը կենսունակ ժպիտի կփոխարկեմ և թորշոմած այտերդ՝ կաս-կարմիր վարդի: Հեղինե՛, դու չգիտես, թե ինչ հուր է այրում ինձ: Սրտիս այդ հուրը ուզում էի հանգցնել, դուրս պոկել սրտիս խորքերից, բայց նա ավելի ու ավելի էր բորբոքվում ու ինձ զգում տանջանքի և արհավիրքի ծովը: Ես սիրում եմ քեզ, Հեղինե՛, սիրում անհուն, անարատ սիրով, ասա, խոսք տուր, որ դու իմը կլինես, որ մենք կապրենք երջանիկ, որ մենք կմեռնենք միասին:

— Իմ սիրելի՛ իշխան, վեր կաց: Հայրենիքին նվիրված իշխանը չպիտի ծունկ չոքի մի աղջկա առաջ, որը արժանի չէ նրան: Երկու սեր չի կարող լինել: Դու պիտի սիրես հայրենիքդ, ինչպես սիրել ես մինչև հիմա և կյանքդ նվիրես նրան:

Այդ միջոցին առաջ եկավ Գևորգ իշխանի զինվորներից մեկը և ասաց.

— Գևո՛րգ իշխան, մենք կորանք, Գագիկ Արծրունու պալատում ճրագ վառվեցավ, մի ինչ-որ սև ուրվական դեպի նա վազեց և այնտեղ խլրտումնըքի մեջ ձգեց. շտապեցեք, ապա թե ոչ մենք ամենքս կորած ենք:

— Է՛յ, Ծառո՛ւկ, արի այստեղ, — ասաց խրոխտ ձայնով Տեր-Սահակը ժողովելով յուր հոգու ամբողջ արիությունը: — Չպետք է մեզ կորցնենք, երբ վտանգի մեջ ենք: Իշխա՛ն, պատսպարեցեք իշխանուհուն և շո՛ւտ դեպի մակույկները, շտապեցե՛ք, թե չէ, կորած ենք:

Գևորգը մի ակնթարթում ոտքի կանգնեց, և նրանք Հեղինեի հետ առաջ անցան:

Երբ նրանք անցան այնտեղից, որտեղից երևում էր Գագիկի պալատը, նայեցին դեպի այն կողմ, ու սարսռեցան: Այնտեղից լսվում էին խառն խոսակցության ձայներ և ապա՝ քիչ հետո լսվեց թմբուկի ձայնը, որ դղրդոց գցեց ամբողջ ամրոցում: Թմբկահարը ուժգին թմբուկ էր զարկում և զարթեցնում պահապաններին:

Փախստականները շտապեցնում էին իրենց քայլերը, չնայած որ նրանց սրունքները դողում էին: Նրանք արդեն լսում էին, թե ինչպես իրարանցում ընկավ բերդի մեջ, թե ինչպես այնտեղ ճրագներով վազվզում էին մարդիկ, հայհոյում և ապա դեպի Հեղինեի բանտը շարժվում: Պարզ էր, որ նրանք իմացել էին Հեղինեի փախուստը և ուր որ է փախստականների հետևից պիտի ընկնեին:

Մի փոքր էլ առաջ անցան, և ահա նրանց առաջ դուրս եկավ մնացած՝խումբը,— որն առնելով Հեղինեին՝ շտապեց առաջ: Այդ միջոցին բերդի կողմից զենքերի ձայներ լսվեցին, որոնք դեպի իրենց էին գալիս: Փախստականների դեմ մի ամբողջ գունդ էր դուրս եկել:

— Ո՞ր կողմն են նրանք, — գոռում էր նրանց առաջնորդը, որ նույն ինքը Գագիկ Արծրունին էր:

— Այս կողմը, տե՛ր, — պատասխանեց մի ուրիշ ձայն և դեպի փախստականների կողմը ցույց տվեց:

— Դե, շուտ, Քոսա՛կ, թե չէ մաս-մաս կկտրատեմ քեզ, — ասաց Գագիկը, և մթության մեջ նրանք առաջ անցան: Գագիկ Արծրունին արդեն մոտենում էր փախստականներին, բայց վերջինները դեռ չէին հասել ծովափ:

— Տե՛ր-Սահակ, իշխանուհուն տարեք դուք, նստեցեք մակույկները և ազատեցեք նրան, իսկ իմ մասին մի՛ մտածեք: Սրանց ճանապարհը հարկավոր է բռնել, ապա թե ոչ, բոլորս կկոտորվենք:

— Լա՛վ, բայց զգույշ պահիր քեզ, — ասաց Տեր-Սահակը և մի քանի մարդով առաջ անցավ:

Գևորգ իշխանը և մոտ քսան հոգի կանգ առան տեղնուտեղը: Գագիկ Արծրունու գունդը առանց նկատելու դեպի իրենց էր գալիս, մի քանի րոպե և նրանք կընդհարվեին:

— Տղե՛րք, երկու մաս եղեք և աղեղներդ լարեցեք, նշան տալուն պես արձակեցեք և ապա սրերը պատրաստ պահեցեք: Նրանց պիտի շփոթեցնել մինչև Մարտիրոս հայրը ծովափից հեռանա, իսկ հետո մեզ համար հեշտ է մակույկները թռչելը:

Գագիկ Արծրունու խումբը արագ մոտենում էր: Հանկարծ սարսափահար նա կանգ առավ: Մոտ քսան նետ դեպի այդ խումբը սլացավ և պառկեցրեց մի քանիսին:

— Վա՛յ, մեռա, — կանչեցին մի քանի կողմից:

— Քոսա՛կ, դու դավաճանեցիր, մենք որոգայթի մեջ ենք, — կանչեց Գագիկ՝ ատամները կրճտացնելով:

— Ո՛չ, տե՛ր, այդ ես չդավաճանեցի, այլ սպիտակ դևը, որ հեռու չէ այստեղից, — պատասխանեց Քոսակը:

— Առա՛ջ ուրեմն...

Նետերի նոր տարափը թափվեցավ դրանց վրա և դարձյալ մի քանի կյանք խլեց:

Բայց Գագիկի խումբը առաջ էր վազում, առանց ուշք դարձնելու նետերի տարափին և վիրավորների հառաչանքին: Գագիկը դեպի ծովն էր շտապում, արգելելու յուր աղջկա փախուստը: Նա արդեն մոտ էր ծովափին. այնտեղից լսում էր շտապ խոսակցություն և խելացնորի նման դեպի այնտեղ վազում:

Նրա հոգին գուշակում էր, որ այնտեղ է Հեղինեն, մի փոքրիկ ջանք էլ, և փախստականները յուր ձեռքերումը կլինեն:

Հանկարծ Գևորգ իշխանի խումբը գրոհ տվեց և, երկուսի բաժանված, խառնվեց Գագիկի խմբի մեջ: Մթության մեջ սկսվեց կռիվը, արյունալից կռիվը: Գագիկը մի վայրկյան կանգ առավ, առյուծի նման մռնչաց և հարձակվեց յուր հակառակորդների վրա: Մթության մեջ նրանք ջարդում, կոտորում էին իրար առանց հասկանալու, թե ո՞վ ում է սպանում, թե ո՞րն է թշնամին, ո՞րն է բարեկամը, երբ մակույկների թիակների ձայներ լսվեցան և քիչ հետո ծովի միջից մի ձայն կանչեց.

— Գագի՛կ Արծրունի, դադարեցրու կռիվը, զուր իրար մի՛ կոտորեք, մենք արդեն տանում ենք քո զոհը՝ աղջկադ...

Ինչպես սառը ջուր թափես մարդու գլխին, այնպես այդ ձայնը սարսռեցրեց Գագիկին: Նա զգաց, որ յուր մարդիկ իրար էին կոտորում, այնինչ Գնորգ իշխանը մի անգամ հարձակում գործելուց հետո ետ էր նահանջել և շտապով մակույկներ նստել:

— Է՛յ, դադարեցրե՛ք կռիվը, — գոռաց նա, — դեպի մակույկները վազեցեք, հասեք, բռնեցեք նրանց, աղջկաս տանում են...

— Տե՛ր, ոչ մի մակույկ չկա ծովի ափին, — հայտնեց մեկը:

— Լողորդնե՛ր, դեպի ծովը նետվեցեք, աղջկաս ազատեցեք, ես լիառատ կվարձատրեմ, ով Հեղինեին վերադարձնի, — ասում էր Գագիկը և հուսահատությամբ ձեռքերը կոտրատում: Բայց ոչ մի կողմից հույս չկար, ծովը ծփում էր և հորձանքները ժայռերին խփում, այնինչ մակույկները հաջող քամուց շարժված՝ սլանում էին հեռու...

Թ

Ցնծում էր Հայաստանը, ցնծում էր Երազգավորս քաղաքը... Ուրախության աղաղակներ էին լսվում հայ սրտերից, ցնծության երգեր էին երգում հայ զինվորները: Թե՛ մեծ, թե՛ փոքր տղա, թե՛ աղջիկ, թե՛ գեղջուկ և թե՛ քաղաքացի օրհնում էին թագավորին, երկար կյանք մաղթում Աշոտ Երկաթին և հազար բարիքներ ցանկանում նրան: Այսօր Աշոտ Երկաթը նոր կյանք էր մտնում, այսօր Հայաստանը նոր թագուհի էր գտնում: Անմայր էր Հայաստանը, թափուր էր թագուհու թախտը և Գարդմանաց հզոր իշխանի՝ Սևադայի աղջիկը այսօր պիտի բարձրանար այդ թափուր թախտի վրա և մայրություն աներ հայոց աշխարհին:

Ու հրճվում էր ժողովուրդը: Երազգավորս քաղաքը մի տեսակ կենդանություն էր ստացել, փողոցները մաքրվում էին և ճանապարհները ծաղիկներով ծածկվում: Իշխաններն ու իշխանազնուհիները երկրի բոլոր կողմերից դեպի պալատն էին շտապում, իսկ զորքերը գունդագունդ փողոցներում շարվում: Մորթվում էին բազմաթիվ երինջներ, ոչխարներ, մի կողմից ներս էին տանում վայրի կենդանիներ, թռչուններ, իսկ մյուս կողմից՝ հողում թաղած կարասների բերանները բանում:

Գինին և պաշարեղենը առատությամբ բաժանվում էին ժողովրդին, որ ուրախաձայն երգելով օրհնում էր թագավորի կյանքը: Փողոցներում շրջում էին ժողովրդական երգիչներ՝ գուսաններ, ամեն տեղ կանգ առնում և Աշոտ Երկաթի քաջագործությունները գովաբանում: Մինչդեռ ժողովուրդը քեֆ էր անում, պալատից լսվում էր թմբուկների և տավիղների ձայներ, իսկ երբեմն՝ գուսանների երգը: Այնտեղ՝ պալատում, խրախճանք էին անում իշխանները, իսկ փողոցում՝ ժողովուրդը: Խարույկներ էին վառվում Երազգավորսում և շրջակա բլուրներին, որոնք հանդեսին ավելի շքեղություն, ավելի պերճություն էին տալիս: Ուրախ էր Աշոտ Երկաթը: Նա նստած էր ոսկե գահույքին, իսկ նրա կողքին՝ թագուհին յուր նաժիշտներով և շուրջը զանազան մեծ ու փոքր իշխաններ: Այդտեղ էին Գարդմանաց Անադա իշխանը, Ափխազաց Գուրգենը, յուր եղբայր Աբասը, Գնորգ Մարզպետունի իշխանը, Հովհաննես կաթողիկոսը եպիսկոպոսներով և Մարտիրոս վանահայրը: Աշոտ Երկաթը գլխին դրած ուներ ոսկե թագ, զարդարված թանկագին քարերով, իսկ մեջքին կապած ուներ ոսկի, մարգարտաեռ և ակնակուռ գոտի: Վզին ձգած ուներ մանյակ, որ վերջանում էր լայն ձվաձև ոսկով, որի վրա նկարված էր գառն, Քրիստոսի խաչափայտը ձեռքին և շրջապատված էր ադամանդներով, իսկ ուսին ձգած ուներ սամույր մուշտակ: Ձեռքին, ճկույթի վրա անց էր կացված մի թանկագին մատանի, իսկ գոտից կախված էր սուրը ոսկե պատյանով և զարդարված թանկագին քարերով:

Աշոտ Երկաթի մոտ, նույնպես ոսկի գահույքի վրա, նստած էր թագուհին՝ ոսկեթագը գլխին, իսկ ծիրանի քնքուշ ծածկոցը՝ ուսերին: Թագուհին շրջապատված էր շատ իշխանազնուհիներով, որոնց մեջ գտնվում էին նաև երկու օրիորդ, մեկը Աստղիկը՝ Դավթի նշանածը, իսկ մյուսը՝ Գագիկ Արծրունու դուստր Հեղինեն: Դրանք էլ քեֆ էին անում և ուրախանում: Մի խումբ օրիորդներ երգում էին երգեր, հնչեցնում տավիղներ և պարեր պարում:

Մինչդեռ ներսը՝ պալատում ուրախություններ էին անում, դուրսը, ուր շարված էին հայոց զորքերը և մի գունդ արաբական զորք, որոնց ուղարկել էր Յուսուֆը՝ թանկագին ընծաների հետ միասին, անհամբեր սպասում էին հրամանի, որ իրենք էլ սկսեն ուրախությունը, զվարճությունը: Այդ իսկ միջոցին երեք մարդ զգուշությամբ մոտեցան պալատին: Նրանցից երկուսը կույր էին, կամ թե կույր էին ձևանում, և ձեռքերին մի-մի սազ ունեին, իսկ երրորդը դրանց առաջնորդն էր՝ ծաղկատար երեսով, քոսա մի մարդ: Կույր մարդիկ բռնել էին նրա փեշերից և հետևում էին նրան:

Քանի դեռ չէին մոտեցել այնտեղ, ուր կանգնած էին զորքերն ու

պահապանները, երկու կույրերը շատ գեղեցիկ քայլում էին և ամեննին ցույց չէին տալիս, թե իրենք կույր են, բայց հենց որ մոտեցան նրանց, սկսեցին ցույց տալ, թե դժվարանում են քայլել:

Շարված զորքերին շուտով գինի և խորտիկներ ուղարկվեցան, և նրանք խառնվելով, խումբ-խումբ սկսեցին քեֆը շարունակել: Այդ միջոցին ժողովրդի երեք երգիչները վստահ մոտեցան պալատին և ուզեցան ներս մտնել դահլիճ, բայց պահապանն արգելեց:

— Է՛յ, ո՞ւր եք գնում, չի կարելի ներս մտնել, — ասաց նա:

— Մենք երգիչներ ենք, ուզում ենք թագուհու կյանքը բարեմաղթել, նրան փառաբանել:

— Չէ, չի կարելի, մեր թագուհին կույր երգիչների կարոտ չէ, հեռացեք այստեղից:

— Թող մեզ, մենք մեր թագուհու լուսաթաթախ երեսը գովենք, մեր սրտի ուրախությունը հայտնենք, — ասաց երգիչների առաջնորդը և ուժով ուզում էր ներս մտնել:

— Ձեզ չե՞ն ասում՝ չի կարելի, — գոռաց պահապանը և նիզակը ճոճեց նրանց վրա:

— Վա՛յ, ի՞նչ ես անում, ուզում ես սպանե՞լ, — գոռաց աղիողորմ ձայնով չեչոտ մարդը և մի քանի քայլ առաջ անցավ: Նրա ձայնը լսվեցավ դահլիճում, ուր իմանալով բանի էությունը, թագուհին հրամայեց ներս թողնել երգիչներին:

Երգիչները ներս մտան և սազերը լարեցին:

— Տեսնո՞ւմ ես, իշխա՛ն, — շշնջաց չեչոտ մարդը կույր երգչի ականջին, — տեսնո՞ւմ ես Արծրունյաց օրիորդին:

— Տեսնում եմ, Քոսա՛կ, ա՛յ թե ուր է հասել նա, — շշնջաց կույր երգիչը, որ Անձևացյաց իշխան Ատոմն էր:

Նրանք սկսեցին երգել:

Հեղինեն չէր լսում նրանց երգը: Նա մտքով ամփոփվել էր քոսա մարդու վրա և խորին ուշադրությամբ նայում էր նրան:

Որքան նայում էր, այնքան գունատությունը պատում էր իրեն և երբեմն սարսռում էր նրա մարմինը: Նա կարծես սկսում էր ճանաչել այդ մարդուն: Տեսել էր դրանց երեքին էլ, բայց թե ո՞րտեղ՝ չէր կարողանում մտաբերել:

Բայց երգիչները երկար չմնացին. դուրս գնացին պալատից և երբ մտան Երազգավորսի նեղ փողոցները, շտապեցրին իրենց քայլերը: Կույրերի աչքերը բացվեցան:

— Ապրի՛ս, Քոսակ, — ասաց երգիչներից մեկը՝ Ռշտունյաց իշխանը, — լավ բան հնարեցիր, թե չէ մեզ պալատ ո՞վ կթողներ:

— Իհարկե: Մեզ պետք էր իմանալ, թե ովքեր կան այնտեղ, և իմացանք: Հեղինեին էլ գտանք:

— Հա՛, գտանք, բայց այդտեղից դուրս կորզելն է դժվար: Այժմ Աշոտ

Երկաթը մեծ ուժ ձեռք բերեց՝ փեսայանալով Գարդմանաց հզոր իշխանին և մի գունդ էլ Յուսուֆից օգնական զորք ստանալով, — պատասխանեց Անձևացյաց իշխանը:

— Հը՛մ... Յուսուֆից օգնական զորք... — քթի տակ մռմռաց Քոսակը:

— Ի՞նչ հըմ... մի՞թե սուտ է:

— Չէ, սուտ չէ, նրանց արդեն մենք տեսանք պալատի առաջ շարված, բայց...

— Ի՞նչ բայց:

— Այն, որ դրանք «մերն են», — պատասխանեց Քոսակը առանձին հպարտությամբ:

— Ինչպե՞ս թե մերն են:

— Այնպես են մերը, որ դրանց այստեղ ուղարկողը Աշոտ սպարապետի դրդմամբ է ուղարկել, որ ժամանակին մեզ պետք գան: Իսկ Աշոտ սպարապետը հո գիտեք, որ Աշոտ Երկաթի վրա աչքով աչք չունի:

— Լա՛վ է մտածել, ապրի՛ նա, — ասաց Անձևացյաց իշխանը, և նրանք, շուտով դուրս գալով քաղաքից, մտան ձորը, ուր նրանց սպասում էին երեք ձի: Կեղծ երգիչները դեն շպրտեցին սազը, փոխեցին իրենց շորերը և ձիեր նստելով՝ մթության մեջ շտապեցին առաջ, այնինչ բլուրների վրա դեռ վառվում էին խարույկները, իսկ Երազգավորսն ավելի ու ավելի էր ընկղմվում ուրախության մեջ:

Մինչդեռ Երազգավորսում կատարվում էին հարսանյաց ուրախություններ, Դվին քաղաքում մի ուրիշ բան էր կատարվում: Այստեղ էլ երկրի զանազան կողմերից իշխաններ էին հավաքվում, բայց սրանք շուքով և փայլով չէին մտնում, այլ ամեն մեկն աշխատում էր չեզոք մնալ, որ ժողովուրդը չճանաչի իրեն, այլ ինքը աննկատելի ներս մտնի Դվին և աննկատելի դուրս գա այնտեղից: Գիշերից բավական անցել էր: Լուսաստղը արդեն երերվում էր հորիզոնի վրա և շտապ բարձրանում վեր՝ հետը բերելով բարերար լույսը, երբ մի խումբ ձիավորներ շտապում էին դեպի Դվին: Խմբի առաջ գնում էր մի մարդ գեղեցիկ արաբական նժույգ նստած, իսկ ետևից գնացողները նրա թիկնապահներն էին: Այդ մարդը, ինչպես երևում է, ամբողջ գիշեր ճանապարհ էր եկել, ձիերն արդեն հոգնել էին, բայց նա կրկին անխնա մտրակում էր ձիուն և շտապում, որ դեռ լույսը չծագած Դվին մտնի: Հեռվից արդեն երևացին Դվինի պարիսպները: Խմբի գլխավորը նայեց և գոհունակության ժպիտ երևաց նրա դեմքին:

— Վերջապե՛ս, — ասաց նա և ձիու ընթացքը դանդաղեցրեց: Մի փոքր անց նա ներս մտավ Դվինի լուռ փողոցները և, ձիուց իջնելով, ձին հանձնեց թիկնապահներից մեկին, իսկ ինքը ոտքով դեպի Աշոտ սպարապետի պալատը դիմեց:

Ներս մտավ թե չէ, Աշոտ սպարապետը, որը ըստ երևույթին սպասում էր այդ հյուրին, գրկեց նրան: Եվ նրանք համբուրվեցին:

— Վերջապես եկար, արքա՛, — ասաց Աշոտ սպարապետը, — ես վաղուց սպասում էի քեզ:

— Ճշմարիտ է, ես մի փոքր ուշացա, թեև գիշերից վաղ պիտի լինեի այստեղ, բայց ասա, ո՞վ կա այստեղ, Քոսակը եկա՞վ, թե ոչ, ի՞նչ լուր ունի Երազգավորսից:

— Քոսակին սպասում եմ րոպե առ րոպե:

— Ես այստեղ եմ, տե՛ր, — լսվեց հանկարծ Քոսակի ձայնը:

Աշոտ սպարապետը և նոր հյուրը՝ Գագիկ Արծրունին, ետ նայեցին և տեսան, որ Քոսակը դռներում կանգնած յուր քոսոտ բեղերն էր սրում:

— Այդ ե՞րբ եկար, Քոսա՛կ, սատանա հո չե՞ս, — ասաց Աշոտ սպարապետը:

— Չէ, սատանա չեմ, բայց սատանայից շատ բան գիտեմ, հենց այս րոպեիս Երազգավորսից եմ գալիս:

— Իսկ Անձևացյաց և Ռշտունյաց իշխաններն ո՞ւր մնացին:

— Նրանք այս րոպեիս կլինեն այստեղ:

— Հը, ի՞նչ տեսար, աղջիկս այնտե՞ղ է, ի՞նչ է անում:

— Այնտեղ է, տե՛ր, այնտեղ, Աշոտ Երկաթի հարսանիքում քեֆ է անում ու պարում:

— Անիծվի՛ նա, — մռմռաց Գագիկը և աչքերը կատաղությամբ լցվեցին:

Շուտով ժողովվեցան այդտեղ և մյուս իշխանները՝ Անձևացյաց Ատոմ իշխանը, Ռշտունյաց իշխանը, Ուտիացվոց վրա Աշոտ Երկաթից վերակացու կարգված Մովսեսը և ուրիշները: Եվ երբ լրացավ ամբողջ դավաղիր իշխանների թիվը, նրանք փակվելով մի սենյակում՝ խորհրդի նստան: Ի՞նչ էին ուզում դրանք, ինչո՞ւ էին դավադրություն սարքում իրենց օրինական թագավորի՝ Աշոտ Երկաթի դեմ: Նրանք չէին ուզում նրան թագավոր տեսնել. և նախանձը կուրացրել էր նրանց և Աշոտ Երկաթի ոտի տակը փորելով, իրենք էլ պիտի ընկնեին նույն վիհի մեջ և օտարին ուրախացնեին: Եվ օտարը հեռու չէր: Յուսուֆը աչքը չէր հեռացնում Հայաստանից, այդ պատառը շատ քաղցր էր, բայց դեռ ժամանակ չուներ դրանով զբաղվելու, նա ուրիշ գործով էր զբաղված:

— Տյա՛րք, մի՛ մոռանաք, որ Աշոտ Երկաթը յուր անզոր զորքերի վրա վստահացած շուտով արշավելու է Դվինի վրա, որ սրան էլ Կողբի օրը գցի, — ասաց Ռշտունյաց իշխանը:

— Թող գա, մենք պատրաստ ենք նրան ընդունելու, — պատասխանեց Աշոտ սպարապետը, — Բայց դու ճի՞շտը լսեցիր:

— Ինձ հաղորդեց Քոսակը, նա ինքը յուր ականջով էր լսել, թե ինչպես Աշոտ Երկաթը սպառնացել էր Դվինը հող ու մոխիր դարձնել:

— Ցանկալի է, — ասաց Աշոտ սպարապետը, — մեր նախապատրաստած Յուսուֆի ուղարկած գունդը նրա հետ կլինի, իսկ կռվի ամենաթունդ պահին յուր սուրը նրա դեմ կդարձնի, այնուհետև մեզ մնում է մեր զնդերով ջարդել: Գագիկ Արծրունին Ռշտունյաց և Անձևացյաց իշխաններով թող դարան մտնեն Դվինից դուրս, իսկ մենք կմնանք Դվինում և որոշյալ ժամին, երկու կողմից էլ հարձակում գործելով, թշնամուն մեր մեջ կջարդենք: Նա չի կարող ազատվել, յուր բանակում իրեն հակառակորդ կունենա արաբական գունդը, իսկ չորս կողմից մենք կլինենք շրջապատած:

— Ես պատրաստ եմ իմ գնդով ներկա գտնվել նշանակված տեղը, — պատասխանեց Գագիկը:

— Ե՛վ մենք, — կրկնեցին մյուսները:

— Ազատեցե՛ք աղջկանս, և ես պատրաստ եմ ամեն օգնություն անելու, — ասաց Գագիկը դարձյալ:

— Հա՛, ազատել ասելը հեշտ է, բայց կատարելը՝ դժվար: Նա այժմ առյուծի ճանկն է ընկել, իսկ առյուծի ճանկից ազատելը հեշտ չէ, — ասաց Ատոմը:

— Բայց մի՞թե պիտի թողնենք, որ Աշոտ Երկաթը ամբողջ Հայաստանը տակնուվրա անի, մեր իրավունքները խլի, մեր գրկից մեր որդոցը դուրս կորզի:

— Համբերություն և հեռատեսություն է պետք, արքա՛, — ասաց լուրջ դեմքով Աշոտ սպարապետը, — ներկա հանգամանքում շատ դժվար է երես առ երես նրա դեմ դուրս գալ, քանի որ նրա ուժը կրկնապատկվեց: Դուք գիտեք Գարդմանաց Սահակ իշխանի զորությունը. նրա ամբողջ զորությունը շուտով մեր դեմ է գալու: Այդ զորությունը դրված է Աշոտ Երկաթի ձեռքի տակ, և մենք պիտի աշխատենք կամ ջլատել այն և կամ ջախջախել: Երես առ երես ջախջախել չենք կարող, իսկ ջլատել՝ կարելի է:

— Ինչպե՞ս:

— Ահա թե ինչպես: Նախ և առաջ մենք պիտի մեր կողմը ձգենք Աշոտ Երկաթի եղբորը՝ Աբասին և Ափխազաց Գուրգենին. դրանց զորությունները մեզ անհրաժեշտ են, իսկ հետո փեսայի և աներոջ մեջ պետք է բաժանություն ձգել. վերջինիս գործը դեռ վաղ է, ժամանակ է պետք, իսկ առաջինների մասին չգիտեմ՝ ի՞նչ կասեն Անձևացյաց և Ռշտունյաց իշխանները:

— Կարող եք վստահ լինել մեզ վրա, մենք արդեն տեսնվեցանք նրանց հետ: Որոմն արդեն ցանված է, և նրանք շուտով մերը կլինեն, — պատասխանեց Ատոմը:

— Լավ բան է, եղբայրը եղբոր դեմ:

— Այդպես էլ պետք է, բոլորովին հիմնահատակ պիտի անել, որ կործանվի, փչանա աշխարհիս երեսից Բագրատունյաց ցեղը, — մռմռաց Գագիկը:

— Եվ կոչնչանա, արքա՛, որոշ ժամանակից հետո Աբասն ու Գուրգենը ինձ հետ կլինեն և այն ժամանակ վա՜յ Աշոտ Երկաթին, նրանց ձեռքով ես սպանել կտամ նրան և երբ թափվի Աշոտ Երկաթի արյունը, այն ժամանակ միայն ես կմոռանամ Կողբ գյուղաքաղաքիս ավերմունքը:

— Իսկ աղջի՞կս, — կրկնեց Գագիկը:

— Աղջիկդ քո ձեռքում կլինի, երբ Աշոտ Երկաթը այլևս չի լինի և նրա աթոռանիստ քաղաքը՝ Երազգավորսը մոխրի և ծխի մեջ կկործանվի, — ասաց Աշոտ սպարապետը: Նրանք շուտով ցրվեցան, որպեսզի ամենքը իրենց գնդերով շտապեն դեպի Դվին:

ԺԱ

Աշոտ սպարապետը ժողովը ցրվելուց հետո սկսեց Դվինը ամրացնել, զորքերը կարգի բերել: Նա ճանաչում էր Աշոտ Երկաթին, գիտեր, որ առաջին հարվածը իրեն պիտի դիպչեր ու յուր ուժի վրա չվստահացած, ամբարները պաշարով էր լցնում, որպեսզի երկար ժամանակ կարողանա պաշարմանը դիմանալ, եթե իրեն դաշնակից իշխանները իրենց օգնությունը չհասցնեն:

Երեկոյան դեմ էր, արևը արդեն թեքվել էր դեպի մուտքը, երբ Աշոտ սպարապետին հայտնեցին, որ հորիզոնում գնդեր են երևում:

Աշոտ սպարապետի սիրտը տրոփեց: Նա դուրս եկավ և նայեց հեռուն հորիզոնին, դեպի Երազգավորս տանող ճանապարհին: Այնտեղ ահագին փոշու ամպ էր բարձրանում, որ շտապով դեպի Դվին էր արշավում:

Երկա՜ր, շատ երկար նայեց Աշոտ սպարապետը փոշու այդ ամպին, և նրա սիրտը մթագնեց: Փոշու ամպը մոտենում էր, և նրա մեջ երևում էին սև, շարժուն կետեր, իսկ նրանց գլխին՝ փայլուն սաղավարտներ: Բայց ինչքա՜ն շատ էին նրանք, ահավոր, որոնք մի ակնթարթում կարող էին կուլ տալ Դվինը և մոխրի կույտ դարձնել: Նա նայում էր նրանց, և մի տեսակ անհասկանալի վրդովմունք պատում էր նրա սիրտը: Նա չափում էր յուր դեմ եկող զորությունը և սարսռում: Ահավոր և զարհուրելի էր այդ զորությունը:

— Մի անգամ էլ զարկվենք, մի անգամ էլ չափենք մեր զորությունները, ատելի՜ Երկաթ, կամ դո՜ւ, կամ ե՜ս... Մի խնձորին երկու տեր չի կարող լինել, այդ զաիը ես էլ եմ ուզում, — ասաց նա և լուրջ ուշադրությամբ սկսեց դիտել մոտեցող գնդերին, որոնք այժմ պարզ կերպով նշմարվում էին:

Նրա դեմքի մութ մռայլը մի փոքր պարզվեցավ, երբ նկատեց առաջին գնդի դրոշակը, որ քրիստոնեական դրոշմ չէր կրում, այլ՝ մահմեդական: Դա Յուսուֆից ուղարկված գունդն էր, որ կանգ առավ արևմտյան դռների մոտ գտնվող բլրակի վրա և այնտեղ սկսեց վրաններ խփել: Աշոտ սպարապետը յուր հայացքը դարձրեց երկրորդ գնդին և նայեց դրոշակին: Այդ դրոշակը կրում էր Բագրատունյաց դրոշմը, որին առաջնորդում էր ինքը թագավորը՝ Աշոտ Երկաթը, որ մոտենալով արաբական գնդին, առանց կանգ առնելու, անցավ առաջ և բռնեց Դվինի արևտմյան կողմը: Աշոտ սպարապետը վրեժխնդրության մի այնպիսի մոլի հայացք ձգեց դեպի այն կողմը, որ կարծես յուր հայացքով ուզում էր ոչնչացնել ջնջել աշխարհի երեսից ատելի այդ գունդը, և նա, բռունցքը բարձրացնելով, սպառնաց.

— Դու, Երկա՛թ, կխորտակվես իմ ձեռքից, գնդերդ կոչնչանան և երբ ընկնես ձեռքս, այն ժամանակ վա՛յ քեզ...

Բայց խոսքը կիսատ մնաց բերանում, նրա ուշադրությունը գրավեց մի ուրիշ գունդ, որ ավելի զորավոր էր, ավելի ահավոր. այդ գունդը Գարդմանաց Սահակի գունդն էր, իսկ նրանից հետո՝ դարձյալ գնդեր և ամենից վերջը՝ մի ուրիշ փոքրիկ գունդ, որն ավելի սարսռեցրեց ու շփոթեցրեց, քան առաջինները: Այդ գունդը տեղավորվեց Աշոտ Երկաթի և Սահակի գնդերի մեջտեղը, ավելի ապահով տեղ և այնտեղ շուտով ծածանվեցավ Արծրունյաց արծվազլուխ դրոշը, որը ցնցեց Աշոտ սպարապետին:

Նա աչքերը ճմռեց, յուր աչքերին չէր հավատում, մի՞թե ինքը խաբվում է և ուրիշի դրոշակը Արծրունյաց դրոշակի տեղ ընդունում: Բայց չէ, այնտեղ հեռվում՝ երեկոյան մեղմ քամուց ծածանվում է Արծրունյաց դրոշը: Նա լավ է ճանաչում այդ տոհմի նշանը, միմիայն այս դրոշակը սև գույն ունի, կարծես սուգ է պահում այդ ցեղը, ո՞ւմ համար, ինչի՞, ի՞նչ պատճառով այն ծածանվում է այդտեղ, քանի որ Գագիկ Արծրունին իրեն խոսք տվեց օգնելու...

Նա ընկավ մտածության մեջ և երկար ժամանակ աչքը չէր հեռացնում նրանից, մինչև որ կամաց-կամաց մութը յուր սև քողը տարածեց շուրջը և ամեն բան ծածկեց նրա աչքերից: Տեղ-տեղ սկսվում էին վառվել խարույկներ, որոնք քանի գնում շատանում էին և Դվին քաղաքի շուրջը խարույկների փունջ կազմում: Այդ ժամանակ Աշոտ սպարապետը շարժվեց տեղից և սկսեց ստուգել հսկող պահապաններին, որ արթուն հսկում էին և իրենց դանդաղ քայլերով շրջում պատնեշների վրա:

— Տեսնո՞ւմ ես՝ ինչ շատ են, — ասում էր մի զինվոր մյուսին՝ ցույց տալով դեպի Աշոտ Երկաթի բանակը:

— Հա՛, շատ են, — պատասխանեց մյուսը:

— Վաղը կռիվը տաք կլինի, — շարունակեց առաջինը:

— Այո՛, տաք կլինի, մեկի դեմ տասը, եթե...

— Ի՞նչ եթե...

— Եթե մեզ օգնության չգան:

— Ովքե՞ր պիտի օգնության գան:

— Ասում են շատ իշխաններ, որոնք ետևից պիտի ծեծեն, իսկ մենք՝ առջևից:

— Իսկ մեզ ի՞նչ օգուտ...

— Ոչի՛նչ: Մենք կսպանվենք, իսկ մեր ընտանիքը որբ կմնա, սրանի՞ց էլ լավ օգուտ...

— Սս՛... սպարապետը գալիս է:

Նրանք լուռ կացան: Աշոտ սպարապետը անցավ նրանց մոտով և ուզում էր բարձրանալ պալատ, երբ մեկը առաջը կտրեց:

— Տե՛ր, — ասաց նա:

Աշոտ սպարապետը նայեց նրան, և ուրախ ժպիտ երևաց դեմքին: Սպարապետը բռնեց նրա ձեռքը, և նրանք ներս մտան:

— Ասա, Քոսա՛կ, ի՞նչ լուր ունես: Ես քեզ անհամբեր սպասում էի:

— Լավ լուրեր, տե՛ր, — պատասխանեց Քոսակը:

— Ինչպե՞ս, իսկ այն Արծրունյաց սև դրոշակն ի՞նչ է նշանակում:

Դատարկ բան: Որսն յուր ոտովն է եկել մեզ մոտ: Այդտեղ Հեղինեն է գտնվում և սպիտակ դնից կազմած մի փոքրիկ գունդ:

— Մի՞թե ինքդ տեսար այդ բոլորը:

— Ես բոլորը լրտեսեցի: Աշոտ Երկաթը այնպես վստահ է յուր հաղթության վրա, որ ամենևին նշանակություն չի տալիս ձեզ: Նա արդեն Դվինը յուր ձեռքումն է համարում և մի տեսակ արհամարհանքով է վերաբերվում և այդ պատճառով էլ ամեն բան անփույթ է թողել:

— Այդ մեզ համար լավ է:

— Վաղը նա հարձակում չի գործի, ինչպես երևում է, նա մի քանի օր ուզում է հանգստանալ:

— Շատ լավ է անում. եթե վաղը նա հարձակում չի գործի, գիշերս մենք դուրս կգանք Դվինից և կհալածենք նրանց: Հայտնիր Գագիկ Արծրունուն, որ նա էլ պատրաստ լինի, հենց որ բազուկը մեր գլխին կանգնած լինի, մենք կսկսենք կռիվը:

— Շատ լավ, ես այս րոպեին կչքանամ այստեղից և Գագիկի մոտ կերևամ:

— Իսկ արաբական գո՞ւնդը, — հարցրեց Աշոտ սպարապետը:

— Արաբական գունդը հաստատ է յուր խոսքին, կռվի տաք ժամանակ նա մեր կողմը կանցնի:

— Լա՛վ ուրեմն, դու գնա, ժամանակ մի՛ կորցնի:

Քոսակը գլուխ տվեց և անհետացավ:

ԺԲ

Ամպամած և տխուր օրին հետևեց անձրևային գիշերը... Մռայլ էր երկինքը, տխուր էին երկու բանակների սրտերը, որոնք աչալուրջ հսկում էին իրար: Լաց էր լինում երկինքը, լաց էին լինում զինվորներից շատերը և վերջին մնաս բարևն ասում աշխարհին: Նրանք գիտեին, որ իրենցից շատերը այդ գիշեր պիտի պառկեին այդտեղ, անշարժ, հավիտենական քնով, առանց տեսնելու վաղվա արևը, առանց արժանանալու իրենց սիրելիների տեսությանը: Ինչու՞ համար, ի՞նչ պատճառով: Այդ նրանք չէին հարցնում, այլ կուրորեն գնում էին իրենց կյանքը վայր դնելու այնտեղ՝ ուր իրենց յուրայինների արյունը պիտի թափվեր... Բայց մի՞թե մեր տերը՝ Հիսուսը ա՛յդ քարոզեց, մի՞թե նա մեզ սովորեցրեց յուրայինների արյունը թափել, իրար ոտնատակ տալ, ոչնչացնել ամբողջ Հայաստանը և նրան ձգել ստրկության անարգ լծի տակ... այդ չէին հարցնում նրանք: Զինվորների սրտերը տրոփտրոփում էին, նրանք սրում էին նիզակները, որպեսզի ավելի հեշտ ծակեն մարդկանց մարմինները, սրում էին թրերը՝ ավելի շատ մարդ կոտորելու համար և լուռ սպասում էին հրամանի, որ սկսեն արյան հեղեղներ թափելը: Եվ այդ հրամանը հեռու չէր: Աշոտ սպարապետը նստած յուր արաբական նժույգը զգուշությամբ մոտենում էր յուր գնդերին և հրաման տալիս պատրաստվել քաղաքից դուրս գալու և հարձակում գործելու համար: Զորքերը խումբ-խումբ կանգնում էին, գնդեր կազմում և լուռ սպասում: Մի վերջին նշան էր պետք, որ նրանք զգուշությամբ քաղաքի դռներից դուրս գային և անակնկալ կերպով թշնամու վրա հարձակվեին:

Բայց Աշոտ սպարապետը դեռ ուշացնում էր վերջին հրամանը: Նա պղտոր հայացքով նայում էր դեպի Աշոտ Երկաթի բանակը, ուր դեռ մեծ քանակությամբ խարույկներ էին վառվում և իրենց թույլ ցոլմունքները տարածում գիշերային խավարի մեջ: Աշոտ Երկաթի բանակում լուսավորություն էր տիրում. այնտեղ դեռ արթուն էին, հարկավոր էր սպասել փոքր-ինչ, մինչև կիասներ խոր գիշերը և թշնամու բանակում կտիրեր խորին գերեզմանային լռություն...

Բայց երկինքը դեռ լալիս էր, և նոսր անձրևի կաթիլները քնքուշ շշնչյունով ընկնում էին գետին ու հողի մեջ ծծվում...

— Իշխա՛ն, տեսնո՞ւմ ես Աշոտ Երկաթի բանակում ինչպիսի լուսավորություն է տիրում. նա հանգիստ քեֆ է անում, — ասաց Աշոտ սպարապետը դիմելով իրեն մոտ կանգնած իշխանին:

— Այդ քեֆը երկար չի քաշի, տե՛ր, մեր կտրիճները հարամ կանեն այն:

— Հա՛, մեր բախտից անձրևը մեզ օգնում է: Հողը կփափկանա և

ձիերի ու մարդոց ոտների ձայնը հեռու չի տարածվի: Նրանք այն ժամանակ կիմանան, երբ արդեն ցրիվ կտանք նրանց բանակը:

— Այո՛, հաղթությունը մերն է, եթե նրանք մեր հոտը չառնեն:

— Նրանք դեռ զվարճանում են և մեզ վրա մտածելու ժամանակ չունեն:

— Բայց, տե՛ս, խարույկների թիվը հետզհետե պակասում է, բանակները կարծես քնած լինեն, միմիայն Աշոտ Երկաթի և Հեղինեի գնդերի մեջ է երևում լուսավորությունը: Պետք է շտապել, կես-գիշեր է, մինչև տեղ հասնենք, ամեն ինչ քուն մտած կլինի: Կհրամայե՞ս դուրս գնալու նշանը տալ, — հարցրեց իշխանը:

— Տո՛ւր, բայց զգույշ:

Իշխանը հեռացավ, իսկ Աշոտ սպարապետը դեռ անշարժ կանգնած էր յուր տեղում և դիտում էր հեռուն: Տիրում էր ահարկու, խորհրդավոր լռություն: Աշոտ սպարապետը յուր փառքի վրա էր մտածում, նա արդեն երևակայում էր իրեն Բագրատունյաց գահին բազմած, երբ հանկարծ Արծրունյաց Գագիկը միտն ընկավ և ինքն իրեն հարցրեց. «Իսկ նա՞… նա՛ էլ կխորտակվի Երկաթի նման, և ե՛ս միայն տիրապետողը կլինեմ, մինչև այժմ երեք թագավոր էինք, այսուհետև միայն ե՛ս կլինեմ|…

Այդ ժամանակ լսվեց թմբուկի խուլ, բայց սարսռեցնող ձայնը, որ սարսափի չափ ցնցեց Աշոտ սպարապետին և ընդհատեց նրա մտածության թելը:

— Պետք է շտապել, — ասաց նա և ցած իջավ բարձունքից:

Անցավ մի փոքր ժամանակ, և զորքերը գունդ-գունդ առաջ անցան ու կորան մթության մեջ…

ԺԳ

Կես գիշերից անց էր…

Անձրևը դեռ չէր դադարել, շարունակում էր յուր տաղտկալից ողբը, այնինչ Աշոտ Երկաթի բանակը հետզհետե խոր քնի մեջ էր ընկղմվում: Տեղ-տեղ միայն դեռ վառվում էին խարույկներ, որոնց առկայծող լույսերը, չդիմանալով անձրևի տարափին, մոտ էին հանգչելուն: Նրանց շուրջը միայն երևում էին պահապանների թրջված դեմքերը, որոնք այլևս ուշք չդարձնելով խարույկների հանգչելուն, ամեն կերպ աշխատում էին քունը փախցնել, որ ամեն ուժով ընկճում էր նրանց և ստիպում քաղցր նիրհի մեջ ընկղմվելու: Նրանցից մի քանիսը շրջում էին դանդաղ ու հավասար քայլերով և ծանրացած աչքերով դեպի Դվին նայում: Բայց մթության մեջ ոչինչ չէր երևում, ամեն ինչ խաղաղ էր և լուռ, անձրևի շփշփալու ձայնն էր միայն, որ խանգարում էր ընդհանուր մեռելային լռությանը...

Քնած էր քաղաքը, քնած էր թշնամին, էլ ինչո՞ւ զուր տեղը լարել ջղերը և զուր թշնամու բանակը դիտել: Եվ Աշոտ Երկաթի պահապանները մինը մյուսի ետևից դադար էին առնում շրջելուց և մի-մի անկյուն գտնելով՝ ընկղմվում էին քնի քաղցր գրկի մեջ և ապա, քիչ ժամանակից հետո, տարվում հեռո՜ւ, հեռո՜ւ, դեպի սիրելիների գիրկը: Դրանց երեսին շաղում էր անձրևը, յուր մեղեդին նվագում, բայց նրանք ոչինչ չէին զգում և ոչինչ չէին իմանում: Քնած էր երկիրը, քնած էր Աշոտ Երկաթի բանակը, բայց քնած չէր Հեղինեն, որի վրանի գլխին ծածանվում էր Արծրունյաց սգավոր դրոշակը: Սուգ էր պահում նա յուր դավաճան հոր համար. սուգ էր պահում Արծրունյաց ցեղի համար, որ այնպիսի ամոթապարտ դեր է կատարում պատմության մեջ:

Եվ թուլակազմ, քնքուշ օրիորդը այդ գիշեր կորած էր զենք ու զրահի մեջ և մի խումբ կտրիճ գնդի գլուխ անցած շտապել էր կռվի դաշտը մտնելու, կռվելու հարազատ հոր դեմ և յուր արյան գնով սրբելու այն ամոթալից արատը, որ դնում էր Գագիկ Արծրունին իրենց ցեղի վրա:

Նա գիտեր, նրան տեղեկացրել էին, որ հայրն էլ միացած է Աշոտ սպարապետի հետ, նույն տեսակ դավաճանի, նույն տեսակ փառասերի հետ, ինչպես յուր հայրը, բայց տեղեկություն չուներ, որ հայրը դարան է մտած յուր գնդի ետևը, այնինչ կարծում էր, թե նա փակված է Դվին քաղաքում:

— Վաղը, հենց որ արտույտները կերգեն իրենց մեղեդին, հենց որ ցայտի առավոտյան շողքը, մենք պիտի սկսենք հարձակումը, եթե անձնատուր չլինի Աշոտ սպարապետը, — մտածում էր Հեղինեն: — Օ՜, ինչպե՞ս եմ սպասում այդ առավոտյան, ցանկալի այդ ժամին, այնինչ գիշերը երկար է տևում, շա՜տ երկար... Մերկացրած սրով, ես կմտնեմ թշնամու ամենախիտ շարքերի մեջ և կջախջախեմ նրանց: Դավաճանին փրկություն չկա, և վա՜յ նրան, ով իմ սրի բերանն ընկնի... իսկ եթե հա՞յրս հանդիպի... Հա՞յրս... դեմ առ դե՞մ..., երես, առ երե՞ս..., փրկություն չկա՜ և նրան: Կամ ես, կամ հայրս: Կռվի ժամանակ չկա հայր ու դուստր, այնտեղ միայն մի սուրբ գործ կա, որ վեր է քան ծնողը, և այս սուրբ գործը հայրենիքին ծառայելն է: Օ՜ն, քաջացի՛ր, իմ սիրտ, թող կանացի երկչոտությունդ և առյուծի ուժ ստացիր...

Հեղինեի խոսքերն ընդհատվեցան: Նրա վրանը ներս մտավ մի ուրիշ օրիորդ, որ նույնպես զենք ու զրահի մեջ էր:

— Իշխանուհի՛, դու դեռ արթո՞ւն ես, չե՞ս քնել, արդեն կես գիշեր է, պետք է քնել, որ վաղը ուժ ունենանք, — ասաց ներս եկողը:

— Հա, Աստղի՛կ, ճիշտ է քո ասածը, բայց, ինչպես երևում է, դու էլ չես քնել, — պատասխանեց Հեղինեն և մի տեսակ կարեկցական հայացք ձգեց Աստղիկի վրա, որ սևերի մեջ էր կորած: Նա դեռ պահում էր յուր նշանածի՝ Դավթի սուգը:

— Բայց, իշխանուհի՛, ինչքա՛ն աշխատեցի քնել, չկարողացա: Մի տեսակ անհասկանալի հույզ պատում է սիրտս, և ես սաստիկ շփոթված եմ:

— Չպետք է շփոթվել, քույրի՛կս, երբ վտանգի առաջ ենք: Մի՞թե մահը մեզ համար մեկ չէ: Վաղ թե ուշ մենք պիտի մեռնենք, ավելի լավ է պատվով մեռնել, քան անարգան քով:

— Ճիշտ է, իշխանուհի՛, բայց ինչքան մենք քաջասիրտ լինենք, երկյուղը դարձյալ տիրում է մեր սրտերին: Այս գիշեր մանավանդ անհասկանալի դող է անցնում մարմնովս և կարծում եմ, թե ահա՛ ուր որ է թշնամին վրա կտա և ամբողջ բանակը կցրվի:

— Խե՛ղճ Աստղիկ, զուր դու ինձ սիրելով կռվի դաշտ իջար: Երկյուղը, ինչպես երևում է, պաշարել է քեզ: Ինձ մի՛ նայիր, հոգիս, դու կռվի մեջ մի՛ մտնի, ես գնում եմ դեպի վտանգը:

— Ո՛չ սխալվում ես, ուր դու, այնտեղ և ես: Ինչու՞ ես կարծում, թե ես վախենում եմ վտանգից: Վաղը կտեսնես, որ ես քեզանից ետ չեմ մնա և քեզ հետ միասին կռվի խիտ տեղը կմտնեմ: Ինչպես քեզ համար են ատելի դավաճաններս այնպես և ինձ համար: Ինչպես դու ես սիրում հայրենիքդ այնպես և ես: Կմեռնես դու, կմեռնեմ և ես: Բավական է ինչքան սուգ պահեցի, այժմ հարկավոր է կռվել:

Աստղիկը խոսում էր ոգևորությամբ, նրա աչքերը վառվում էին և երեսը բորբոքվում:

— Ապրի՛ս, իմ քույրիկ, քո սրտի մեջ նստած է վեհ և ազնիվ հոգի, եկ գրկվենք, համբուրվենք, գուցե թե վերջին անգամ:

Նրանք գրկվեցան և ջերմ, շատ ջերմ համբուրվեցան, կարծես այդ րոպեին հավիտյան բաժանվելիս լինեին իրարից:

Երկուսն էլ հուզված էին, և արտասուքի կաթիլները լուռ գլորվում էին նրանց աչքերից: Ինչո՞ւ էին լալիս նրանք, ի՞նչ վիշտ էր կեղեքում նրանց սիրտը, քանի որ հաստատապես վճռել էին մեռնելու, հայտնի չէր: Բայց անհուն սիրով սիրելով միմյանց, ամեն մեկը նրանցից վախենում էր մյուսին կորցնելու, ահա այդ էր նրանց սրտի վիշտը, այդ էին ասում նրանց արտասվալից աչքերը և տխուր, սիրտ պատռող հայացքները: Հեղինեն սիրում էր Աստղիկին: Վանա բերդից փախուստ տալուց հետո Աստղիկը որոշ ժամանակ ապաստանել էր Հռիփսիմեի վանքում:

Այդտեղ նրանք ծանոթացան և սիրեցին իրար: Այդտեղ սրանք դաշն կապեցին չբաժանվել իրարից և միասին ապրել, միասին մեռնել: Հեղինեն հայտնեց Աստղիկին յուր սրտի գաղտնի խորհուրդը, այն է՝ վրեժ առնել դավաճաններից և յուր հորից, իսկ Աստղիկը առանց մի բառ անգամ արտասանելու հետևեց նրան:

Աշոտ Երկաթը թեև հակառակ էր նրանց կռվի դաշտ իջնելուն, բայց զիջանելով Հեղինեի թախանձանքներին, թույլ տվեց հետևելու իրեն:

— Բավական է ինչքան լաց եղանք, սիրելի՛ Աստղիկ, այժմ հարկավոր է մի փոքր հանգստանալ,— ընդհատեց Հեղինեն:

— Ես չեմ կարողանում քնել, իշխանուհի՛, ուզում եմ աչքս խուփ անել, բայց քունը մոտ չի գալիս: Դու քնիր, իսկ ես պահպանություն կանեմ քեզ, կնայեմ քո սիրուն դեմքին և կհիանամ, այդ ինձ արդեն բավական է:

— Եթե այդպես է, ես էլ չեմ քնի: Վաղուց է, որ իմ քունն էլ կտրվել է: Նստիր ուրեմն և միասին լուսացնենք, թող պահապանները պահպանություն անեն մինչև առավոտ:

— Բայց նրանք կարծես բոլորը քնած լինեն, իշխանուհի՛, ո՛չ մի տեղ խարույկ չի վառվում, ո՛չ մի տեղից պահապանի քայլերի ձայն չի լսվում:

— Անձրևն է խանգարում, նրանք երևի մի տեղ կուչ են եկել և լուրջ հսկում են: Թշնամին չի համարձակվի այս մեջ գիշերին անհանգստացնել մեզ:

— Իսկ եթե նա այս րոպեիս հարձակվի՞, — հարցրեց Աստղիկը և բռնեց իր սիրտը, կարծես թե նրան ասելիս լինեին, թե ահա ուր որ է կլսվի նրանց գոռ ձայնը, և կսկսվի կոտորածը:

— Կհարձակվեն՝ մենք էլ կջարդենք նրանց: Ի՞նչ օգուտ կտանեն այս ահեղ բանակից: Մինչև մեզ հասնելը երեք զորավոր գունդ կա առաջները:

— Հա՛, բայց արաբական գունդը կարող է դավաճանել մեզ:

— Հոգ չէ: Ապրի Աշոտ Երկաթը, նա միայն յուր գնդով բավական է թշնամիներին, բացի դրանից, վաղը առավոտ այստեղ կլինին հայր Մարտիրոսը և Գևորգ իշխանը իրենց գնդերով:

— Ո՞ւր է Գևորգ իշխանը...

Խոսքը կիսատ մնաց Աստղիկի բերանում, երբ նրա ականջին հասան ձիերի և մարդոց ոտքերի ձայներ:

— Իշխանուհի՛, սմբակների դոփյուն եմ լսում, չլինի՞ թշնամին է գալիս:

Երկուսն էլ սկսեցին ականջ դնել: Հիրավի լսվում էր ձիերի զգույշ դոփյուններ և այդ ձայները քանի գնում ավելի և ավելի պարզ էին լսվում:

— Թշնամին է, — կանչեց Հեղինեն և, վեր թռչելով տեղից, Վահանն ու սուրը ձեռքն առավ: Նույնը արավ և Աստղիկը:

— Իսկ ո՞ւր են մեր պահապանները, մի՞թե ամենքը քնած են, պետք է աղմուկ ձգել բանակում, — ասաց Հեղինեն: Եվ նրանք դուրս գնացին վրանից:

— Ի զե՛ն, ի զե՛ն, — կանչեց Հեղինեն և զարթեցրեց պահապաններին, որոնք մի ակնթարթում վեր թռան տեղերից:

— Թմբուկը զարկիր, — հրամայեց Հեղինեն, — թշնամին մոտ է, հարկավոր է զարթեցնել բանակը:

Հեղինեն և Աստղիկը նորից ականջ դրին և սարսափով նկատեցին, որ դոփյունները երկու կողմից էին լսվում: Նրանք հասկացան, որ արդեն պաշարված են թշնամիներով:

— Համբուրվենք, — շշնջաց Հեղինեն և նրանք դեռ չէին վերջացրել համբույրը, երբ իրենց բանակի զանազան կողմերից լսվեցան թմբուկների ահեղ ձայներ: Նրանք զենքի էին հրավիրում քնած զինվորներին:

Հեղինեն և Աստղիկը թռան իրենց նժույգների վրա, և նրանց գունդը արդեն պատրաստ էր կռիվ սկսելու, երբ բանակի ամեն կողմից լսվեցան թշնամու սոսկալի գոռում-գոչյունը և ապա սրերի ու վահանների չխկչխկոցը, իսկ քիչ հետո՝ վայնասունի ու հառաչանքի ձայները:

ԺԴ

Գիշերային մթության մեջ սկսվել էր կոտորածը…

Աշոտ Երկաթի գնդերը, քնից նոր զարթնած, շփոթված փախուստի էին դիմում, բայց ամեն կողմից մահն անխուսափելի էր: Թշնամին կոտորում էր առաջից, կոտորում էր ետևից և այդ բավական չէր, արաբական գունդն էլ մյուս կողմից էր կոտորում նրանց: Նրանք նմանվում էին ծուղակի մեջ բռնված գազանին, որը անօգուտ ծեծում է վանդակի ամեն կողմը, բայց ամեն տեղ երկաթե ձողերի հանդիպելով, բարկությունից ուզում է խորտակել, կրծել յուր առաջ եղած արգելքները, բայց ինքը ուժասպառ լինելով՝ արյունաթաթախ ընկնում է ցած:

Աշոտ Երկաթը մի ակնթարթում ամեն բան հասկացավ: Նա զգաց յուր անփութության սխալը, բայց ուշ էր, ժամանակը չէր երկար մտածելու, հարկավոր էր յուր և յուր գնդի կյանքը էժան չծախել, ու նա նժույգ հեծնելով, հարձակվեց թշնամիների վրա: Սոսկալի էր կոտորածը: Գազան էին կտրել Աշոտ սպարապետի գնդերը, գազան էին կտրել նաև Աշոտ Երկաթի զինվորները: Ձիեր ու մարդիկ, կենդանին ու մեռածը իրար էին խառնվել և կազմել մի տեսակ անբացատրելի քաոս, որի միջից լսվում էին միայն դժոխային ձայներ և սիրտ կտրատող հառաչանքներ: Նրանք նիզակներով ծակում էին իրար, երկու կողմից էլ վայր ընկնում ձիերից և ապա մի ակնթարթում ոտքի կանգնելով, սրերը մերկացնում և հարձակվում իրար վրա: Նրանց սրերը փշրվում էին, և նրանք կատաղաբար իրար էին գրկում, մեկը մյուսին գլորում և ատամներով խածելով իրար, արյունը ծծում, մինչև որ երկուսն էլ ուժասպառ լինելով, բայց դեռ իրար ամուր գրկած, շունչները փչում...

Կռվում էր Աշոտ Երկաթը, բայց նրա հոգին հետզհետե փխտվում էր: Նա տեսնում էր ինչպես անխնա կոտորվում են յուր զինվորները, իսկ մի մեծ մասը ճողելով թշնամու գնդերը փախուստ է տալիս:

Անզիտակցորեն ինքն էլ դեպի այն կողմն է գնում և հանկարծ նկատում է Հեղինեին, որ մի խումբ թշնամիներով շրջապատված հերոսաբար պաշտպանվում է: Օրիորդի ձեռքերը հազիվ են շարժվում, մի քանի րոպե էլ և նա կընկնի նրանց ձեռքը: Եվ ահա Աշոտ Երկաթը գրոհ է տալիս ու մտնում թշնամիների մեջ: Հեղինեն նկատում է այդ:

— Հեռո՛ւ, թագավո՛ր, հեռու կաց դավաճաններից, որոնք քո արյանն են կարոտ:

— Որսը յուր ոտքով է գալիս, այդ լավ է, — կանչում է մի ձայն և նիզակը շեշտակի դեպի Աշոտ Երկաթի կուրծքն ուղղում: Հեղինեն սարսափով նկատում է և սրի հարվածով այդ նիզակը երկու կես անում:

— Փախի՛ր, Հեղինե՛, փախի՛ր, իսկ ինձ թող սրա հետ հաշիվս վերջացնելու, — ասում է Աշոտ Երկաթը և վրա վազում յուր ախոյանին: Նրանց սրերը միխվում են իրար, նրանք ետ-ետ են գնում և դարձյալ հարձակվում:

— Պիտի մեռնես իմ ձեռքից, Շահնշա՛հ, — ասում է դառն ժպիտով Երկաթի ախոյանը և մերկացրած սրով կրկին հարձակվում, բայց նրա հարվածը դիպչում է Աշոտ Երկաթի վահանին և կայծեր միայն արձակում:

— Շատ մի՛ շտապիր, Աշո՛տ սպարապետ, շատ մի պարծենա քո հաղթությամբ,— ասում է Աշոտ Երկաթը և յուր ահագին սուրը վրա բերելով ուզում է ջախջախել հակառակորդի գլուխը: Բայց հարվածը դիպչում է նրա ձիուն, որը վայր գլորվելով, վայր է ձգում նաև Աշոտ սպարապետին:

— Անպիտա՛ն Երկաթ, — մրմնջում է Աշոտ սպարապետը և ուզում է նոր ձի հեծնել:

Այդ ժամանակ Աշոտ Երկաթը տեսնում է յուր խմբի նվազելը և քայլ առ քայլ դեպի ետ է նահանջում:

Ետ էին նահանջում Հեղինեն ու Աստղիկը, երբ նիզակի սուր ծայրը ցցվեցավ ուղղակի Աստղիկի սրտի մեջ: Նրա աչքերում կարծես կայծակներ փայլեցին ու նա թեքվելով, անխոս, ձիուց ցած գլորվեց: Մահը վայրկենական էր:

Հեղինեն մի ճիչ արձակեց, ուզեցավ բռնել նրան, բայց արաբական գնդից մի քանի զինվորներ շրջապատեցին իրեն: Ինչպես երևում է, նրանց հրամայված չէր սպանել Արծրունյաց օրիորդին, որովհետև ուզում էին կենդանի բռնել նրան:

Վրեժխնդրության սոսկալի բոցով լցվեցին Հեղինեի աչքերը, և նա զգաց, որ այլևս իրեն փրկություն չկա, որ ինքը պիտի ընկնի թշնամու ձեռքը, ուստի լավ համարեց կենդանի նրանց ձեռքը չընկնել և յուր արյունաթաթախ սուրը վրա բերելով ջախջախեց իրեն մոտեցող զինվորի գլուխը: Նա ընկավ, բայց նրա տեղը ուրիշները բռնեցին, այդ ժամանակ նա զգաց, որ մեկը յուր ուսին մտրակով խփեց, մի վայրկյան սոսկալի ցավ զգաց և ապա ամեն բան մոռացավ: Նա մտրակեց ձիուն: Ձին ահագին թռիչք արավ, յուր ոտքերի տակ կոխկրտեց մի քանի մարդու և ապա սլացավ մթության մեջ, տանելով յուր հետ Հեղինեին, որը ամուր կպել էր ձիու թամբին և ինքն էլ չէր հասկանում թե ուր է գնում... Ձին թռչում էր առաջ՝ ոչ մի արգելքի վրա ուշք չդարձնելով, երբ նրա ոտքը քարին դիպավ և նա յուր երկու ոտքի վրա չոքելով, վայր գլորեց Հեղինեին: Հեղինեն ցավից սոսկալի հառաչանք արձակեց և ձեռքը դեպի ուսը տարավ, ուսը կտրված էր սրով, և այնտեղից հոսում էր տաք արյունը:

— Ինչպե՞ս վերջացավ կռիվը, — մտածեց նա և առանց ուշք դարձնելու վերքից հոսող արյանը՝ պառկեց թաց խոտին և աչքերը դարձրեց դեպի անողորմ, մոխրագույն երկինքը: — Ա՜խ, մերոնք ամենքը կոտորվեցան, ամենքը մեռան,— շարունակեց նա, — իսկ ինչ՞ եղավ Աշոտ Երկաթը... Ա՜խ, հայր, դավաճան և ստոր արարած... Բայց ինչքա՜ն անուշ է այստեղ, կարծես շուրջս մանուշակներ լինին դուրս եկած, ես չեմ ուզում ուրիշ տեղ ընտրել, այստեղ շատ լավ է, հանգիստ, խաղաղ... թողե՛ք ինձ, — ասաց նա և ուժ արավ աչքերը փակելու, այնինչ նրա աչքերը բաց էին և անշարժ հայացքով դիտում էին երկինքը, կարծես ուզում էին թափանցել երկնքի գաղտնիքի մեջ:

Հեռվից լսվում էին ձիերի դոփյուններ, մարդկանց ոտքերի ձայներ, որոնք շտապ-շտապ հեռանում էին: Նրանք կարծես հալածված մի ինչ-որ աներևույթ զորությունից, փախուստ էին տալիս, առանց նկատելու Հեղինեին, որ ընկած էր մի փոսի մեջ, իսկ մի քանի քայլ հեռու՝ նրա ձին, որը նույնպես կյանքի ու մահվան կռվի մեջ էր:

Հեղինեն հետզհետե նվաղում էր. արյունը դեռ բխում էր նրա վիրավոր ուսից:

— Է՜յ, նաժիշտնե՛ր, հագցրե՛ք ինձ ամենաքնքուշ կերպասներ, հյուսեցեք մազերս և օծեցեք անուշահոտ ջրերով, ես պիտի կաքավեմ իմ սիրելի պարը, այդ շատ է դուր գալիս հորս, և ես ուզում եմ նրա սիրտը շահել, նա առանց այն էլ վրդովված է... Բայց չէ՜, ես չեմ կարող, սիրտս հանգիստ չէ, հայտնեցեք հորս, որ ես այսօր հիվանդ եմ, չեմ կարող պարել: Դուք երգեցեք, նվագեցեք բարձր ու բարձր... Բայց չէ, սպասեցե՛ք, շատ բարձր պետք չէ, մի՞թե չեք խղճում ինձ, ականջներս ծակվում են... Այս ո՞ւր են գնում, ինձ տանում են, ես բարձրանում եմ վեր, շուտով կգլորվեմ ցած… Հեռո՛ւ ինձանից, հեռո՛ւ... Հա՜, դավաճան է հայրս, ես չեմ ուզում նրա դուստրը լինել, նա յուր փառքի համար ոտնատակ է տալիս ամեն սրբություն, բայց ես չեմ անի... Զարմանալի բան, ես կարծես կրկին բարձրանում եմ, ինձ կարծես տանում են վեր, ա՜խ, դեպի ո՞ւր... Ես վախենում եմ, վայր կընկնեմ...

Եվ Հեղինեն երևակայում էր իրեն անհուն բարձրությունից ցած գլորվելիս: Նա կծկվեց և ապա սկսեց թաց խոտերը պոկել և հողը ճանկռտել: Ձախ ձեռքը չէր շարժվում, նա արդեն ուժից ընկած էր՝ ձախ ուսը վիրավորված լինելու պատճառով:

Անցավ մի փոքր ժամանակ: Չորս կողմը տիրում էր արդեն խոր լռություն — ո՛չ մի ձայն, ո՛չ մի շշուկ այլևս չէր խանգարում լռությունը, երբ հեռվից լսվեցին ձիերի դոփյունների ձայներ:

Հեղինեն ուզեց գլուխը բարձրացնել և նայել այն կողմը, բայց ուժերը չներեցին, և նա կես թմրած, կես զգաստացած յուր լսելիքը սրեց: Ձայները մոտեցան և իսկույն հեռացան նրանից: Հեղինեն զգաց, որ հեծյալ մարդիկ են անցնում յուր մոտով, բայց թե ի՞նչ մարդիկ են և ինչու՞ այդպես շուտ են անցնում, չկարողացավ հասկանար նա կրկին սկսեց զառանցել:

— Զարմանալի բան, երկինքը հետզհետե սկսում է ցածրանալ, ես նրան ձեռքով կհասնեմ, ահա լուսինը, ինչքա՛ն նա մեծ և ահավոր է երևում, իսկ աստղե՛րը... տեսեք, ինչպես վազում են, փախչում երկնքից, կարծես մեկը հալածելիս լինի նրանց... Վա՛յ, ես այս տեսակ բան չեմ տեսել, մեր Վասպուրականում այդ տեսակ բաներ չեն պատահում: Այստեղ գետինն էլ է շարժվում, տե՛ս, ինչպես օրորում է նա ինձ... Է՛հ, ավելի լավ է ուշադրություն չդարձնեմ, ես վախենում եմ այդ տեսակ բաներից: Ես կփակեմ աչքերս, ավելի լավ է քնեմ, քունը ինձ կխաղաղեցնի... — Եվ նա երևակայելով, թե քնում է, ճիգ էր անում աչքերը փակելու, բայց նրանք կրկին բաց էին լայն, ապուշ կտրած, որոնց առաջ, երկնքում, սողում էին ամպերը…

— Ինչքա՛ն հանգիստ է այսպես, ինչպե՛ս հանգիստ են նյարդերս, ես խաղա՛ղ եմ, անվրդո՛վ, հանգի՛ստ:

Ու քաղցր նիրհը պատում էր նրան և յուր քնքուշ թևերով տանում հեռու՜, հեռու՜, ո՞վ գիտե ո՞ր աշխարհը, դյութական ո՞ր երկիրը…

ԺԵ

Կամաց-կամաց արշալույսը բացվում էր…

Երկնքից արագապես խույս էին տալիս մոխրագույն ամպերը և կորչում անհուն եթերի մեջ... Բացվում էր արշալույսը, սկսվում պայծառ առավոտը:

Բայց տխուր, սոսկալի էր այդ առավոտը Աշոտ Երկաթի համար: Նրա զնդերը սարսափահար փախչում էին որպես աներևույթ թշնամուց հալածված, խումբ-խումբ, հատ-հատ, ոմանք՝ ձիով, իսկ ոմանք՝ ոտքով: Իշխանավորը զինվորին չէր ճանաչում, իսկ զինվորը՝ իշխանավորին, ամեն մեկը յուր հոգսի մեջ էր, ամեն մեկը աշխատում էր շուտով խույս տալ Դվինի շրջակայքից և կորչել հեռու՛, հեռու՛...

Եվ սարսափահար մարդկանց այդ խումբը ուղղվում էր դեպի Երազգավորս ոչ թե ուղիղ ճանապարհով, այլ լեռների, ձորերի և մացառների միջով: Խելագարների նման նրանք վազում էին առաջ, առանց նկատելու, որ թշնամին այլևս իրենց չի հալածում, որ նրանք բավականացել էին իրենց զնդերը խորտակելով, և այնտեղ, ուր առաջ ծածանում էին Աշոտ Երկաթի և Արծրունյանց սևանիշ դրոշները, այժմ տնկված էին Աշոտ Բռնավորի և Գագիկ Արծրունու դրոշակները: Էլ չկային Աշոտ Երկաթի հաղթական զնդերը, նրանք ցաք ու ցրիվ էին եղել, իսկ ոմանք անշունչ փռված էին պատերազմի դաշտում:

Փախստական մի խմբի ճանապարհին պատահեց մի ուրիշ փոքրիկ խումբ: Փախստականները ուզում էին իրենց կիսաշունչ ձիերի գլուխները ետ դարձնել և փախչել այդ խմբից, որոնց թշնամու տեղ ընդունեցին, երբ մի խրոխտ ձայն կանգնեցրեց նրանց:

— Սպասեցե՛ք, դեպի ո՞ւր եք այդպես խելագարների նման վազում,— կանչեց ձայնը:

Փախստական խումբը մեխվածի նման կանգ առավ և գլխարկները վերցրեց:

— Ի՞նչ է պատահել, — կանչեց խեղդված ձայնով նոր խմբի մեջ գտնվող հոգևորականը, որ Մարտիրոս վանահայրն էր: Նրա աչքերում երևում էին հուսահատության արցունքներ: Նա ամեն բան հասկացել էր:

— Հա՛յր սուրբ, մենք կորանք:

— Բոլո՞րդ...

— Ամենքս ոչնչացանք: Դավաճանությունը մեզ բոլորիս ոչնչացրեց:

— Իսկ Աշոտ Երկա՞թը..

— Նա էլ փախուստ տվեց: Ա՛խ, եթե Յուսուֆի գունդը չդավաճաներ, նրանք կրկին ոչինչ չէին կարող անել, թեև քնած ժամանակներս հարձակվեցան:

— Իսկ կոտորածը շա՞տ է:

— Խիստ շատ, հա՛յր սուրբ, թիվ ու համար չկա:

— Իսկ Արծրունյաց օրհորդը ի՞նչ եղավ:

— Ես տեսա նրան կռվի խիստ ժամանակ, երբ նա կռվում էր թշնամիների հետ. իսկ այնուհետև թե ի՞նչ եղավ՝ չգիտեմ: Կռիվը այնքան սոսկալի էր, որ մերոնց նրանցից ջոկել անհնար էր: Դա մի կատարյալ դժոխք էր, ուր մորթվում էին հարյուրավոր մարդիկ:

Մարտիրոս վանահայրը լուռ կացավ, նրա դեմքին մի այնպիսի մռայլ պատեց, որ նայողը կսարսափեր: Փախստական խումբը նկատելով, որ հայր սուրբը այլևս ոչինչ չի խոսում, գլուխ տվեց

Մարտիրոս հորը և կրկին սլացավ առաջ: Մարտիրոս հայրը մի փոքր կանգ առավ, մի խոր հոգոց քաշեց և ապա, դառնալով յուր խմբին, ասաց.

— Տղե՛րք, մենք պիտի գտնենք Արծրունյաց օրհորդին, կենդանի թե մեռած նա մեր ձեռքը պիտի հասնի պետք չէ օրհորդին թողնել թշնամիների ձեռքում կամ նրա դիակը՝ գիշակեր թռչուններին: Շտապենք առաջ, պատերազմի դաշտը հեռու չէ մեզանից:

Եվ կտրիճների այդ խումբը սլացավ առաջ դեպի կռվի դաշտը: Շատ ժամանակ չանցավ, և Մարտիրոս հոր առաջ բացվեցավ այդ դաշտը, ուր դեռ փռված էին դիակների կույտեր:

Նրանք իջան ձիերից և նրանցից մի քանիսը զգույշ առաջ անցան:

Սոսկալի և սրտաճմլիկ տեսարան էր ներկայացնում այդ դաշտը, ուր հայը հայի կյանքն էր խավարեցրել:

Դիակներից մի քանիսը փռված էին երեսներով դեպի գետին, դեպի մայր հողը, իսկ մի քանիսը մեջքի վրա պառկած լինելով իրենց անշարժ, բայց սարսափով լցված հայացքը դարձրել էին դեպի վեր, դեպի կապույտ եթերը, ուր ջինջ երկնակամարի վրա լողում էին թափանցիկ, սպիտակ ամպեր... Ամպերը թռչում հեռանում էին, նրանց տեղ բացվում էր կապույտ եթերը, բայց սառած, ապուշ կտրած հայացքները կրկին նայում էին վեր... Ի՞նչ էին ուզում նրանք վերևից, ինչու՞ նրանք միշտ վեր էին նայում, առանց իրենց դեմքի մկանունքները շարժելու, մինչև անգամ այն ժամանակ, երբ հենց իրենց գլխի վրա պտտվում էին ագռավները և ապա, դրանց սառած հայացքի վրա սուր, թափանցող հայացք ձգելով, արձակում էին իրենց ուրախաձայն կռնչյունները և սլանում ցած: Մի րոպե էլ և այդ դիակների լայն բացված աչքերի տեղ երևում էին խոր, փոս ընկած ակնակապիճները...

Միայն տեղ-տեղ, մացառների և թփերի տակ ընկածների մեջ շարժողություն կար, բայց շատ թույլ և հուսահատական: Նրանցից մի քանիսը ճանկռտում էին հողը, պոկոտում կանաչ խոտերը, մի վերջին ցնցում անում և մնում անշարժ:

Մարտիրոս հոր խմբից մի քանի մարդ փորսող տալով անցնում էին մի դիակից մյուսը, քննում նրանց դեմքերը և ապա, գլուխները շարժելով, առաջ գնում:

Նրանց աշխատանքը ապարդյուն էր անցնում գտնելու Հեղինեի և Աստղիկի դիակները, այնինչ շատ առաջ գնալ չէին կարողանում, քանի որ այնտեղ, ուր առաջ կանգ էր առել Աշոտ Երկաթի գունդը, այժմ ծածանվում էր Արծրունյաց Գագիկի դրոշակը: Մի անզգույշ քայլ, և նրանք կնկատվեին, և այն ժամանակ նրանց փրկություն չկար:

— Նրանց դիակները ոչ մի տեղ չկա, իսկ մենք համարյա մոտեցել ենք Գագիկ Արծրունու բանակին, — շշնջաց մի զինվոր մյուսին:

— Չկա, պետք է ետ դառնալ և մտնել ձորը, թե չէ...

— Սա՛…չե՞ս լսում, որ մեկը դեպի մեզ է գալիս, պետք է մեռած ձևանալ, թե չէ էլ վեր չենք կենա:

Նրանք լռեցին և երկուսն էլ դիակների նման տարածվեցին:

Այդ ժամանակ, իհրավի, նրանք նկատեցին մի մարդ, որ դանդաղ քայլերով անցնում էր վիրավորների արանքով և տխուր հայացքով չորս կողմը դիտում: Կարծես նա էլ պտրում էր մեկի: Մարտիրոս հոր զինվորները նայեցին նրա դեմքին և սարսռեցան: Այդ մարդը, որ կանգ առավ հենց իրենց գլխին, ինքը Գագիկ Արծրունին էր:

— Ինչքա՛ն կոտորած, — շշնջաց նա, — ամեն կողմը դիաթավալ ընկած են զոհերը, իսկ նա չկա ու չկա: Հայը հային կոտորեց, հայը հայ ընտանիքի կորստյան պատճառ եղավ, ինչո՞ւ համար՝ փառքի, այն փառքի, որի ետևից ամենքս ենք վազում: Բայց ես արդեն, այս իսկ վայրկյանից, զզվեցի այդ փառքից, էլ չեմ ուզում ես գահ, տվեք միայն իմ դստերը՝ Հեղինեին… Ատե՛լի Աշոտ, դարձրու աղջկաս, դարձրու, թե չէ երկնքին վկա եմ կանչում, որ աշխարհիս թույնը քեզ վրա կթափեմ: Այս կռվում հաղթվեցիր դո՛ւ, բայց կրկին տարար իմ սիրտը, իմ հոգին…

Գագիկ Արծրունին լռեց, յուր պղտոր հայացքը շուրջը դարձրեց և ապա դանդաղ կրկին ետ դարձավ:

Գագիկ Արծրունու հեռանալուց հետո զինվորները ազատ շունչ քաշեցին:

— Պետք է ետ դառնալ, լավ էր, որ մեզ չնկատեց. թշվառականը չի իմանում, որ մենք էլ իր աղջկան ենք փնտրում:

— Լավ բան իմացանք, դրա խոսքերից երևում է, որ նա զիտի բռնված: Ուրեմն Հեղինեն և Աստղիկը կամ սպանված պիտի լինեն, կամ փախուստ տված: Եթե սպանված են, դիակները պիտի գտնենք, իսկ եթե չէ՝ հո ավելի լավ, վաղ թե ուշ նրանք կերևան:

— Գնանք դեպի ցած, այնտեղ էլ տեսնենք և ապա վերադառնանք մեր խմբի մոտ:

— Ճիշտ է, ցած պիտի գնալ, ես նկատում եմ, որ բանակի մոտերքը արդեն դիակները հավաքում են, չե՞ս տեսնում ինչ ահագին կույտեր են կազմել, — ասաց մեկը՝ բարձրացնելով գլուխը:

— Ճիշտ որ, նրանք շուտով մեզ էլ կհասնեն:

Նրանք շտապ թեքվեցան մի կողմ և հանկարծ կանգ առան:

— Գտանք, — կանչեցին երկուսը միասին և վրա վազեցին դեպի մի դիակ, որի կրծքից դուրս բխած արյունը լճացել էր շուրջը և թանձրացել:

Նրանք բարձրացրին դիակի գլուխը, և խորին կսկիծը անցավ երկու զինվորների սրտով:

— Սա Աստղիկի դիակն է, — ասաց մեկը:

— Խե՛ղճ, ինչքա՛ն սիրուն է, դեմքի քնքուշ գծագրությունը մեռած ժամանակ էլ է պահել:

— Բարձրացրու դիակը, պետք է տանել սրան, Մարտիրոս հոր

հրամանը այդպես է: Այստեղ կարելի է ծունկ չոքած գնալ, մեզ չեն նկատի, վնաս չկա, թող մի փոքր մեր ծնկները քարերին քսվեն:

Նրանք առաջ անցան տանելով իրենց բեռը, երբ նրանց առաջը մի փոս բացվեցավ, իսկ փոսի մոտ՝ ձիու անշունչ դիակ:

— Սպասի՛ր, ցած դիր, այս ձին ես ճանաչում եմ, Հեղինեի ձին է, — ասաց մեկը և իսկույն ցած թռավ վիհի մեջ, բայց այնտեղ, բացի ձիու դիակից, ոչինչ չնկատեց:

— Է՛հ... կամ Հեղինեի դիակը տարել են, կամ նա այստեղ մոտերքումն է, ինչպես երևում է, հենց այստեղ էլ ընկել է:

— Ահա արյան հետքեր խոտերի վրա, պետք է հետևել արյանը, գուցե գտնվի:

Նրանք թողեցին Աստղիկի դիակը և մի քանի քայլ առաջ գնացին, երբ մի ահագին քարի տակ երևացավ Հեղինեի դժգույն, մեռելային դեմքը: Նրա սաղավարտը ընկած էր մի կողմ, իսկ ալիքանման մազերը թաթախվել էին արյան մեջ:

— Աստվա՛ծ իմ, կենդանի է, — ասաց զինվորներից մեկը և ձեռքը դրեց նրա սրտին: Սիրտը բաբախում էր թույլ, աննշան: Կյանքի վերջին թելն էր մնացել նրա մեջ:

Հեռու չէր Մարտիրոս հայրը և մնացած խումբը: Շուտով Հեղինեի կիսաշունչ մարմինը և Աստղիկի դիակը տեղափոխեցին այնտեղ, ուր Մարտիրոս հայրը կարճ աղոթք մրմնջաց: Հեղինեի վերքը յուր ձեռքով կապեց, և ապա, պատգարակ շինելով, Հեղինեին վրան դրին և Աստղիկի դիակն էլ հետները վերցնելով ետ քաշվեցան դիակների դաշտից:

Երբ հասան մոտակա վանքը, Աստղիկի մարմինը հողին հանձնեցին, ուր սգալից թաղման կարգը Մարտիրոս հայրը կատարեց, իսկ զինյալ խումբը իրենց նիզակները ցած իջեցրին ի պատիվ Աստղիկի: Երբ նրա մարմինը կլանեց սև հողը, մի քար դրին նրա գերեզմանի վրա, իսկ իրենք շուտով հեռացան՝ տանելով իրենց հետ կիսամեռ Հեղինեին…

ԺՉ

Աշոտ Երկաթը, մի փոքրիկ խմբով ետ քաշվելով պատերազմի դաշտից, կանգ էր առել մի լեռան լանջին, որպեսզի մի փոքր դադար տա հոգնած ձիերին և ապա կրկին ճանապարհը շարունակի: Ձիերը արածում էին կանաչ, սիզավետ խոտերի մեջ, իսկ ինքը թիկն տված մի հաղթանդամ կաղնու բնին, լուռ նայում էր յուր առաջ վառվող խարույկին, որի թույլ ճառագայթները լուսավորում էին նրա դժգույն, մեռելային դեմքը:

Մոտ քսան թիկնապահ զինվորներ էլ մի փոքր հեռու նույնպես կրակ էին վառել և շտապով մի գառն էին խորովում և իրենց թագավորի համար ընթրիք պատրաստում: Բայց Աշոտ Երկաթը չէր էլ տեսնում, թե ի՞նչ է կատարվում շուրջը և թէ ու՞ր է գտնվում ինքը. նա յուր պղտոր հայացքը դարձրել էր դեպի այն կողմը, ուր տարածվում էր Դվին քաղաքը և ուր ընկան յուր գնդերը: Այնտեղ՝ հեռու, խորին մթության մեջ, երևում էին կրակե թույլ ցոլմունքներ, որոնք հայոց թագավորի սրտում թողնում էին խորին, անբուժելի կսկիծներ: Դեռ մի քանի ժամ առաջ ինքն էր այդ խարույկների մոտ հաղթական կերպով նստած և յուր անպարտելի դրոշակն էր ծածանվում, իսկ այժմ ովքե՞ր էին այնտեղ կրակ վառել և ո՞ւմ դրոշակն էր ծածանվում — յուր թշնամիներինը, դավաճան հայ գնդերինը, որոնց վրա մտածելիս սարսռում էր Աշոտ Երկաթը և բարկության ալիքները անցնում էին նրա դեմքի վրայով: Օ՜... ի՜նչ ամոթալի դրություն, խայտառակ վիճակ: Եվ քանի միտն էր բերում յուրայնոց կոտորածը, այնքան նրա սիրտը ճնշվում էր և խորին կսկծից արտասուքները պատրաստ էին դուրս ժայթքելու աչքերից:

Ու նա երկար ժամանակ անթարթ, ապուշ կտրած աչքերով նայում էր դեպի Դվին և ավելի ու ավելի հուզվում: Կամաց-կամաց մոռանում էր յուր ներկա դրությունը և մի տեսակ անհասկանալի դրության մեջ ընկնում հին-հին, անցած գնացած մտքերը նորից պաշարում էին նրան և հոգնեցնում նրա՝ առանց այն էլ հոգնած ուղեղը, և նա ընկնում էր մտքերի այն տեսակ քաոսի մեջ, որոնք ոչ մի բանի վրա կանգ չէին առնում, բայց մի տեսակ շվարման մեջ էին ձգում իրեն:

Նրա մտքով անցավ նաև հայրը. հիշեց յուր մանկությունը, հիշեց հոր՝ Սմբատ արքայի խանդաղատանքը և ուզեցավ փղձկալ, լալ երեխայի նման, որպեսզի ամոքի յուր վշտերը, թեթևանա կսկիծը, բայց այդ իսկ րոպեին մտաբերեց հոր նահատակությունը, երկնքից իջնող լույսը և նրա աղերսող ու դալկացած աչքերը:

— Հա՜յր, օգնիր որդուդ, դուրս բեր ինձ այս անելանելի դրությունից և խորհուրդ տուր ինձ,— մրմնջաց Աշոտ Երկաթը և թախիծով լի աչքերը դարձրեց դեպի երկինք, որտեղից իջել էր լույսը և հոր ստվերը:

Զարմանալի բան... գորշ, մթին ամպերի մեջ, այդ իսկ րոպեին, երևաց մի թույլ լուսավորություն, որը ցնցեց Աշոտ Երկաթի ուղեղը, և նրա սիրտը սկսեց արագ-արագ տրոփել, կարծես թե նա ուզում էր դուրս թռչել այն նեղ կապանքներից, ուր նա չէր կարողանում ազատ ու հանգիստ տրոփել...

Աշոտ Երկաթը խելագարի նման ամպի այդ թույլ լույսին էր նայում և սպասում նրան՝ յուր հորը: Նա կարոտ էր Սմբատ արքայի խրախուսանքին, և նա սպասեցնել չէր տալիս: Աշոտ Երկաթը տեսնում էր, թե ինչպես այդ թույլ լույսը կամաց-կամաց իջնում էր ցած, թե ինչպես ամպերը քսվում էին մոտակա բլրի գագաթին և այնտեղ առաջացնում մի անորոշ բոց: Անթարթ, անշարժ աչքերով Աշոտ Երկաթը նայում էր այդ բոցին, որ հետզհետե մոտենում էր իրեն և մարդկային կերպարանքի ձև ստանում...

Անցան մի քանի տանջալից րոպեներ, և Աշոտ Երկաթը տեսավ հորը յուր առաջ կանգնած, որը թախիծով լի աչքերը դարձրել էր դեպի իրեն: Նա զենք ու զրահի մեջ էր կորած, ճիշտ այնպես, ինչպես երևեցավ Դվինում. նույն անշարժ, աղերսող հայացքը, ինչպես առաջ...

— Հա՛յր, գթա ինձ... — կանչեց Աշոտ Երկաթը և ձեռքերը տարածելով դեպի արքան, հեկեկաց երեխայի նման:

— Քաջացի՛ր, որդյակ, թող հեռու փախչի քեզանից հուսահատությունը: Կյանքը փորձանքների ու տանջանքների մի բով է, որի միջով անցնում է մարդկությունը: Առանց փորձանքի, առանց անհաջողությունների չկա կյանք և այդ փորձանքների ու տանջանքների վրա պիտի մարդս կանգնեցնի յուր անդորրությունը: Մի՛ երկնչիր, այն, ինչ որ ասելու եմ քեզ, թող չկոտրե քո երկաթե կամքը: Դու հալածեցիր արաբներին, դու առար նրանցից իմ վրեժը և ես հանգիստ եմ. բայց ցավում է սիրտս, որ Հայաստանը քարուքանդ է լինում նույնիսկ հայերի ձեռքով, որոնք նախանձից և փառասիրությունից կուրացած՝ չեն տեսնում իրենց լավը և աշխատելով քեզ ոչնչացնել, իրենց կորստյան ճանապարհին են հարթում... Ա՜խ, Աշոտ, զգուշացիր, ավելի վատթար փորձանքը մոտենում է քեզ: Քո կյանքի դեմ որոգայթներ են լարում և հարազատներդ պատրաստվում են շաղախել իրենց ձեռքերը քո արյան մեջ...

— Օ՜հ, սոսկալի ոճրագործություն, — մռնչաց Աշոտ Երկաթը, — ասա, հա՛յր իմ, մի՞թե ես արժանի եմ դրան, մի՞թե ես վատ եմ և անարգ, որ հարազատներս էլ իմ դեմ են զինվում:

— Ո՛չ, լսի՛ր ինձ: Քո ցանկությունը բարի է, հայր ես դու ժողովրդյան, բայց նենգավոր լեզուները թույն են պատրաստում քեզ համար: Զգուշացիր ամեն բանից, փորձանքը մոտենում է քեզ... — ասաց Սմբատ արքան և երեսը շուռ տվեց, որ որդին չտեսնի յուր արտասուքները. ապա նա դանդաղ քայլերով սկսեց հեռանալ:

— Բայց, հա՛յր, սպասիր մի փոքր էլ, — կանչեց Աշոտը և հուսահատությունից սկսեց մատները կոտրատել:

— Ես ասացի ամեն բան, — կրկնեց ստվերը և հանկարծ հանգավ, չքացավ նա՝ թողնելով Աշոտ Երկաթին հուսահատ և բեկված սրտով:

Այդ միջոցին արևելյան հորիզոնը շառագունել էր, և լույսը կամաց-կամաց բացվում էր: Աշոտ Երկաթը վեր կացավ տեղից, նրա մարմինը կարծես ջարդված լիներ, իսկ գլխին կարծես մի ծանրություն լիներ դրած: Նա թոթափեց իրենից թմրությունը և նշան տվեց թիկնապահներին, որոնք մի ակնթարթում ձի նստեցին և սլացան առաջ:

Այդ դեպքից մի ամիս հետո Աշոտ Երկաթը նույն տեղով գնում էր

դեպի Դվին՝ մի ահավոր գնդի գլուխ անցած, որպեսզի տակնուվրա անի Դվինը, բայց քաղաքի առաջ զիջանելով Հովհաննես կաթողիկոսի թախանձանքներին, թողեց Աշոտ սպարապետին և յուր զորքերով քաշվեց դեպի Ուտիք, ուր ապստամբել էր ուտիացվոց վրա կարգված Մովսեսը:

Ուտիքում Աշոտ Երկաթը մեծ ջարդ տվեց ապստամբ Մովսեսին, ուր սպանվեց նաև Մովսեսը և ապա նրա տեղ կարգելով Ամրամ անունով մի ուժեղ մարդու, որ յուր ուժեղության համար Ցլիկ էր կոչվում, շտապեց վերադառնալ Շիրակ:

ԺԷ

Չարաբաստիկ կոտորածից անցել էր մի քանի ամիս: Գևորգ Մարզպետունի իշխանը փոքրաթիվ թիկնապահներով դեպի Երազգավորս էր շտապում:

Գիշեր էր: Լիալուսինը յուր խորհրդավոր աղոտ լուսավորությունը տարածել էր շուրջը և մի տեսակ ինքնամոռացության մեջ ձգել իշխանին: Նա գնում էր անհոգ, առանց երկյուղ կրելու թշնամիներից: Այդ գիշեր Գևորգ իշխանը շատ տխուր էր, և զանազան մտքեր ալեկոծում էին նրա հոգին:

— Է՜հ, ինչ որ լինի, ես պիտի բանամ սիրտս նրա առաջ և ամեն բան խոստովանեմ: Համբերել այլևս անկարելի է, սրտիս բոցը քանի գնում սաստկանում է և գիշեր-ցերեկ այլևս հանգստություն չունեմ: Հեղինե՛, գոռոզ Գագիկի դուստր, քո մի խոսքից է կախված իմ կյանքը, նա այլևս պետք չէ ինձ, հրամայիր կրակը նետվել և Գևորգ Մարզպետունյաց իշխանը առանց վարանման կկատարե այդ, միայն թե իմանա, որ դու քաղցր աչքով ես նայում նրան, — ասաց Գևորգ իշխանը ինքն իրեն և հանկարծ մտրակեց ձիուն ու սլացավ առաջ:

Կարծես մի ինչ-որ աներևույթ ուժ առաջ մղեց նրան, բայց իսկույն դանդաղեցրեց ձիու ընթացքը:

— Իսկ Արծրունի Գագիկը մի՞թե կհամաձայնի ինձ նման թափառականի յուր աղջկա ձեռքը տալու:

Նա թագավոր է Վասպուրականի, իսկ ես ի՞նչ եմ... մի աննշան իշխան, որը, աստանդական կյանք վարելով, ուզում է իրեն զոհել օրինական թագավորի համար: Գագիկ Արծրունին փառքի, շքեղության մեջ է և կրկին վազում է դրա ետևից, իսկ ինձ համար չկա փառք, չկա անդորրություն, և իմ թշվառ կյանքը պիտի վերջանա կռվի դաշտում, իսկ իմ մարմինը պիտի լափեն գիշակեր թռչունները… Խելացնոր եմ ես, որ ձգտում եմ այդ բանին: Իսկ եթե Հեղինեն սիրո՞ւմ է ինձ… Մի՞թե սրտերը հարցնում են բարձր և ցածր աստիճան: Մի՞թե սիրո համար էլ կա խտրություն… Եվ, վերջապես, մի՞թե Գագիկ Արծրունին կարող է արգելք լինել, քանի որ Հեղինեն ատում է հորը՝ նրա վատ և անարգ արարքների համար… Օ՜… եթե Հեղինեն սիրում է ինձ, այն ժամանակ ոչ մի արգելք չի կարող մեզ միմյանցից բաժանել, եթե անգամ անտակ վիհեր բացվեն մեր առաջ: Նրա սերն է ինձ պետք, նրա մի բառն է ինձ համար թանկագին, քան աշխարհիս փառքն ու գանձերը…

Նրանք արդեն մտնում էին Երազգավորս քաղաքը, բայց Գևորգ իշխանը դեռ այդ չէր զգում:

— Տե՛ր, ո՞ւր կիրամայես իջնել, մենք արդեն մտանք Երազգավորս, — ասաց թիկնապահներից մեկը՝ մոտենալով Գևորգին:

— Ճիշտ որ, բայց շուտ հասանք, ուղղակի իջևանատանը պիտի իջնենք: Ես այս գիշեր ձեզ մոտ կանցկացնեմ և վաղը գործերս վերջանալուն պես կամ դեպի կորուստ կերթանք, կամ դեպի փրկություն, — պատասխանեց Գևորգ իշխանը:

Թիկնապահը նրա վերջին միտքը չհասկացավ, բայց չհամարձակվեց հարցնել, միայն շատ զարմացավ, որ Գևորգ իշխանը, ըստ սովորականի, դեպի պալատ չէր շտապում, քանի որ պալատի դռները գիշեր-ցերեկ բաց էին յուր տիրոջ համար:

Նրանք մտան իջևանատուն, և շտապով խոր քունը պատեց թիկնապահներին, մինչ Գևորգ իշխանը քնել չկարողացավ:

Երբ բացվեց առավոտվա կենարար լույսը, նա սրտատրոփ դեպի պալատ դիմեց, ուր ապրում էր Հեղինեն:

Հեղինեն, որին Մարտիրոս հայրը ազատել էր կովի դաշտից, այժմ բոլորովին առողջ էր:

Վաղորդյան արևի ճառագայթների տակ, նստած պալատի պարտեզի կանաչ խոտի վրա, նա ձեռքին մի գիրք ուներ, որ ագահությամբ կարդում էր, երբ ներս մտավ Գևորգ իշխանը և առանց նրա ընթերցմունքը խանգարելու կանգ առավ նրանից մի փոքր հեռու: Ի՞նչ հիանալի դիրք էր տվել օրիորդը իրեն: Նրա սևորակ, հրաշալի աչքերը հառած էին գրքի տողերին և այնտեղից ագահաբար քաղում էին մտքերը և յուր հոգվո մեջ սերմանում վեհ և աստվածային խոսքեր: Այդ երևում էր նրա դեմքի յուրաքանչյուր արտահայտությունից, ուր այնպես պարզ արտացոլվում էր հոգվո յուրաքանչյուր ելևէջը: Նրա մազերը խառնիխուռն թափթփվել էին ուսերին, և նա նմանվում էր դյութական մի հավերժահարսի, որը կարող էր շարժել ամենաքարասիրտ մարդուն անգամ: Նա սուրբ գիրք էր կարդում և կուսական սիրտը զարդարում էր սրբազան իմաստներով: Այդ րոպեին գոյություն չուներ նրա համար մարդկությունը յուր ստոր արարքներով, այլ նա ամբողջովին ամփոփված էր աստվածային բարձր և վսեմ գաղափարներով... Նայում էր Գևորգ իշխանը նրան, նայում և չէր կշտանում նրա աննման դեմքը դիտելով: Նա կարդում էր Հեղինեի հոգին նրա դեմքի նուրբ գծագրության վրա և ինքն էլ ընկնում էր մի տեսակ հափշտակության մեջ, որ տանում էր իրեն դեպի ինքնամոռացություն:

— Օ՜հ, աննման հրեշտակ, անարատ հոգի, անբիծ էակ, — մրմնջում էր Գևորգ իշխանը և լուռ դիտում նրան:

Հանկարծ օրիորդը դադարեցրեց ընթերցումը և խոր, խոհուն աչքերով նայեց Գևորգ իշխանին:

Գևորգ իշխանը սարսռեց:

Մի քանի վայրկյան լուռ կացավ Հեղինեն, կարծես դեռ մտածում էր սրբազան խոսքերի վրա, ապա, դիմելով Գևորգ իշխանին, ձեռքը մեկնեց նրան և ասաց.

— Ա՜... Գևո՛րգ իշխան, բարի ես եկել:

Գևորգ իշխանը ծունկ չոքեց և համբուրեց նրա ձեռքը:

— Ի՞նչ լուր ունիս հայր Մարտիրոսից, — հարցրեց Հեղինեն և մի այնպիսի հայացք ձգեց Գևորգ իշխանի վրա, որ քիչ մնաց նա վայր ընկներ:

— Հայր Մարտիրոսը ողջ է և աղոթում է քեզ համար, — ասաց Գևորգ իշխանը:

— Ապրի նա, — ասաց Հեղինեն և, գիրքը ծալելով, ոտքի կանգնեց:

— Դու շտապո՞ւմ ես, օրիո՛րդ, բայց ես քեզ բան ունեի հայտնելու, — ասաց Գևորգ իշխանը և մի տեսակ շառագունումն անցավ նրա դեմքով:

— Ի՞նչ բան, հայտնիր, ես պատրաստ եմ ամեն բան լսելու, թե լավ, թե վատ: Այժմ իմ սիրտը ամեն բանի կդիմանա, նա արդեն սովորեց ամեն վիշտ տանել:

— Եթե թույլ կտաս միայն, որովհետև...

— Հայտնիր, բայց ինչո՞ւ ես դողում, ի՞նչ սոսկալի լուր ունիս հաղորդելու ինձ, որ շրթունքներդ չեն զորում ասելու:

— Չէ՛, օրիորդ, սոսկալի ոչինչ չկա, այն ինչ որ ուզում եմ հայտնել քեզ, իմ թշվառ կյանքին է վերաբերում:

— Թշվա՞ռ.., չե՛մ կարծում: Քո կյանքն ամենաերջանիկ կյանքն է, քանի որ ծառայում ես ազգին:

Վերջին խոսքերը սիրտ տվին Գևորգ իշխանին և առանց տատանվելու չոքեց օրիորդի առաջ ու ասաց.

— Օրիո՛րդ, թշվառ է այդ կյանքը, քանի որ լափվում է բոցերով: Այդ կյանքը առանց քեզ ոչինչ չարժե: Ես սիրում եմ քեզ...

Հեղինեն լուռ կացավ, բայց նրա կրծքի արագ բաբախելը ցույց էր տալիս, թե ինչ փոթորիկ բարձրացրին այնտեղ Գևորգ իշխանի խոսքերը:

— Դու լուռ ես. արհամարհում ե՞ս ինձ, այնպես չէ՞...

Շառագունումն անցնում էր Հեղինեի դեմքով և նրա աչքերը մի այնպիսի փայլ էին ստանում, որ նայողին հալեցնում էին: Բայց նա շուտով զսպեց վրդովմունքը, հոգու մեջ խեղդեց արտավիժող զգացմունքը և բռնելով իշխանի ձեռքը՝ բարձրացրեց նրան:

— Վեր կաց, իշխա՛ն, դու չպետք է չոքես այն օրիորդի առաջ, որին կորստյան ճանապարհից ես փրկել:

— Բայց ասա, օրիո՛րդ, մի խոսք միայն, սիրո՞ւմ ես ինձ, թե արհամարհում և հանդուգն քայլ համարում իմ այս առաջարկությունը:

— Մի՛ վրդովվիր, իշխա՛ն, և լավ լսիր, թե ինչ եմ ասում: Դու արդյոք լավ հասկանո՞ւմ ես, թե ինչ ես առաջարկում ինձ: Կշռե՞լ ես քո ասածները, թե սիրո բորբոքման տակ հայտնում ես քո սերը:

— Օրիո՛րդ, անքուն գիշերներ եմ անցրել և տեսել, որ առանց քո սիրո մի րոպե անգամ չպիտի ապրեմ աշխարհում:

— Իսկ ես այդպես չեմ մտածում: Քո կյանքը շատ է պետք մեզ: Այս ժամանակներում, երբ մենք ապրում ենք, քեզ նմանների կյանքը շատ թանկագին է: Սերը պիտի լռե այնտեղ, ուր սիրուց վսեմ գործեր կան կատարելու: Ի՞նչ նշանակություն ունի անհատական սերը հայրենիքի սիրո առաջ: Ինչո՞ւ չզոհել անհատական սերը վսեմ գործերին, որին նվիրված ես:

— Բայց անհնարին է կռվել սիրո հետ:

— Եվ հենց դա է վսեմը, երբ հաղթում ես ամեն մի արգելք և հայրենիքի սիրուն զոհում: Մի՞թե ես էլ չէի կարող սիրել և սիրվել, բայց զոհեցի և զոհում եմ այդ, լսո՞ւմ ես, զոհում եմ, որովհետև սրտերի սիրուց ավելի բարձր սեր կա և այդ սերը հայրենիքին ծառայելն է: Գնա, իշխա՛ն, կրակը մտիր, կրկին ծառայիր հայրենիքիդ և այն ժամանակ...

— Եվ այն ժամանակ ի՞նչ...

— Եվ այն ժամանակ, երբ հայրենիքդ խաղաղ կլինի, հանգստացիր քո սիրո անուշ գրկում:

— Բայց մի՞թե ես չեմ ծառայում հայրենիքիս:

— Այդ չեմ ասում: Դու արժանի ես ամեն գովասանքի, բայց թե ի՞նչ դրության մեջ է այժմ Հայաստանը: Դու ինքդ լավ գիտես, որ ներքին և արտաքին թշնամիներից երկիրը ալեկոծ ծովի է նման: Խաղաղեցրու նրանց, և այն ժամանակ ես պատրաստ եմ քո հաղթական ճակատը համբուրելու:

— Լավ, ես պատրաստ եմ կրկին կրակի ու բոցերի մեջ մտնելու, միայն թե դու, Հեղինե՛, ինձ սիրես:

— Ես սիրում եմ քեզ հենց այս րոպեից, իշխա՛ն, քեզ համար է միայն բաբախում սիրտս, բայց երդվում եմ ամենասուրբ կույսով, որ ես քո կինը չեմ դառնա, մինչև Հայաստանի մեջ խաղաղություն չտիրի: Կրկնում եմ, գնա դեպի կրակը և քո օրինակով ամաչեցրու Գագիկ Արծրունուն, այնուհետև իմ բազուկները պատրաստ են քեզ, իմ սիրելույս գրկելու:

Գնորգ իշխանը հափշտակված Հեղինեի խոսքերից, էլ չհամբերեց, առավ Հեղինեին յուր բազուկների մեջ, և նրանց շրթունքները հպվեցան իրար:

— Ես մեղավոր եմ քո առաջ, օրիո՛րդ, բայց հույս ունեմ արդարացնելու քո խոսքերը: Եթե աստված իմ կյանքը բաշխեց, դու ինձանից բացի ոչ ոքի չես պատկանի, այժմ մնաս բարև, էլ երկար ժամանակ չենք տեսնվի, — ասաց Գնորգ իշխանը և, մի վերջին համբույր տալով, շտապ քայլերով հեռացավ:

Հեղինեն երկար ժամանակ նայեց նրա ետևից, մի խոր հոգոց քաշեց և ինքն իրեն մրմնջաց.

— Աստված տա, որ այդպես լինի:

Այդ ժամանակ արտասուքի առատ շիթեր դարս վիժեցին նրա աչքերից, և նա բռնեց սիրտը, կարծես այնտեղ բռնկեց մի այնպիսի բոց, որը կրակ տվեց նրան...

ԺԸ

Գնորգ իշխանը, բաժանվելով Հեղինեից, թեթևացած սրտով դառնում էր դեպի յուր թիկնապահները: Նրա սրտից կարծես ընկել էր մի ծանր բեռ, և Հեղինեին ավելի արժանի լինելու համար պատրաստվում էր յուր կյանքն անգամ զոհելու հայրենիքի և թագավորի սիրույն: Բախտը կարծես մղում էր նրան շուտով այդ բանը ցույց տալու: Զանազան գործերի պատճառով Գնորգ իշխանը այդ օրը չկարողացավ դուրս գալ Երազգավորսից, ուստի հետաձգեց մինչև վաղը առավոտ:

Տաղտկալից օրը շուտով փոխվեցավ մութ գիշերի: Անամպ երկնակամարի վրա դեռ չէր երևացել լուսինը, մի քանի ժամից հետո նա պիտի սփռեր յուր աղոտ լուսավորությունը:

Գնորգ իշխանի թիկնապահները, կանխապես գիտենալով, որ այդ գիշեր ոչ մի տեղ չեն գնալու, արդեն հանգիստ քուն էին մտել: Բայց Գնորգ իշխանը չէր կարողանում քնել, նա դուրս եկավ սենյակից և սկսեց աննպատակ շրջել Երազգավորսի փողոցներում: Յուր մտքի հետ ընկած, աննկատելի կերպով մոտեցավ Աշոտ Երկաթի պալատին, որ նոր էր վերադարձել Ուտիքից: Երկու պահապան միայն հսկում էին պալատի դուռը, որոնք իրար հետ ցած ձայնով խոսում էին:

Գնորգ իշխանը ուշադրություն չէր դարձնի պահապանների խոսակցությանը, եթե նրանք հանկարծ չլռեին և սանդուղքների վրա չերևային երկու անձնավորություն, որոնք լուռ իջնում էին: Նրանց ճանապարհը լուսավորում էր մի ծառա՝ վառած ահագին ջահը ձեռքին:

Գևորգ իշխանը ճանաչեց նրանց. ուստի մտավ պատի տակ, որպեսզի աննկատելի լինի: Նրանցից մեկը Աշոտ Երկաթի եղբայրն էր՝ Աբասը, իսկ մյուսը նրա աները՝ Ափխազաց Գուրգենը, որոնք Աշոտ Երկաթի հետ միասին Երազգավորս գալով, այս երեկո վերջին հրաժեշտն էին տվել թագավորին և վաղը, իբր թե, պիտի դառնային իրենց երկիրը:

Նրանք շուտով անցան: Եվ Գևորգ իշխանը հենց ուզում էր թաքստից դուրս գալ, երբ չորս թե հինգ կասկածավոր մարդիկ նկատեց, որոնք կանգ առնելով իրենից մի փոքր հեռու, սկսեցին իրար հետ խոսել խիստ զգուշավոր շշնջյունով: Մթության մեջ Գևորգ իշխանը նրանց դեմքերը լավ չկարողացավ դիտել, բայց նայելով շորերին նրանք խիստ կասկածավոր թվացին: Դրանք ո՛չ խաղաղ շինականներ էին երևում և ո՛չ գիշերապահ զինվորներ: Կասկածը մտավ իշխանի սիրտը, և նա առանց դուրս գալու թաքստի տեղից, ուզեց իմանալ բանի էությունը:

— Այստեղ մի բան կա, — մտածեց նա և ձեռքը դեպի սրի երախակալը տարավ:

Զգուշությամբ մի քանի քայլ առաջ գնաց, որպեսզի պարզ լսի այդ կասկածավոր խմբի խոսակցությունը, երբ մի ուրիշ խումբ էլ նկատեց, որ նույնպես կանգ առավ պալատի մյուս պատի տակ և թաքնվեցավ մութ տեղում:

— Է՜ ... ինչպես երևում է, պալատը պաշարվում է սրիկաներով, մի սոսկալի եղեռնագործություն է պատրաստվում այստեղ, բայց թե ո՞ւմ դեմ, այդ պիտի իմանալ և ազատել դրան, — մտածեց իշխանը, բայց սարսուռ զգաց, երբ լսեց այդ սրիկաների խոսակցությունը:

— Քոսակը չի երևում, — ասում էր մեկը մյուսներին:

— Մենք շատ վաղ եկանք, տեսնո՞ւմ ես, պահապանները դեռ արթուն են. այնպես պիտի Աշոտ Երկաթին սպանենք, որ ոչ մի աղմուկ չլինի և չիմանան էլ, թե ո՞վ և ինչպե՞ս սպանվեցավ:

— Դավաճանությո՜ւն... — ուզում էր մռնչալ Գևորգ իշխանը, բայց զսպեց իրեն, երբ լսեց, որ շարունակում են խոսակցությունը:

— Քանի՞ հոգով ենք սկսելու, — շարունակեց նույն ձայնը:

— Բոլորս քսան հոգի ենք վարձված, բայց դժվար գործը մենք պիտի կատարենք: Մի մասը դուրսը պիտի հսկի, մի երկուսը պահապաններին պիտի քնեցնեն, իսկ մենք Քոսակի հետ միասին պիտի ներս մտնենք և Աշոտ Երկաթին դեպի մյուս աշխարհը բարի ճանապարհ մաղթենք:

— Լա՛վ, բայց, ի՞նչ օգուտ ունին Աբաս և Գուրգեն իշխանները, որ Աշոտ Երկաթին սպանել են տալիս:

— Եղբայր եղբոր դեմ... Օ՜հ, աստված իմ, դու փրկես թագավորին այդ տարապարտ մահվանից, — մրմնջաց Գևորգը, և նրա աչքերում մի այնպիսի կատաղության բոց երևաց, որ քիչ մնաց ցնցեր յուր ուղեղը:

— Ի՞նչ մեր գիտենալու բանն է. մերն այն է, որ մեզ լավ վարձատրեն: Ահա մի ամբողջ շաբաթ է քարշ ենք գալիս այդ բանի ետևից, բայց չենք կարողանում գլուխ բերել, մեզ այդ չհաջողվեց կատարել Որմանի գյուղում, ուր Աշոտ Երկաթը միամտաբար այնպիսի պատիվներ տվեց Աբասին և Գուրգենին, բայց հույս ունիմ այստեղ կհաջողվի:

— Ասում են՝ Գագիկ Արծրունու սարքած բաներն են:

— Ես էլ եմ լսել: Մեր իշխաններն իրար միս են ուտում և միմյանց դեմ որոգայթներ լարում, տեսնենք վերջը ուր է հասնելու:

— Իսկ Հեղինեին ի՞նչ պիտի անենք, մի՞թե նրան էլ պիտի սպանենք:

— Չէ, հիմա՛ր, այդ հրամայված չէ, որքան հնարավոր է քիչ արյուն պիտի թափենք: Մեր գործը պիտի լինի Աշոտ Երկաթին սպանել, իսկ Հեղինեին ողջ նրանց ձեռքը հասցնել. այնուհետև մեր գործը ավարտված է, և մենք մեզ խոստացած ոսկիների տերն ենք:

— Իսկ եթե չհաջողվի՞...

— Հիմա՛ր... Ինչու՞ չի հաջողվի: Քաղաքումս թագավորը բացի յուր փոքրաթիվ թիկնապահներից ուրիշ զորք չունի, այնինչ Աբասն ու Գուրգենը ահագին թիկնապահներ ունին, որոնք մեզ օգնության կգան, հենց որ մեր գործը անհաջող գնա:

Նրանք լռեցին: Գևորգ իշխանը մի քանի վայրկյան սառած մնաց: Նա ամեն բան լսեց: Աշոտ Երկաթի կորուստը անխուսափելի էր, եթե նրան շուտով իմաց չտրվեր և նա փախուստ չտար քաղաքից: Աբասն ու Գուրգենը իրենց թիկնապահներով կարող էին հուր ու մոխիր դարձնել ամբողջ քաղաքը: Պետք էր շտապել, առանց մի վայրկյան անգամ կորցնելու թագավորին իմաց տալ, թե չէ Աշոտ Երկաթը կկորչեր: Բայց ինչպե՞ս գնալ, ինչպե՞ս դուրս գալ թաքստից, որ աննկատելի լիներ, ահա այդ էր մտածում Գևորգ իշխանը, երբ սրիկաներից մեկն ասաց.

— Գնանք, դեռ վաղ է մինչև նշան տալը:

— Գնանք, մի փոքր էլ կոկորդներս գինով թրջենք, — պատասխանեց մյուսը, և նրանք շուտով հեռացան:

Գևորգ իշխանը ազատ շունչ քաշեց, աննկատելի կերպով իրեն դեպի պալատի պարտեզը ձգեց, այնտեղից շուտով մտավ պալատ և ներկայացավ Աշոտ Երկաթին:

Աշոտ Երկաթը զարմանքով նայեց Գևորգ իշխանի գունատ դեմքին:

— Թագավո՛ր, փախիր շուտով, քո կյանքի դեմ սոսկալի դավադրություն կա:

Աշոտ Երկաթը վեր թռավ տեղից և շփոթված նրա դեմքը դիտեց, որ տեսնի, թե նա ճի՞շտ է ասում, թե խելագարվել է:

— Բայց քո դեմքին գույն չկա, իշխա՛ն, հանգստացիր և այնպես պատմիր գործի դրությունը:

— Թագավո՛ր, հանգստանալու ժամանակ չէ, շուտով հեռացեք և թողեք ինձ այստեղ իմ փոքրաթիվ մարդկանցով պահպանել պալատը, մինչև կհեռանաք: Շտապեցեք, ապա թե ոչ, մի քանի րոպեից հետո ուշ կլինի,— ասաց Գնորգ իշխանը և մանրամասն պատմեց յուր անակնկալ հանդիպումը սրիկաներին և նրանց խոսակցությունը: Աշոտ Երկաթը գլուխը շարժեց և խորին ցավակցությամբ հիշեց հոր ստվերի երևալը և նրա նախազգուշացումը:

— Արդարև, դժբախտ եմ ես, քանի որ իմ հարազատ եղբայրն էլ է իմ դեմ սուր բարձրացնում: Թող գան, սպանեն ինձ, եթե իմ կյանքը հարկավոր է դրանց, պատրաստ եմ զոհվելու, միայն թե գիտենամ, որ այնուհետև Հայաստանը ազատ կլինի, և նախարարներն ու իշխանները կդադարեն իրար միս ուտելուց:

— Բայց, տե՛ր, շտապեցեք, ձեր կյանքը հարկավոր է թշվառ ժողովրդին: Նրանք դրանով էլ չեն բավականանա, ձեր արյան մեջ ընկնելուց հետո ոտնատակ կտան ամբողջ Հայաստանը:

Աշոտ Երկաթը մի փոքր լուռ մնաց և ապա ասաց.

— Լա՛վ, թող քո խոսքը լինի, — ապա շտապ հավաքելով անհրաժեշտ պիտույքները, վերցրեց յուր ընտանիքը, Հեղինեին, Աբասի որդուն և գաղտնի ճանապարհով դուրս եկավ քաղաքից:

Երբ Գնորգ իշխանը տեսավ նրա հեռանալը, ազատ շունչ քաշեց և ապա յուր թիկնապահներով պալատում դարան մտավ սպասելով դավադիրներին: Շատ ժամանակ չանցավ, և նա տեսավ, թե ինչպես մոտ քսան հոգի զգուշությամբ մոտենում են դեպի պալատի այն կողմը, ուր քիչ առաջ երկու պահապան էին կանգնած: Այժմ այդ պահապանները չկային և մուտքը, ըստ երևույթին, ազատ էր սրիկաների համար: Սանդուղքների տակ շփոթված նրանք կանգ առան, երբ պահապաններից ոչ ոքի չտեսան: Անորոշ կասկած մտավ նրանց սիրտը:

— Այս ո՞ւր են պահապանները, ինչո՞ւ նրանք չկան,— շշնջաց մեկը ցած ձայնով:

— Ուր պիտի լինեն, մի անկյունում կուչ եկած, քնած կլինեն, այդ մեզ համար ավելի լավ է, մեր ճանապարհը ազատ կլինի, — պատասխանեց մի ձայն, որ մեզ ծանոթ Քոսակն էր:

Նրանք զգուշությամբ սկսեցին վեր բարձրանալ, երբ քսան նետ միասին դեպի նրանց սլացան և շատերին պառկեցրին տեղն ու տեղը:

— Վա՛յ, մեռանք, — կանչեցին մի քանիսը, իսկ ոմանք սարսափահար ետ դարձան:

— Դավաճանությո՛ւն, — կանչեց Քոսակը և մի ակնթարթում կորավ մթության մեջ: Նետերի հենց առաջին տարափից ամեն ինչ խաղաղվեց: Լսվում էր միայն վիրավորների թույլ հառաչանքը:

— Տղե՛րք, սրանով դեռ սկսվում է մեր այս գիշերվա խաղը, տեսնենք ինչո՞վ կվերջանա,— ասաց Գնորգ իշխանը՝ դառնալով թիկնապահներին:

— Ինչով էլ վերջանա մենք քեզ հետ պիտի մեռնենք, իշխա՛ն, — պատասխանեցին թիկնապահները:

— Ապրի՛ք, տղերք, բայց տեսեք, ահա սկսվում է իսկական կռիվը: Աբասն ու Գուրգենը իրենց զորքերով են շտապում:

Ճիշտ որ՝ Աբասն ու Գուրգենը իրենց զորքերով շտապով կանգ առան պալատի առաջ և մտածում էին, թե ինչպես ներս մտնեն: Քիչ հետո զորքը երկու մասի բաժանվեցավ, մի մասը սկսեց բարձրանալ գլխավոր մուտքից, ուր պահված էին Գևորգ իշխանն ու յուր թիկնապահները, իսկ մյուս մասը շրջան տվեց և պատերից սկսեց վեր բարձրանալ:

Գևորգ իշխանի և յուր թիկնապահների նետերի տարափը նորից թափվեցավ դրանց վրա, բայց մեծ վնաս չկարողացավ տալ, որովհետև նրանց նետերից շատերը դիպան թշնամիների վահաններին:

Գևորգ իշխանը նկատեց, որ երկար դիմադրել անհնար է դրանց զորությանը և թե ինքը ու յուր մարդիկ ամենքն էլ կկոտորվեն, եթե մնան իրենց տեղում, ուստի բարվոք համարեց ետ քաշվել: Գաղտնի դռան կողմը սպասում էին իրենց ձիերը, բայց նա դեռ ուզում էր պաշտպանվել, ո՛չ թե պալատը փրկելու, այլ ժամանակ վաստակելու, որպեսզի Աշոտ Երկաթը յուր ընտանիքով ավելի հեռացած լինի:

Հանկարծ նա կրակի բոց նկատեց, որ ագահությամբ չափում էր Աշոտ Երկաթի սենյակներից մեկը: Ինչպես երևում է, թշնամին նպատակ ուներ Աշոտ Երկաթի հետ միասին ոչնչացնել նաև նրա պալատը: Բայց գլխավոր մուտքի առաջ կռիվը հետզհետե տաք կերպարանք էր ստանում: Երկու կողմից էլ արդեն սպանվածներ կային:

— Աշո՛տ Երկաթ, անձնատուր եղիր, քեզ այլևս փրկություն չկա, — կանչեց Գուրգենը՝ կարծելով, թե Աշոտ Երկաթի հետ է կռվում:

— Թշվառակա՛ն, ճանաչիր ում հետ ես կռվում: Նախախնամությունը փրկեց նրան, — ասաց Գևորգ իշխանը և կամաց-կամաց ետ գնաց, իսկ քիչ հետո քսան հոգուց տասնևհինգ հոգի միայն նստեցին իրենց ձիերը և աննկատելի կերպով դուրս եկան քաղաքից:

Աբասն ու Գուրգենը մտան դատարկ ապարանքը և, չգտնելով այնտեղ Աշոտ Երկաթին, բարկությունից սկսեցին քարուքանդ անել պալատը և կողոպտել այն: Որքը թողել էր նրանց ձեռքից, և նրանք սկսեցին կրակ տալ այդ ապարանքը: Գևորգ իշխանը բավականին տեղ հեռացել էր քաղաքից, երբ ետ նայեց և դառն ժպիտ անցավ նրա դեմքի վրայով: Այնտեղ՝ Երազգավորս քաղաքում, ուր կառուցված էր Աշոտ Երկաթի պալատը, բարձրանում էր կարմրածիրանագույն բոց: Այդ բոցը հետզհետե աճում էր, և կրակի լեզուները ավելի և ավելի բարձր էին գնում ու իրենց շուրջը տարածում աղոտ լուսավորություն:

— Գոհությո՛ւն աստծո, — կանչեց Գևորգ իշխանը, — թագավորը փրկված է, իսկ պալատը որքան ուզում է թող այրվի: — Եվ ապա նրանք մտրակելով իրենց ձիերին շուտով անհետացան նոր ծագող լուսնի լուսավորության մեջ...

ԺԹ

Կայծակի արագությամբ տարածվեց Աշոտ Երկաթի կյանքի դեմ լարած դավադրության լուրը, և շարժվեց նա, ով ավելի հալածված և տանջված էր: Ժողովրդի ստորին խավերն սկսան ալեկոծվել, և արդար բարկությունը նրանց ոտքի կանգնեցրեց: Հուզվեց նրանց սիրտը, և նրանք, որոնք իբրև մի մեռած, անշարժ ու թմրած տարր էին կազմում, այժմ մի այնպիսի զարկ ստացան, որ արդեն դժվար էր նրան ետ կանգնեցնել: Նրանց առաջնորդ էր պետք և այդ առաջնորդը կար, դա հայր Մարտիրոսն էր, որի քարոզները, կենդանի խոսքը չէին մեռել նրանց մեջ, այլ դեռ պահվում էին նրանց սրտում:

Ժողովուրդը, հասարակ ամբոխը, որ չուներ իշխանների ու նախարարների եսասիրությունն ու փառամոլությունը, սիրում էր թագավորին, սիրում էր Աշոտ Երկաթին անկեղծ, անարատ սիրով, բայց այդ սերը խեղդվում էր իշխանների ու նախարարների ճնշման տակ և ոչ մի բանով չէր արտահայտվում: Բայց բաժակը արդեն լցված էր: Այժմ մի ձայն էր պետք նրանց ի մի գումարելու և այդ ձայնը լսվեց:

Մարտիրոս հոր ձայնը լսվեց Հայաստանի մի անկյունից մյուսը, և նրա կազմած փոքրիկ խմբերը ստվարանալով գունդագունդ դեպի իրենց «սուրբը» դիմեցին:

Ծերունին հուզվեց. մի կողմից նրա սիրտը լցվեց, կսկիծը տոչորեց նրան՝ լսելով Աբասի արարմունքը յուր եղբոր՝ թագավորի դեմ, իսկ մյուս կողմից, նկատելով իշխաններից արհամարհված այդ շինականներին, որոնք զենքը ձեռքերն առած եկել էին պահպանելու իրենց սիրելի թագավորին, նրա սիրտը լցվեց գոհունակությամբ և աչքերը վեր ուղղելով աղոթում էր աստծուն, որ հաստատ և անխախտ պահի այդ ժողովուրդը, որի վրա է միայն հենված եկեղեցին ու պետությունը:

— Իշխա՛ն, — դարձավ Մարտիրոս հայրը դեպի յուր մոտ կանգնած Գևորգ Մարզպետունին, — հրամայիր թմբուկ զարկել, որ ժողովվեն բոլոր գնդերը և պատրաստվեն թագավորի թևի տակ մտնելու:

Գևորգը խոր գլուխ տվեց և հեռացավ նրա մոտից: Քիչ ժամանակից հետո Բյուրականի ամբողջ պարիսպները դղրդացին փողի և թմբուկի ձայներից, և գնդերը պատրաստվեցան լսելու Մարտիրոս հոր հրամանը:

Երկու բաժին էին եղած գնդերը, որոնցից մի մասը հեծելագունդ էր, իսկ մյուսը՝ հետիոտն: Մոտ տասն հազար կտրիճ տղամարդիկ ինքնակամ ժողովվել էին իրենց թագավորին պաշտպանելու:

Երբ Մարտիրոս հայրը դուրս եկավ և կանգնեց բարձր պատվանդանի վրա, որտեղից երևում էր ամբողջ բանակը, բոլոր զինվորները իջեցրին նիզակները և հանելով գլխարկները, նայեցին դեպի Մարտիրոս հայրը:

Պատկառելի և հրաշալի դեմք ուներ նա:

Աստվածածին սուրբ լույսով էր պատած նրա առանց այն էլ սպիտակ ալեզարդ դեմքը: Հեզ, բայց ոգևորությամբ լի աչքերը հույս ու հավատ էին ներշնչում նայողներին և անսովոր ոգևորությամբ լցնում նրանց սիրտը:

Որդիա՛կք իմ, — կանչեց Մարտիրոս հայրը, և նրա ձայնը, այն անհողդողդ և ուժեղ ձայնը դողդողաց: Փղձկանքը կտրեց նրան և արտասուքներ երևացին նրա աչքերի մեջ, որոնք մարգարիտների նման գլորվեցան նրա ալեզարդ մորուքին:

Զորքը տեսավ Մարտիրոս հոր արտասուքները և մի տեսակ անորոշ, խուլ շշունջ անցավ նրանց մեջ, որը ցնցեց նրանց մարմինը:

— Սուրբը լաց է լինում, արտասվում է, տեսնո՞ւմ եք, ադամանդներ են գլորվում նրա աչքերից, — ասում էին նրանք միմյանց, և նրանց սիրտն էլ էր սկսում հուզվել, նրանք էլ պատրաստվում էին լալու:

— Որդյա՛կք իմ, — շարունակեց Մարտիրոս հայրը, — ինձ և ձեզ սեր է պետք և խաղաղություն, որ թողեց մեզ մեր տերը՝ նա, ով խաչվեցավ մեզ համար, բայց այդ սերն ու խաղաղությունը խլում են մեզանից նույնիսկ նրանք, ովքեր պիտի պահպանեին այն: Դառն և սոսկալի է ներկա ժամանակը, երբ եղբայրը եղբոր դեմ դարանամուտ է լինում: Սոսկալի չէ, երբ մի ազգ գործ է ունենում արտաքին թշնամիների հետ, լինեն դրանք թեև տասնապատիկ շատ, բայց սոսկալի է ունենալ ներքին թշնամիներ: Հայոց ազգի և եկեղեցու համար էլ այնքան վտանգավոր չեն արաբներն ու պարսիկները, որքան սոսկալի են այն դավաճան, ստոր իշխանները, որոնք իրենց հարազատ թագավորին դեմ են գնում: Արտաքին թշնամիները նման են այն տեսակ հիվանդության, որոնք գոյանում են մեր մարմնի կաշվի զանազան մասերում և որոնց մենք աչքով տեսնում ենք, ուստի և հոգ ենք տանում սպեղանի դնելու հենց այնտեղ, ուր գոյացած է խոցը: Բայց ներքին թշնամին, ներքին անտեսանելի հիվանդությանն է նման, որ չենք իմանում, թե ո՞ւր է նա կենտրոնացած և որտե՞ղ թաքնված, այնինչ նա կամաց-կամաց, աննկատելի կերպով քայքայում է մեր մարմինը և ապա, հասնելով մեր սրտին, ոչնչացնում է մեր գոյությունը և գերեզման իջեցնում մեզ...

Մենք ունենք երկու տեսակ թշնամի էլ: Արտաքին թշնամին մեր արյունից չէ, օտար է, բայց ներքին թշնամին մեր արյունից է և մարմնից: Ես ուղարկում եմ ձեզ կռվելու երկուսի դեմ էլ: Ես ուղարկում եմ ձեզ կոտորելու ձեր հարազատներին անգամ, եթե նրանք գնում են թագավորի դեմ և վրդովում ընդհանուր խաղաղությունը:

Աղոթենք առ ամենաբարձրյալը, որ նա ուժ և կարողություն տա հնազանդ լինելու Աշոտ Երկաթին և մինչև վերջին շունչը կռվելու նրա համար: Թող հուր և մոխիր դառնան մեր ներքին ու արտաքին թշնամիները, որպեսզի վերականգնվի խաղաղությունը: Կորչե՛ն դավաճանները և անիծյալ լինեն նրանք:

— Մա՛հ դավաճաններին, — կանչեցին տասն հազար բերաններ և, սրերը մերկացնելով, երդվեցին հնազանդ լինել Աշոտ Երկաթին:

Ապա բոլորը չոքեցին, և Մարտիրոս հայրը սկսեց պահպանիչը: Երբ վերջացրեց, Գնորգ իշխանը համբուրեց խաչը և նշան տվեց զորքին:

Բոլորը շարժվեցին դեպի Կաքավաբերդ, ուր կանգ էր առել Աշոտ Երկաթը: Մարտիրոս հայրը և Գնորգ իշխանը առաջնորդում էին նրանց:

Ի

Ամեն կողմից Հայաստանը քարուքանդ էր լինում:

Աբասն ու Գուրգենը տակնուվրա էին անում Այրարատյան երկիրը, Գագիկ Արծրունին յուր վասալ Անձևացյաց և Ռշտունյաց իշխաններով ծածուկ և հայտնի կերպով ոտնատակ էին տալիս Հայաստանը և այդ բավական չլինելով՝ Գագիկ Արծրունին դաշն էր կռում արաբների հետ, ամիրապետից թագ ստանալու: Որոմն էր ցանում նաև Աշոտ սպարապետը և յուր ժանիքները Աշոտ Երկաթի վրա սրում, այնինչ աները՝ Սնաղան նս հետզհետե սառչում էր յուր փեսայից: Աշոտ Երկաթը այդպիսով շրջապատվում էր հզոր դավաճաններով և թշնամիներով, որոնք ամեն կերպ ուզում էին ոչնչացնել նրան:

Աշոտ Երկաթը, գլուխ անցնելով Մարտիրոս հոր կազմած գնդերին, իսկույն հարձակվում է Գուրգենի երկրի վրա և իրո ճարակի մատնում այն: Այդ ժամանակ նա Վասակ Սյունյաց իշխանին բանտարկում է Կայեան բերդում՝ գտնելով նրա մոտ դավաճանության թղթեր, գրված Աշոտ սպարապետից, Գուրգենից և Աբասից:

Վասակ Սյունի իշխանը լավ հարաբերության մեջ էր Գարդմանաց Սնաղայի հետ: Վերջինս այդ պատրվակ առնելով յուր զորքերը առաջ է քաշում դեպի Աշոտ Երկաթի երկրները և բանակ է ձգում Մխայեան գետի մոտ, բայց այդտեղ կռիվ տեղի չի ունենում և Աշոտ Երկաթը շտապում է Դվին, ուր այդ ժամանակ գլուխ էր բարձրացրել Աշոտ Բռնավորը:

Խորին թախիծը սրտում Աշոտ Երկաթը յուր գնդի առաջն ընկած շտապում էր դեպի Դվին: Վիշտն ու բարկությունը ճնշում էին նրա սիրտը: Նա զգում էր, որ ճակատագիրը անողոք կերպով հալածում է իրեն, բայց մինչև ե՞րբ:

— Անողո՛ք ճակատագիր, ապերա՛խտ բախտ, մինչև ե՞րբ պիտի խաղալիք դարձնես ինձ, մինչև ե՞րբ պիտի հալածես... Մի ապստամբություն ճնշում եմ, և դեռ արյան հետքերը սրիս վրա չչորացած, դու ստեղծում ես ուրիշ ապստամբություն, այդ էլ եմ ճնշում, մի նոր ապստամբություն է լսվում, և կարծես ինձ դատապարտել ես հավիտյան կռվել, հավիտյան պատերազմների մեջ անց կացնել, այնինչ ես հանգստություն եմ ուզում... Ապիրատ երկինք, խղճա՛ ինձ, դու զինեցիր իմ դեմ հարազատ եղբորս էլ, բավականացիր դրանով և թող ինձ հանգիստ... — այդպես մտածում էր Աշոտ Երկաթը՝ նստած յուր նժույգը: Կողքին, նույնպես ձի նստած, գնում էր Գևորգ իշխանը:

Սա էլ լուռ էր և, ըստ երևույթին, խորին մտքերի մեջ ընկած: Հեղինեի սիրուն պատկերը նրա առջևից չէր հեռանում, իսկ նրա խոսքերը ամուր մեխվել էին յուր մտքի մեջ: Նա մտածում էր Հեղինեի վրա:

— Մի՞թե նա չի սիրում ինձ, մի՞թե նա ինձ դիտմամբ դեպի կրակն է ուղարկում, որ ես կյանքս վայր դնեմ և նա այդպիսով ազատվի ինձանից... Բայց չէ՛, Հեղինեն ընդունակ չէ խաբեության, նա խոսք տվեց և կկատարի տված խոսքը, դեպի արյունը պիտի շտապել, դեպի կրակը, դավաճանների և անօրենների արյունով պիտի ձեռք բերեմ Հեղինեիս: Այդ ծանր գնով է ծախում նա յուր սերը...

Ու Գևորգ իշխանը, երևակայելով իրեն կրակի և մոխրի մեջ, այնպիսի ուժգնությամբ մտրակեց, որ ձին հանկարծակի մի այնպիսի թռիչք արավ, որ քիչ մնաց վայր ձգեր ձիավորին: Աշոտ Երկաթը զարմացավ այդ բանի վրա և առաջ քշելով ձին՝ մոտեցավ Գևորգ իշխանին, որը յուր ձիուն զսպելով հանցավորի նման իջեցրել էր գլուխը:

— Ի՞նչ պատահեց քեզ, — հարցրեց Աշոտ Երկաթը:

Գևորգ իշխանը իսկույն չկարողացավ պատասխանել, նա չէր ուզում իսկությունը հայտնել, բայց և չէր կարող խաբել նրան:

— Տե՛ր, ձին հանկարծ թռիչք արավ:

— Բայց ինչո՞ւ հանկարծ մտրակեցիր, նա հանգիստ էր գնում:

— Իմ կյանքը, տե՛ր թագավոր, հանգիստ ժամանակ էլ ինձ փոթորիկ է թվում և ես, մտքիս հետ ընկնելով, կարծում էի, թե կռվի մեջ եմ գտնվում:

— Հա՛, մեր կյանքը այնպես է, որ քնած ժամանակներս էլ պիտի արթուն լինենք և մեզ միշտ արյան մեջ կարծենք: Ո՞վ գիտե մի ժամից հետո ի՞նչ է լինելու... Փոթորկալից է մեր կյանքը, իշխա՛ն, խիստ փոթորկալից և ե՞րբ արդյոք պիտի խաղաղվի, այդ տերը միայն գիտե: — Նրանք երկուսն էլ լռեցին և ամեն մեկը կրկին յուր մտքերի մեջ ընկավ: Քիչ հետո նրանք պիտի հասնեին այնտեղ, ուր բանակված էր ապստամբների գունդը:

Բավական ժամանակ նրանք առաջ էին գնում, երբ հեռու անտառների մեջ մի քանի կրակներ երևեցան: Այդ կրակները թշնամյաց խարույկներն էին, որոնք երբեմն հանգչում, երբեմն բոցավառվում էին:

— Իշխա՛ն, թշնամին արդեն երևում է, ավելի առաջ գնալը վտանգավոր է. մենք պիտի այստեղ հանգստանանք մինչև մեր լրտեսներից տեղեկություն ստանալը,— ասաց Աշոտ Երկաթը և հրաման տվեց զորքին կանգ առնել ու հանգստանալ: Զորքը լուռ, առանց աղմուկի, կանգ առավ և տարածվեցավ կանաչ խոտի վրա: Բավական ժամանակ նրանք հանգստացան, ապա զորքը երկու մասի բաժանվեց. մի բաժնի գլուխն անցավ ինքն Աշոտ Երկաթը, իսկ մյուս բաժնի գլուխը՝ Գևորգ իշխանը:

— Իշխա՛ն, քո գունդը լռությամբ առաջ տար մինչև լեռան աջակողմյան լանջը և երբ կհասնես այնտեղ՝ հնչեցնել տուր փողերը և սկսիր հարձակումը, իսկ մենք էլ պատասխանելով ձեզ՝ կնեղենք թշնամու ձախ կողմը:

Գևորգ իշխանը խոր գլուխ տվեց և յուր գունդը լռությամբ առաջ տարավ, և երբ հասան նշանակված տեղը, խորին լռությունը դղրդացրեց փողերի սարսափեցուցիչ ձայները, որին արձագանք տվեցին Աշոտ Երկաթի գնդի փողերը: Աշոտ սպարապետը սարսափեց. նա այդպես շուտով չէր սպասում Աշոտ Երկաթին, թեև գիտեր, որ նա կայծակի արագությամբ անցնում է մի տեղից մյուսը և յուր ծանր սրի զորությունը ցույց տալիս ամեն տեղ:

Մի քանի վայրկյան անցավ, և տիրեց խորին, ահավոր լռություն, և ապա լսվեցան Աշոտ սպարապետի բանակից փողի ձայներ և քիչ հետո սրերի, նիզակների և գոռում-գոչյունների ձայներ: Կռիվն արդեն սկսվել էր անտառի մեջ: Թեև Աշոտ սպարապետի բանակի դիրքը շատ լավ էր, բայց Աշոտ Երկաթը ամենևին չէր վհատվում նրանց համառ դիմադրությունից, այլ մտնելով նրանց ամենախիտ շարքերի մեջ՝ ջարդ ու փշուր էր անում նրանց և ետ մղում, այնինչ մյուս կողմից Գևորգ իշխանը մտնում էր ուղղակի թշնամու սիրտը և այնտեղ յուր ավերմունքը անելով քշում ետ:

Աշոտ սպարապետը դառնությամբ նկատեց, որ յուր զորքերը փախուստ են տալիս, որ ինքը հաղթվում է, և նա դառն կսկիծով կանչեց.

— Ա՛յս էլ չհաջողվեց, չար բախտը հալածում է ինձ և աստված Երկաթին է պահպանում : Օ՛հ, Երկաթի արյանը վաղուց եմ կարոտ, բայց նա ձեռքս չի ընկնում, մինչև ե՞րբ...

— Իշխա՛ն, թշնամին մոտենում է, այլևս անհնար է դիմադրել, — ասաց Անձևացյաց իշխանը՝ մոտենալով Աշոտ սպարապետին:

— Ո՞ւր է թշնամին,— ասաց Աշոտ սպարապետը վրդովված ձայնով, առանց հասկանալու, թե ինչ է հարցնում:

— Մի՞թե չես տեսնում. ահա երկու կողմից մեզ վրա են գալիս, մի կողմից ինքը Աշոտ Երկաթը, իսկ մյուս կողմից Գևորգ իշխանը: Եթե մենք նրանց ձեռքն ընկնենք, վաղը արևի ծագելը չենք տեսնի:

— Ճիշտ է, պետք է նահանջել, իսկ ո՞ւր են իմ զորքերը, անիծվածները ամենքը ցրվեցան, ամենքը փախան:

— Փախչե՛նք, տե՛ր, ահա Աշոտ Երկաթը մեզ վրա է գալիս, — ասաց Անձևացյաց իշխանը, և երկուսն էլ իրենց ձիերի գլուխները ետ դարձնելով, կորան անտառի ծառերի ետևը:

Աշոտ Երկաթը, որ հեռու չէր նրանցից, նկատեց նրանց փախուստը և կանչեց ետևից.

— Վախկո՛տ, անա՛րգ սպարապետ, ո՞ւր ես փախչում...

Հետզհետե Աշոտ սպարապետի գնդերը ցրիվ էին գալիս և փախուստ տալիս, մի քանի տեղ միայն դեռ կատաղի կերպով շարունակվում էր կռիվը, բայց նրանք էլ շուտով վհատեցին, տեսնելով մեծի փախուստը և ցրիվ գալով անտառի մեջ, սկսեցին փախչել կռվի տեղից: Նրանց հալածում էր Գնորգ իշխանը մի խումբ կտրիճներով, երբ նկատեց, որ երկու մարդ ամենայն արագությամբ վազում են մացառների միջով և ամեն կերպ աշխատում են թաքնվել: Նրանցից մեկի, դեմքը ծանոթ երևաց, բացի դրանից, նա իշխանական զգեստներ ուներ հագին, որով ավելի հետաքրքրեց իշխանին, ուստի երկու զինակից ուղարկեց դրանց բռնելու, իսկ ինքը սկսեց հալածել մյուս փախստականներին:

Կատվի դյուրաշարժությամբ այդ երկու փախստականները մտան փշի մացառների մեջ և անհետացան այնտեղ: Դրանց հալածողները նկատեցին այդ և բարկությունից ատամները կրճտացրին: Փշի մացառները բռնում էին բավականին տարածություն, իսկ ձիերով ներս մտնել այդ փշի մեջ անհնար էր, այնինչ որսը փախուստ տվեց, նրանց ձեռքից ու նրանք ձեռնունայն ետ դարձան: Երկու փախստականները ներս մտնելով մացառի մեջ, փորսող տալով սկսեցին, առաջ քայլել: Փշերը պատառոտում էին նրանց շորերը և արյունլվա անում ձեռքերն ու երեսը, իսկ հոգնածությունից և երկյուղից առաջացած քրտինքը ծորում էր նրանց երեսից: Դեմքերն արդեն այլանդակվել էին, աչքերը լցվել էին արյունով, որ սարսափելի արտահայտություն էր տվել նրանց: Հոգնածությունից և ցավի կսկծից հազիվ կարողանում էին շարժել իրենց ոտքերը, այնինչ սարսափը այն աստիճան էր ազդել, որ նրանք գերբնական ուժ էին գործ դնում և թեև դանդաղ, բայց կրկին շարժվում էին առաջ:

— Քոսա՛կ, կանգնիր, շունչս կտրվում է, մի վայրկյան հանգստանանք:

— Առա՛ջ, իշխա՛ն, առա՛ջ, ժամանակ չէ հանգստանալու, — պատասխանեց մեզ ծանոթ Քոսակը և, սոսկալի ճիգ թափելով, ձեռքերով ճղեց փշերի արմատները և տեղ բանալով մի քանի քայլ առաջ գնաց:

— Խղճա՛ ինձ, Քոսա՛կ, մի՛ թողնիր ինձ միայնակ, թող գոնե մի վայրկյան շունչ առնեմ, — կրկին աղաղակեց Քոսակի ետևից սողացող մարդը, որ Ռշտունյաց իշխանն էր:

Քոսակը մի վայրկյան կանգ առավ, Ռշտունյաց իշխանի աղիողորմ ձայնը թափանցեց յուր սիրտը, խղճաց նրան և ուզեց հանգստություն տալ, բայց այդ ժամանակ փշի թփից դուրս թռավ մի թռչուն, որն աղմուկ հանելով՝ սարսռեցրեց նրան: Քոսակը կարծեց, թե թշնամին հետևում է իրենց այդ դժոխային ճանապարհով, ուստի կրկին ծիգ թափելով առաջ անցավ: Այդ ժամանակ Քոսակի ականջին դիպավ առվի խոխոջը, որը նրան ուրախություն պատճառեց և նա, առանց ուշք դարձնելու յուր ետևից սողացող իշխանին, որ տեղն ու տեղը մնացել էր սառած, կանչեց.

— Իշխա՛ն, մենք ազատված ենք, դժոխքը վերջանում է այստեղ: — Բայց Ռշտունյաց իշխանը չլսեց էլ Քոսակի խոսքերը, այդ ժամանակ նա փշերի մեջ սեղմված, արյունաթաթավ, հողի մեջ կոլոլված խոխռացնում էր անորոշ խուլ բացականչություններ, որոնք ավելի մահամերձ մարդու ձայների էին նմանվում: Նրա երեսի վրա թռչկոտում էին զանազան զեղուններ և սողում զզվելի միջատներ, բայց նա ոչինչ չէր զգում, այլ կռվում էր մահվան հետ:

Մինչդեռ Քոսակը արդեն դուրս էր եկել փշերի միջից և մի բարձր ծառի տակ թեք ընկել: Նա ապահով էր, որ իրեն այստեղ ոչ ոք չէր հալածի, որովհետև մի կողմում փշերի դժոխքն էր, մյուս կողմում՝ ահռելի անդունդը, որի խորքում գոռում էր լեռնային մի վտակ:

Մի տեսակ կիսաթմրած դրության մեջ էր Քոսակը, նա ոչինչ չէր հասկանում, թե ու՞ր է ինքը և թե ի՞նչ է պատահել իրեն: Նա մինչև անգամ մոռացել էր Ռշտունյաց իշխանի գոյությունը, որ մի քանի քայլ այն կողմ, փշերի մեջ, անօգնական խեղդվում էր, Քոսակ էր կանչում, նրան ոսկի, հարստություն խոստանում, բայց Քոսակը նրան չէր լսում: Հոգնած, ուժասպառ Քոսակը խոր քուն էր մտել ծառի տակ և մոռացել ամեն ինչ:

Երբ նա զարթնեց, ձեռքերով սրբեց չորացած արյունը և մաքրեց աչքերը: Շփոթված աջ ու ձախ նայեց, խորին լռությունը տարածվել էր չորս կողմ և թռչունները ուրախ-ուրախ հնչեցնում էին իրենց երգը: Հենց նույն ծառի գլխին, որի ստվերի տակ պառկած էր ինքը, բլբուլը թառ էր արել և երգում էր յուր անուշ մեղեդին: Բայց բլբուլի երգը նրա քարացած սրտի վրա ազդեցություն չարավ, այլ մոտի անդնդի ահռելի տեսքը և յուր միայնակությունը սարսափով լցրին Քոսակի սիրտը: Նա հիշեց Ռշտունյաց իշխանին և զարհուրեց: «Ի՞նչ եղավ նա, չէ՞ որ իմ ետևից էր գալիս, չլինի թե նրան բռնեցին», — մտածեց Քոսակը և փշերը սկսեց զգուշությամբ ետ քաշել և փնտրել իշխանին: Առաջին ջանքը ապարդյուն անցավ, բայց մի փոքր էլ առաջ գնալով՝ սարսափահար կանգ առավ, երբ նկատեց Ռշտունյաց իշխանի այլանդակված դեմքը... Քոսակի նման քար սիրտն անգամ վախեցավ և տհաճությամբ երեսը շուռ տալով՝ ուզում էր ետ գնալ, բայց մի փոքր ժամանակ կանգ առնելով, բռնեց իշխանի մազերից և սկսեց քարշ տալ դեպի անդունդի եզրը: Ապա նա ետ արավ նրա սուրը, քրքրեց գրպանները և շպրտելով նրան անդունդը, կանչեց.

— Գնա՛, դժոխքի բաժին եղիր, ա՛յդ է դավաճանների վախճանը, ո՞վ

գիտե, ես ավելի վատթար մահով մեռնեմ, բայց ես սոված եմ, հաց եմ ուզում և հացի համար միայն հանձն եմ առել այդ ստոր պաշտոնը, իսկ դուք հանգիստ կյանք ունիք, բայց կրկին փառքի ետևից եք վազում, ահա ձեզ փառք, գնացեք, վայելեցեք: — Քոսակը ցած նայեց և սառնասրտությամբ գլուխը շարժեց: Ռշտունյաց իշխանի գլուխը դիպել էր ժայռի սուր ծայրին և ուղեղը ցաքուցրիվ եղել, այնինչ ցածում, նրա մարմինը ինչպես մի մսի գունդ, դեռ շարունակում էր գլորվել…

ԻԱ

Մի քանի գորշ ամպերի կույտեր սլանում էին երկնակամարի վրա և իրենց հետ միասին երկրիս վրա ցանում տխրության սերմեր... Հեղինեն կանգնած Կայեան բերդի սենյակներից մեկում, ուր առ ժամանակ տեղափոխված էր Աշոտ Երկաթի ընտանիքը, ինչպես մի արձան, լուռ դիտում էր ամպերի կուտակվելուն, և նրա սիրտը քաղվում էր: Անթարթ աչքերը ամպերից չհեռացնելով, կարծես տեղեկություն էր ուզում նրանցից, մի լուր, մի համբավ, հույսի մի նշույլ էր խնդրում, բայց պատասխան չէր ստանում: Տխուր և հուսահատ էին այդ ամպերը, որոնք ավելի տխրեցնում, ավելի հուսահատեցնում էին նրան:

Նա իջեցրեց հայացքը դեպի յուր ոտքերի տակ, ուր ահռելի անդունդի մեջ, օձի նման գալարվելով, վազում էր Ձորագետը և քերում բերդի ստորոտները: Խորին ուշադրությամբ Հեղինեն լսում է գետի հառաչանքը և կիսատ թեքվելով դեպի ձորը՝ պատասխանի սպասում: Սոսկալով նա լսում է, որ Ձորագետն էլ է լալիս, երկնքի պես նա էլ է հառաչում, և որ յուր սրտի նման ամենքն են տանջվում... Ի՞նչ կա արդյոք, մի՞թե իրեն նման որբ են բոլորը, անտեր, թշվառ, ծնողներից հեռացած, ի՞նչ վիշտ է ստիպում դրանց հառաչելու... Եվ Հեղինեն դյութական զորությամբ ուզում է ցած թռչել, ընկղմվել այդ խոր, անհասկանալի զորությունն իմանալու և հարցնելու նրանց վիշտը, բայց ուժասպառ ընկնելով պատնեշին, կրծքից դուրս է թռչում միայն խեղդող հեկեկանքը, և նա սկսում է երեխայի նման արտասվել...

— Գնո՛րգ, ես քեզ սիրում եմ, հասի՛ր ինձ, սիրտս մաշվում է, հոգիս քաղվում: Ես միայնակ եմ այս հառաչող ու լացող տարերքի մեջ, միայնա՛կ, հասիր, Գնո՛րգ իշխան, հասիր, քո Հեղինեն քեզ է կանչում,— ասում էր նա և բազուկները տարածում դեպի ձորը՝ յուր սիրելույն գրկելու:

Բայց ձայն չկա: Գնորգը նրան չի պատասխանում, և Հեղինեի տարածված ձեռքերը թրջվում են անձրևի կաթիլներով. նա սոսկալով ետ քաշելով ձեռքերը՝ խեղդում է յուր մեջ հեկեկանքի ձայնը: Հիշում է յուր տեսակցությունը Գնորգ իշխանի հետ, երբ իշխանը տարածվելով յուր ոտքերի տակ, սեր էր պաղատում: Հիշում է այդ պատկերը, և սառը դողը ցնցում է Հեղինեի մարմինը:

— Օ՜... ի՞նչ իրավունքով եմ կանչում, քանի որ ես նրան դեպի հուր ու մոխիր ուղարկեցի: Նա ինձանից հաց ուզեց, ես նրան քար տվի, ջուր ուզեց յուր մորմոքված սիրտը հովացնելու, իսկ ես լեղի տվի... Ի՞նչ արի ես, ի՞նչ քարե սիրտ կար իմ մեջ, որ ես այդպես վարվեցի, իսկ հիմա կանչում եմ նրան... Բայց սրտիս մեջ անհայտ զորությունը էլ չի թաքնվում, այն ժամանակ ես խեղդեցի իմ մեջ, իսկ այժմ նա ժայթքում է, էլ չի դիմանում: Րոպե առ րոպե հոգիս մաշվում է և չծաղկած կյանքս թառամում: Իշխա՜ն, հասի՜ր, հասիր քո Հեղիներն, ես սիրում եմ քեզ:

Կրկին ձայն չկար: Մեկը մյուսից դառն և սոսկալի մտքերը կրկին տանջում էին նրան և ավելի ու ավելի մաշում:

Բայց կիրքը, վրդովմունքը և հոգեկան այլայլմունքը հետզհետե դադարում էին և տեղի տալիս սառն դատողությանը:

— Իսկ եթե նա արհամարհի՞ ինձ, մոռանա՞... կամ սիրուցս ցնորված՝ յուր կյանքը վտանգների մեջ ձգի՞, այն ժամանակ ես ի՞նչ անեմ: Օ՜... սարսափելի է իմ դրությունը: Ես ճանաչում եմ Գնորգ իշխանի հոգին, չէ՛, նա ինձ չի մոռանա, ինձ չի արհամարհի, բայց վախենում եմ նրա հանդուգն բնավորությունից, նա կմտնի կրակի մեջ, թշնամու խիտ շարքերը, և թշնամու նիզակն ու սուրը չեն խնայի ինձ համար թանկագին կյանքը: Գնո՛րգ իշխան, ետ դառ, ես ետ եմ վերցնում իմ խոսքերը, — կրկնեց Հեղինեն և հեկեկանքը կրկին սկսեց խեղդել նրան: Ապա նա վճռեց նամակով ետ կանչել իշխանին պատերազմի դաշտից, բայց կրկին կանգ առնելով յուր վճռի վրա, երկար, շատ երկար մտածեց և ժողովելով յուր բոլոր արիությունը՝ կանչեց.

— Է՛հ, ինչ լինում է թող լինի, թող խորտակվեմ ես, ոչնչանամ, նա պետք է հայրենիքին, և ես արգելք չպիտի լինեմ նրան...

Եվ Հեղինեն այնքան հափշտակվել էր յուր մտքերով, որ չնկատեց անգամ, թե ինչ խլրտում ընկավ այդ ժամանակ բերդի մեջ և թե ինչպես նրա երկաթե դռները ահագին շառաչյունով փակվեցան: Միայն այն ժամանակ նա գլուխը բարձրացրեց, երբ հեռու անտառի միջից լսվեցան պատերազմական փողերի ձայներ և ապա Կայեան բերդը, ուր գտնվում էր Աշոտ Երկաթի ընտանիքը և ուր բանտարկված էր Սյունյաց Վասակ իշխանը, շրջապատվեց թշնամիներով:

Հեղինեն վեր թռավ և դեպի թագուհին վազեց: Թագուհին գունատ ու տխուր էր: Նրա աչքերում երևում էին արտասուքի կաթիլներ, որ Հեղինեի ներս գալով ուզեց ծածկել, բայց չհաջողվեցավ:

— Թագուհի՛, ովքե՞ր են շրջապատել բերդը, — հարցրեց Հեղինեն՝ համբուրելով թագուհու ձեռքը:

Թագուհին արտասվալից աչքերը դեպի Հեղինեն դարձրեց և դողդոջուն ձայնով ասաց.

— Հայրս:

— Ինչպե՞ս հայրդ, մի՞թե ճշտվեցան լուրերը:

— Այո՛, Հեղինե, ժամանակս այդպես է, աները փեսայի դեմ է կռվում, բարեկամը՝ բարեկամի, իսկ արտաքին թշնամին հանգամանքից օգտվելով՝ կամաց-կամաց ներս է խուժում: Արաբներն արդեն ներս են մտել Այրարատյան երկիրը և սկսել են ավերել:

— Թող աստված լինի թագավորի պահապանը, — ասաց Հեղինեն:

— Ամե՛ն, — պատասխանեց թագուհին: Եվ այդ ժամանակ կրկին լսվեցավ փողերի ձայնը, որ երկուսին էլ ցնցեց:

Փոթորիկը մոտենում էր, և նրանք չոքեցին աղոթելու....

ԻԲ

Ալեկոծվում էր Հայաստանը...

Շանթալից փոթորիկները բարձրանում էին ամեն անկյունից: Մինչդեռ Աշոտ Երկաթը զբաղված էր Աշոտ սպարապետին ընկճելով, յուր աներոջ՝ Սմբատի զնդերը արդեն ավերում էին յուր երկրները: Ամեն կողմից կարծես փոթորիկները պատրաստվում էին թափվելու Աշոտ Երկաթի գլխին և նրան բոլորին խորտակելու: Նախարարների և իշխանների մեջ զանազան կուսակցություններ ու զազրելի եսասիրությունը սաստկացել էին այն աստիճանի, որ ամեն մարդ ուզում էր օգուտ քաղել հանգամանքից և ինքնիշխան տեր դառնալ: Յուր հարազատ եղբայրը, աները, Աշոտ Սպարապետը, Գագիկ Արծրունին և Ափխազաց Գուրգեն իշխանը տակնուվրա էին անում յուր երկրները: Սմբատն՝ Սահակ իշխանը, ինչպես մենք տեսանք, պաշարելով Կայեան բերդը, կարճ ժամանակից հետո առավ այն: Երբ նա ներս մտավ այն դահլիճը, ուր գտնվում էին թագուհին՝ յուր աղջիկը և Հեղինեն, նա՝ Գարդմանաց հզոր իշխանը, շփոթված կանգ առավ և յուր արյունաներկ սուրը իջեցրեց ցած:

Այնտեղ՝ դահլիճի խորքում թագուհին և Հեղինեն չոքած աղոթում էին. նրանք չլսեցին մինչև անգամ, թե ինչպես ներս մտավ Սմբատն և շանթահարի նման կանգ առավ դռներում: Խորին կսկիծը մի վայրկյան կրծեց Սմբատյի սիրտը, բայց շուտով զսպեց իրեն և հաստատ քայլերով մոտեցավ նրանց:

— Աղջի՛կս, — ասաց նա և ուզեց գրկել թագուհուն, բայց թագուհին

նայեց նրան, մի ճիչ արձակեց և անշնչացած ցած ընկավ: Հեղինեն փաթաթվեց նրան և սկսեց ուշքի բերել:

— Դու թո՛ղ նրան, — հրամայեց Սնադան և համբուրեց թագուհու մարմարյա ճակատը. նրա աչքերում երևեցան արտասուքի կաթիլներ: Բայց շուտով զսպեց յուր հոգու վրդովմունքը և դառնալով դեպի յուր նիզակակիցները՝ հրամայեց.

— Սյունյաց Վասակ իշխանին ազատել բանտից, իսկ այս թռչնակին լավ պահպանել, մինչև որ հասցնենք Գագիկ Արծրունու ձեռքը, — ասաց նա՝ ցույց տալով Հեղինեին:

Հեղինեի մարմնով մի ցնցում անցավ և չոքելով արդեն ուշքի եկած թագուհու առաջ՝ կանչեց.

— Ո՛չ ինձ մի բաժանեք թագուհուց, կամ սպանեցեք այստեղ:

— Թողեք դրան ինձ հետ, ինչպես նա, նույնպես և ես քո գերին եմ, հա՛յր, արա ինչ անելու ես, — ասաց դողդոջուն ձայնով թագուհին և բռնեց Հեղինեի ձեռքը:

— Լա՛վ, այդ հետո կտեսնենք, — ասաց խրոխտ ձայնով Սնադան և դուրս գնաց:

Հափշտակելով Կայեան բերդը և միջի կանանց ու տղամարդկանց գերի քշելով, Սնադան մի ուրիշ բերդ է առնում և յուր անցած ճանապարհի վրա գտնված գյուղերն ու շեները քարուքանդ անում, հրո ճարակ դարձնում: Անգթաբար նա կրակի է մատնում չհասունացած արտերը և ապա գնալով կանգ է առնում Տավրիշո լեռան ձորի վրա: Լուրը հասնում է Աշոտ Երկաթին, և նրա սիրտը լցվում է թախիծով: Կայծակի արագությամբ նա 300 մարդով թռչում է դեպի Տավրիշո լեռները և առանց ուշք դարձնելու Սնադայի ուժեղ գնդին՝ պատրաստվում է հարձակվելու նրա վրա:

Աշոտ Երկաթը բարկությունից մռմռում էր, կատաղության ամենաասոսկալի բոցը կրծում էր նրա սիրտը, բայց նա դեռ զսպում էր իրեն: Մարտիրոս հայրը կանգնած էր մոտը և համոզում էր թագավորին՝ արյուն չթափել, եթե հնարավոր է:

Սնադան բանակ էր խփել մի քարաժայռի մոտ և յուր զորքերի վրա վստահացած՝ արհամարհում էր Աշոտ Երկաթին, երբ Մարտիրոս հայրը խաչը ձեռքին երևեցավ նրա բանակում: Սնադան զարմացավ և միևնույն ժամանակ մի տեսակ սառը դող անցավ նրա մարմնով, երբ տեսավ յուր առաջ կանգնած Մարտիրոս հորը, որի մասին շատ բան էր լսել: Նա հավատում էր, թե այդ ալևոր ծերունին կարող է դյութել յուր ամբողջ գունդը, և այն ժամանակ, կռվի բախտը ուրիշ ելք կտանա: Բայց Սնադան զսպեց իրեն և ուզեց իմանալ նրա գալու պատճառը:

— Ծերունի՛, ինչու՞ ես կռվի դաշտում, երբ քո տեղը վանքի խուցն է, ուր պիտի աղոթես քո հոգու փրկության համար: Ասա՛, ինչ ասելու ես, շտապի՛ր, իմ սուրը ծարավ է Աշոտ Երկաթի արյանը:

— Սահ՛կ իշխան, իջեցրու քո բարկությունը և հիշիր, որ վերը կա աստված, որն ամենքին ըստ արժանվույն է վարձատրում: Հիշիր, որ Աշոտ Երկաթը քո փեսան է: Զուր արյուն մի՛ թափեք: Ես իջեցրի Աշոտ Երկաթի բարկությունը, և նա խնդրեց հայտնել, թե «ի՞նչ չար բան կամ ի՞նչ վնաս եմ հասցրել քեզ, որ քեզանից այսպիսի ծանր աղետներ եմ ստանում: Ինչու՞ դու մոռանում ես քո երդումը Ախայեան գյուղի մոտ և պատրաստվել ես թափելու իմ արյունը: Արդ, դարձի՛ր քո բարկությունից, վերադարձրու ինձ երկու բերդը և իմ ընտանիքը, որ հափշտակել ես, ու հեռացիր իմ երկրից: Եվ այն ժամանակ մեր մեջ խաղաղություն կտիրի, ու մենք կլինենք հարազատ հայր և որդի»:

Սևադան մինչև վերջը լսեց նրան և ապա, դառնալով դեպի վանահայրը, ասաց.

— Դու կաց այստեղ և ես անձամբ նրան պատասխան կտամ: — Ապա նա հրամայեց յուր զորքին շարվել և պատրաստվել կռվի: Ութ հազարի չափ զորքը շարժվում էր առաջ, դեպի այն բլրակը, ուր կանգ էր առել Աշոտ Երկաթը յուր 300 հոգնած կտրիճներով: Աշոտ Երկաթի վրա սարսափ ձգելու համար Սևադայի հետևակ զնդերը շարվեցան մի կողմում և վահանները առաջ քաշելով պարիսպ կազմեցին: Հետևակի թիկունքին կանգնել էր հեծելազունդը, իսկ առաջապահ ձիավոր գունդը, վահանները առաջները քաշած ու մերկացրած սրերը ձեռքին, զինվորական վարժություններ էր անում Սևադայի առաջ և սարսափ ազդելու նպատակով ետ ու առաջ էր շրջում: Արեգակի ճառագայթները պսպղում էին նրանց սաղավարտների, պղնձի ու պողպատի վրա և սարսափելի տեսարան ներկայացնում:

Նայում էր Աշոտ Երկաթը այդ ահարկու զնդին, և խորին թախիծը պատում էր նրա սիրտը: Նայեց նա յուր հոգնած կտրիճներին, ապա նրանց միջից 200-ը միայն ընտրելով, բլրից ցած իջավ և ապա, յուր հայացքը վեր ուղղելով, կանչեց.

— Տե՛ր, եթե ես եմ սխալը և այս երդմանը ստողը՝ կտրիր իմ գլուխը այդ հանցանքի համար, իսկ եթե իշխանն է սուտ, պատժիր նրան և փրկիր ինձ տարապարտ մահվանից, որ նա թափում է ինձ վրա:

Եվ ապա այդ երդման թուղթը, որ կապել էին փեսան ու աները Ախայեան գյուղի մոտ, ամրացնելով խաչանիշ դրոշակի վրա, հրամայեց յուր կտրիճներին առաջ խաղալ: Մրրիկը այնպիսի ուժգնությամբ չէր հարձակվի, ինչպես Աշոտ Երկաթը հարձակվեց Սևադայի զնդերի վրա, և այնտեղ մի ակնթարթում տարածեց զարհուրելի սարսափ: Սևադայի զնդերը ցաք ու ցրիվ եղան, շարքերը խանգարվեցան և մոլորված ոչխարների նման սկսեցին ցրվել հովտի, մացառների ու լեռների մեջ: Բայց Աշոտ Երկաթի կտրիճները հասնում էին նրանց ամեն տեղ և սրախողխող անում:

Ութ հազարից բաղկացած գունդը ցաք ու ցրիվ եղավ և կոտորվեցավ, մնացին միայն ինքը Սևադան և յուր որդի Գրիգորը, որոնց բռնելով բերեցին Աշոտ Երկաթի մոտ, որը սոսկալի կատաղության մեջ հրամայեց կուրացնել նրանց:

Ապա կրկին ետ խլելով Կայեան և մյուս բերդը, ազատեց թագուհուն և Հեղինեին, իսկ Գարդմանաց երկիրը նվաճելով յուր իշխանության տակ, վերադարձավ յուր երկիրը, իսկ Մարտիրոս հայրը քաշվեց դեպի Բյուրականի վանքը:

ԻԳ

Արևն արդեն թեքվել էր դեպի մուտքը, նրա թեք ճառագայթները շեշտակի ընկել էին Քոսակի աչքերին, որը դեռ անուշ խռմփացնում էր ծառի տակ: Երբեմն-երբեմն միայն նա անգիտակցորեն ձեռքը դեպի դեմքն էր տանում և դեմքից քշում ճանճերին ու մոծակներին, որոնք անխնա կերպով ծծում էին նրա երեսի չորացած արյունը և նրան անհանգստություն պատճառում: Հանկարծ նա շանթահարի նման վեր թռավ և ձեռքը դեպի սևացած վիզը տարավ: Այնտեղից բզզալով թռավ մի ինչ-որ ճանճ և երբ ձեռքին նայեց՝ այնտեղից արյան նշան տեսավ, որ տհաճություն պատճառեց Քոսակին:

— Անպիտան իշամեղուներն ինձ հանգստություն չեն տալիս, կարծես քիչ էր երեսս ճանկռտվել, սրանք էլ պակասն են լրացնում, — մռմռաց նա և սկսեց ճմլկոտվել և բերանը լայն բանալով օրոշտալ:

— Է՜ ... այս ինչքա՜ն եմ քնել, — շարունակեց նա, — արևն արդեն շուտով մայր կմտնի, այնինչ այս անտեր փորիս մեջ ոչինչ չկա, սովածությունը ինձ արդեն սկսում է տանջել:

— Այստեղ մնալն անհնար է, կարելի է քաղցածությունից մեռնել, և իմ դիակը վայրենի գազանները քարշ կտան, ինչպես գուցե քարշ են տվել իշխանի դիակը:

Եվ Քոսակը, հետաքրքրվելով Ռշտունյաց իշխանի դիակի վիճակով, վեր կացավ և դեպի ձորը նայեց: Ձորի մեջ, դիակի վրա, բազմաթիվ ագռավներ նկատեց, որոնք ագահաբար գիշատում էին այն: Մի դիվական ժպիտ խաղաց Քոսակի վայրենի դեմքին, և նա քար վերցնելով գլորեց դեպի ձորը: Այդ ժամանակ ագռավները իրենց կռնչյունով թողին դիակը և սկսեցին պտտվել օդում: Նրանք, ինչպես երևում է, շատ դժգոհ մնացին, որ խանգարեցին իրենց անուշ ընթրիքը:

Քոսակը մի առժամանակ նայեց ագռավներին, դիակին և հետո տհաճությամբ շուռ տվեց երեսը: Ապա կատվի դյուրաշարժությամբ բարձրացավ ծառի վրա և սկսեց շրջակայքը դիտել: Շուրջը կատարյալ անշարժություն էր տիրում: Թռչունները միայն վերջին երգն էին երգում և սլանում դեպի իրենց բները, այնինչ արևը սկսում էր թաքնվել հեռու լեռների քամակին: Իրեն բոլորովին ապահով կարծելով՝ Քոսակը ցած իջավ ծառից և այժմ սկսեց ճանապարհ որոնել, որ դուրս գա փշի այդ անտառից, մեծ դժվարությամբ մացառներից բռնելով և անդունդի վրա կախ ընկնելով, քայլ առ քայլ առաջ էր գնում: Մի փոքր անզգուշություն, մի աննշան անհաջողություն, և նա անդունդը կգլորվեր, բայց նա ոչ մի բանի ուշք չէր դարձնում և երբ դուրս եկավ այդ դժվար ճանապարհից ու հասավ ապահով տեղ, ազատ շունչ քաշեց:

— Վերջապե՜ս, — ասաց նա, — այժմ ես ազատ եմ և իմ ճանապարհին արգելք չկա, բայց թե ո՞ւր պիտի գնամ... Բայց նախքան ուր գնալս վճռելը, ես քաղցած ու ծարավ եմ... Մի փոքր էլ առաջ գնամ, տեսնեմ աստված ի՞նչ է հաջողում:

Նա կրկին սկսեց առաջ գնալ, թեև նրա ոտքերը հազիվ էին շարժվում, երբ անձրևից գոյացած, լճացած ջուր տեսավ յուր առաջը և առանց ուշք դարձնելու ջրի պղտորությանը, ագահությամբ խմեց ջուրը և ապա սկսեց երեսը լվանալ: Այդ բանը նրան մի փոքր զովացրեց և այժմ սկսեց յուր անելիքի վրա մտածել:

— Է՜հ, հայերից օգուտ չկա, — ասում էր նա, — աստծո ձեռքը պահպանում է Աշոտ Երկաթին և զուր դավաճանները նրա դեմ որոգայթներ են լարում: Ամեն տեղ իմ տերերը ջարդվում են և ես մինչև օրս մի կտոր հացի տեր չդարձա, չնայած իմ այսքան ջանքերին, բայց մինչև ե՞րբ... Չէ՛ պետք է ձեռք վերցնել դրանցից, ինձ ոչ Գագիկ Արծրունին մի բանի տեր դարձրեց և ոչ Աշոտ սպարապետը, իսկ Ռշտունյաց իշխանը հո սատանաների բաժին եղավ: Աստված դրանցից ձեռք է քաշել, ես ուրիշ բան պիտի գտնեմ, թե չէ սոված կմեռնեմ... Ա՜յ, արաբներին ծառայություն անելը վատ չէ, նրանց մոտ մարդ կարելի է դառնալ, ի՞նչ անենք, թե նրանք ինձ կստիպեն հավատս ուրանալ: Ինչի՞ս է պետք ինձ հավատը, նրանք որ քրիստոնյա չեն, ինչո՞վ են մեզանից պակաս, մի՞թե նրանց թուրը մեր թրից ավելի կտրուկ չէ: Չէ, վճռած է, ես պիտի ներկայանամ արաբաց գլխավորին և իմ արյունակիցների արյունով ապահովեմ ինձ և հետո մի անկյուն քաշվեմ: Աշխարհս այդպես է, որ կողմը կշռի թաթը ծանր է, այն կողմը պիտի հակվել: Այս րոպեին մեր բոլոր իշխանները, թագավորից սկսած, վախենում են արաբներից և իրենց ունեցած-չունեցած ոսկիները նրանց են ուղարկում: Ես ուրեմն ի՞նչ հիմարություն եմ անում, որ նրանց մոտ ծառայության չեմ մտնում, քանի որ գիտեմ, որ նրանք լավ վարձատրում են այն հայերին, որոնք-մոռանում են Քրիստոսին և Մահմեդին պաշտում...

Այդպես մտածելով Քոսակը առաջ էր գնում, առանց նկատելու, որ օրը մթնում էր և երկիրն ընկղմվում խավարի մեջ: Բայց նա լավ ծանոթ էր ճանապարհներին, գիտեր երկրի յուրաքանչյուր ծակուծուկը, ուստի գիշերից ամենևին չէր վախենում: Երբ մի փոքր էլ առաջ անցավ և դուրս եկավ սիզավետ կանաչներից, նրա առջև բացվեց մի խաչաձև ճանապարհ: Ճանապարհներից մեկը տանում էր դեպի Դվին քաղաքը մյուսը՝ դեպի Նախճվան, ուր այդ ժամանակ նստած էր Յուսուֆի փոխանորդը՝ արաբաց Նըսր ոստիկանը: Մյուս ճանապարհները տանում էին դեպի Երազգավորս, Վասպուրական և այլն: Քոսակը կանգ առավ ճանապարհի մեջ և խոր մտածող մարդու նման, ձեռքը դեպի ճակատը տարավ: Նա տատանվում էր, թե ո՞ր ճանապարհով գնա:

— Դեպի Վասպուրակա՞ն, Վա՞ն, Գագիկ Արծրունու՞ մոտ... չարժե, նա էլ պոչը կամաց-կամաց հավաքել է, յուր աղջկա փախուստից հետո խելքը վրան չէ և, բացի դրանից, ի՞նչ պիտի ասեմ, որ գնամ: Նա ինձ արհամարհելուց հետո ոչ մի պարգևի չի արժանացնի: Դեպի Դվի՞ն գնամ, ո՞ւմ մոտ: Աշոտ Սպարապետը հազիվ յուր գլուխն առավ փախավ և ո՞վ գիտի, թե հենց հիմա նա Աշոտ Երկաթի ձեռքին չէ, և մոխիր չի դարձել Դվինը... Չէ՛, պետք է այս ճանապարհը ընտրել, դեպի Նախճվան, ուր նստած է Նըսրը, այնտեղ պետք է Մահմեդին երկրպագություն տալ և, որոշ ժամանակից հետո, հանգիստ ապրել... — ասաց Քոսակը և հաստատ քայլերով դեպի Նախճվան տանող ճանապարհը գնաց: Քիչ հետո նա կորավ խորին մթության մեջ…

ԻԴ

Դվինի ճակատամարտից հետո Գագիկ Արծրունու սրտի մեջ սկսել էր մի ինչ-որ որդ շարժվել, որ գիշեր-ցերեկ հանգստություն չէր տալիս: Գագիկը զգում էր, որ յուր հոգվո մեջ գտնվող որդը այժմ մեծացել, ահռելի կերպարանք էր ստացել, իսկ այդ որդի շարժմունքին՝ յուր մեջ գոյություն ունեցող խղճին այժմ դժվար էր լռեցնելը... Գիշեր էր: Լիալուսինը փռել էր յուր դյութող լույսը, և նրա ճառագայթները պար էին բռնել Վանա լճի կոհակների հետ, որոնք ծփծփում էին մանրիկ ալիքներով ու կորչում հեռու ջրերի մեջ: Բնության մեջ տարածված էր մի այնպիսի խաղաղություն, որ մարդկային հոգին լցնում էր ցնորքներով և նրան տանում դյութական այն աշխարհը, ուր գոյություն չունեին աշխարհային մանր ու ցած գործերը: Այդ ժամանակ Գագիկ Արծրունին, հրապուրված բնության այդպիսի հրաշալիքներից, իր շքեղ պալատից դուրս եկավ և յուր մտասույզ հայացքը անգիտակցորեն նախ ձգեց լճի լայնատարած կապտության վրա, ուր լուսնի ճառագայթներն էին խաղում և ապա հեռու, դեպի աղոտ մթության մեջ կորչող լեռները: Նրա հոգին լցված էր վշտերով և անհասկանալի հույզը շփոթում էր նրա արագ բարձրացող կուրծքը: Նրա կրծքի տակ, ուղիղ սրտի մեջ, շանթեր էին ցցված, այնտեղ վերքերը թարախ ու ժահր էին արտադրում, դեղ ու դարման էին պետք, վշտին սփոփանք էր պետք, բայց ո՛չ այս կար և ո՛չ այն, ու Գագիկ Արծրունին տանջվում էր և կսկծում...

— Հեղինե՛, հասիր ինձ, սփոփիր և բժշկիր վերքս, — կանչեց հանկարծ Գագիկը մի այնպիսի խղճալի, հուսահատ ձայնով, որ կարծես նրա թոքերը կտոր-կտոր եղան և պատառվեցավ սիրտը: Նրա կանչի հնչյունները կորան անհուն լռության մեջ և կարծես սուզվելով լճի անդնդի մեջ՝ պատասխան չստացան:

— Աղջի՛կս... ես զղջում եմ իմ արարքները, հասի՛ր ինձ, — կրկնեց Գագիկը, և Վասպուրականի հպարտ արքայի աչքերում երևեցան արտասուքներ, որոնք մի վայրկյան միայն ցոլացին լուսնի ճառագայթների տակ և ապա ընկան գետին: Լալիս էր Գագիկ Արծրունին, լալիս էր, և այդ արտասուքները հանդարտեցնում էին նրա հոգու վրդովմունքը և խաղաղեցնում այն սոսկալի ցավերը, որ առաջացնում էր նրա սրտի որդը, այդ արդար բողոքը, խղճի խայթը:

— Արի՛, աղջի՛կս, արի՛, ի՞նչը փախցրեց քեզ քո հորական տնից, սե՞րը, թե հորդ ամոթալի արարքը: Եթե սե՞րը, ես կշաղկապեմ քեզ քո սիրած մարդու հետ, իսկ եթե հորդ ամոթալի արարքը, նա արդեն զղջում է յուր արարքը և զզվում է յուր անցյալից... Արի՛, Հեղինե՛, արի՛, հորդ բազուկները քեզ են կարոտում, նրա զղջացող սիրտը քեզ է կանչում, — ասում էր նա և կրկին հառաչում:

— Ես հաշտվում եմ խղճիս հետ, դարձի՛ր, Հեղինե՛, դարձի՛ր և ուրախացրու ինձ քո խելոք խոսքերով: Առանց քեզ դառն կլինի փակել աչքերս, առանց քո ժպիտի սև կլինի կյանքս: Փառասիրությունիցս հեռանում եմ լոկ քո սիրո պատճառով: Միայն քեզ, Հեղինե՛, ուզում եմ տեսնել, գեթ մի անգամ էլ զգվել, համբուրել և ապա մեռնել:

Խելագարի նման յուր պղտոր հայացքը դարձրած դեպի աղոտ հեռավորությունը, Գագիկը մտքով թռել էր դեպի Հեղինեն և կարծես խոսում էր հետը: Ծնողական սիրտը քաշում էր յուր դստեր կարոտը, և այդ կարոտը շատ խոր ու զգացված էր, այնքան խոր, որ Գագիկ Արծրունուն երևում էր նազելի դստեր սիրուն դեմքը, որը յուր թախիծով լի աչքերը դարձրել էր դեպի հայրը: Ա՛խ, ինչքան համեստ, սուրբ և անարատ էր յուր աղջկա հայացքը: Բայց ինչքա՛ն վշտահար արտահայտություն ուներ նա: Տանջված, մաշված և դժգույն էր Հեղինեի դեմքը, այն չէր, ինչ որ առաջ, երբ կուսական անհոգ և անմեղ ժպիտը փայլում էր նրա կայտառ երեսին:

— Ի՞նչը վրդովեց քո անմեղ սիրտը, ո՞վ կորցրեց քո ծաղկափթիթ ժպիտը, խավարեցրեց ալ վարդ կտրած այտերդ: Ո՞ր անգութ ձեռքն է նկարել վշտի նշանները քո անմեղ ճակատին: Հեղինե՛, ամբողջ Վասպուրականը կծախեմ և քո ոտքերի տակ կդնեմ, որ դու դարձյալ ժպտաս այնպես, ինչպես առաջ, ոստոստաս անուշիկ տատրակի նման և երջանիկ լինի՛ս... Իսկ դու ո՞ւր ես, ո՞ւր, հեռու ինձանից, չարաճճի բախտին խաղալիք, քեզ անհուն սիրով սիրող ծնողիցդ հեռու:

Գագիկը մտքերի մեջ այնքան խորասուզված էր, որ ոչ մի բան ո՛չ տեսնում, ո՛չ զգում էր. նա ամբողջովին ամփոփված էր յուր աղջկա հիշողություններով, որոնք սուր սլաքի նման ծակում էին նրա սիրտը: Նա չէր զգում մինչև անգամ, թե ինչպես կամաց-կամաց ցուրտը սաստկանում էր և սառը քամին շոյում նրա բորբոքված սիրտը: Վերջապես ցուրտը թափանցեց մինչև ոսկորները, և նա ցնցվեց, զգաց իրողությունը ու խոր մտքերի մեջ ընկղմված դարձավ պալատ: Մյուս օրն ևեթ նա նամակ ուղարկեց Հեղինեին և հայտնեց յուր սիրտը, յուր հոգին, այնուհետև Աղթամար կղզում սկսեց կառուցել մի շքեղ և հոյակապ եկեղեցի, հանուն Սրբո Խաչին (822 թ.), ուր ինքը մոռացության տալով յուր վիշտը, անձամբ հսկում էր եկեղեցու շինությանը:

ԻԵ

Մի ձիավոր, պարզ գյուղական հագուստով, թռչում էր լայն ճանապարհով Վասպուրականից դեպի Այրարատյան երկիրը: Քափ ու քրտինքի մեջ կորել էր նրա ձին, բայց նա անխնա կրկին մտրակում էր ձիուն և շտապում առաջ: Արդեն երեկոյացել էր, և մութը սկսել էր պատել. ուստի նա աշխատում էր շուտ մի իջևանատեղ հասնել, հանգստանալ և առավոտյան կրկին շարունակել ճանապարհը:

— Մի քի՛չ էլ առաջ, ի՛մ ձի, մի փո՛քր էլ եռանդ, և մենք կհանգստանանք, ապա վաղը երեկոյան տեղ կհասնենք, նամակը Հեղինեին կհանձնենք և կրկին դեպի Վասպուրական: Այդ ծառայության համար Գագիկ Արծրունին ինձ լավ կվարձատրի և այն ժամանակ ես քեզ նուշ ու չամիչ կուտեցնեմ, և դու կմոռանաս քո հոգնածությունը,— ասում էր ճանապարհորդը, շոյում յուր ձիուն և ապա ձեռքը տանելով դեպի ծոցը, շոշափում էր նամակը, որ հավաստիանա նրա այնտեղ լինելը:

— Գիտե՞ս, իմ ձի՛, ի՞նչ ահագին վարձատրություն խոստացավ Գագիկ Արծրունին, եթե Հեղինեից ուրախ պատասխան բերեմ նրան... Դրանով ամբողջապես կապահովվեմ, և իմ ընտանիքը կազատվի սովածությունից, էհ, վերջապես ես էլ եմ մի բանի տեր դառնում, մարդամեջ ընկնում, թե չէ օր չէ, որ ես քաշում եմ: Այս մեր իշխաններն էլ հո ոտնատակ տվին խեղճ ժողովրդին, քամեցին նրա արյունը... Բայց մեր իշխանը՝ Գագիկ Արծրունին, շատ լավ մարդ է, հավատա, որ լավ մարդ է, խելոք, հեռատես, ի՞նչ անենք, որ առաջ մի փոքր զձություններ արավ և դրա համար էլ աստված պատժեց, աղջիկը նրանից փախավ, որի կարոտից հալումաշ է լինում, իսկ հիմա փոշմանել է և վանքեր է շինում յուր մեղքը քավելու: Է՛հ, աստված բարի տա նրան, — ասում է ճանապարհորդը յուր ձիու հետ խոսելով և շտապեցնելով նրան:

Այդ ժամանակ արևը արդեն թաքնվել էր, ճանապարհին ոչ մի մարդ չէր երևում, այնինչ բնության մեջ թռչուններն ու բզեզները սկսել էին իրենց երեկոյան ճռվողյունն ու աղմուկը: Արտույտն յուր երգն էր երգում նստած նորաբույս արտերի մեջ, դեղձանիկները սկսել էին իրենց դայլայլիկը իսկ ճպուռն ու բզեզները՝ իրենց չափավոր ծղրտոցը:

Ճանապարհորդը բավականին տեղ առաջ գնաց, արդեն մթնել էր, երբ ճանապարհի ծայրին մի հետիոտն մարդ նկատեց, որ գլուխը կախ ձգած գնում էր: Ճանապարհորդը ձին արագացրեց նրան հասնելու: Հետիոտն մարդը, ձիու դոփյունները լսելով, կանգ առավ: Երբ ձիավորը մոտեցավ, խորին ուշադրությամբ սկսեց զննել ճանապարհորդին:

— Բարև՛, բարեկա՛մ, — ասաց ձիավորը և կանգնեցրեց ձիուն:

— Բարև՛, — պատասխանեց անծանոթը:

— Որտեղի՞ց ես գալիս:

— Վասպուրականից, շտապում եմ գործով, ուզում եմ այս գիշեր հանգստանալ, որ վաղը կարողանամ տեղ հասնել և իմ տիրոջ հանձնարարությունը կատարել:

— Բայց ո՞վ է քո տերը:

— Ո՞վ է... մի՞թե չգիտես ո՞վ է Վասպուրականի տերն ու թագավորը՝ Գագիկ Արծրունին:

— Որտեղից իմանամ, ինքս մի ռամիկ մարդ, մեր իշխաններից ի՞նչ տեղեկություն ունենամ:

— Բայց մի՞թե դու հայ չես, որտեղացի՞ ես, որ չգիտես, թե ինչ է կատարվում Հայաստանում:

— Աստված վկա, ոչինչ չգիտեմ, ես էլ հեռու երկրից եմ գալիս և գնում եմ մշակության: Այսօր այնքան ման եմ եկել, որ հազիվ եմ ոտքերս շարժում: Լավ է որ այստեղ մոտիկ գյուղ կա և այնտեղ կհանգստանամ:

— Այդ շատ լավ եղավ, ուրեմն միասին կհանգստանանք, — ասաց ձիավոր մարդը և իջնելով ձիուց, սանձը կուռը ձգեց, ու նրանք առաջ գնացին: Հեռու լեռան ստորոտին երևում էր գյուղի ծուխը, կարճ ժամանակից հետո նրանք գյուղ կհասնեն:

— Ի՞նչ է անունդ, բարեկա՛մ, — հարցրեց ձիավորը:

— Քոսա՛կ, պատասխանեց մեզ ծանոթ Քոսակը և իսկույն նեթ փոշմանեց, որ յուր իսկական անունը հայտնեց, բայց նկատելով, որ յուր ուղեկցից չճանաչվեց, սիրտ առավ և սկսեց մանրամասն հարցուփորձ անել, թե նա ո՞ւր է գնում և ինչու՞: Ձիավորը չէր ուզում հայտնել իսկությունը և խոսքերը ծռմռում էր, բայց Քոսակը թափեց յուր բոլոր ճարտարությունը և հաջողվեցավ իմանալ:

— Նամակ ունիմ Գագիկ Արծրունուց, — վերջապես ասաց նա:

— Ո՞ւմ վրա, — հարցրեց հետաքրքրությամբ Քոսակը, և նրա աչքերը փայլեցին մի տեսակ հրեշային փայլով:

— Իր աղջկա՝ Հեղինեի վրա: Մեր իշխանը կանչում է Հեղինեին: Օ՜, եթե գա Հեղինեն, այն ժամանակ ես բախտավոր կլինեմ, նա ինձ առատ կվարձատրե, — ասաց ձիավորը և գոհունակությամբ սկսեց բեղերը սրել: Բայց Քոսակը այլևս ուշք չէր դարձնում նրա խոսքերին: Նա արդեն հասկացավ բանի էությունը, և հրեշավոր միտքը սկսեց ծնունդ առնել նրա գլխում:

— Գիտե՞ս, բարեկա՛մ, ինչքա՛ն բախտավոր կլինեմ, եթե Հեղինեն համաձայնի վերադառնալ, օ՛, ինձ նման բախտավոր ոչ ոք չի լինի, վերջապես կազատվեմ անպիտան չքավորությունից:

— Իհարկե, իհարկե, գիտեմ կցկտուր բառերով պատասխանեց Քոսակը:

— Դու ի՞նչ գիտես, հը՞...— հանկարծ հարց առաջարկեց ձիավորը և շեշտակի նայեց Քոսակի աչքերին:

Քոսակը դողաց. նոր հասկացավ, որ յուր մտքի հետ ընկնելով կարող էր մատնել իրեն, ուստի ժողովելով յուր սառնասրտությունը, ասաց.

— Այն գիտեմ, որ դու բախտավոր կլինես, որ Գագիկ Արծրունին լավ կվարձատրի քեզ, եթե աղջիկը համաձայնի գալ:

— Իսկ եթե չհամաձայնի՞...

— Ինչպե՞ս չի համաձայնի, Հեղինեն անպատճառ կգա: Նրանք մտան գյուղ և մի թեթև ընթրելուց հետո Գագիկ Արծրունու մարդը ուզում էր քնել, բայց Քոսակը գինուն զոռ էր տալիս և չէր թույլ տալիս քնելու: Նա խոսքը միշտ նամակի մասին էր գցում և աշխատում էր իմանալ, թե ո՞ւր է պահված այդ նամակը:

— Ո՞ւր է այդ նամակը, — հարցրեց Քոսակը, երբ տեսավ, որ գինին յուր բարեկամի գլուխն ընկավ:

— Ահա այստեղ, ծոցումս, չե՞ս հավատում:

— Ինչպես չեմ հավատում, բայց ես շատ հետաքրքրվում եմ իմանալ, թե ինչպես են գրում իշխանները:

— Դու կարդալ գիտե՞ս:

— Ո՛չ, ես կարդալ որտեղի՞ց կիմանամ:

— Հը՛մ, եթե գիտենայիր, կզարմանայիր, թե ինչ մարգարիտի նման է մեր իշխանի գիրը:

Քոսակը նորից լցրեց կավե ամանները գինով և երբ դատարկեցին, դարձավ դեպի ընկերը:

— Ցույց տուր տեսնենք, որ ես էլ իմանամ, թե աշխարհիս երեսին ես էլ եմ ապրում ու տեսել եմ իշխանների գիրը:

— Ահա, տե՛ս, — ասաց Քոսակի ընկերը և ծոցը երկար քրքրելով հանեց շորի մեջ փաթաթած մագաղաթի կտորը և մեկնեց դեպի նա:

Քռակի աչքերից կայծեր թռան, նա ճանաչեց Գագիկ Արծրունու գիրը և ետ դարձնելով, ասաց.

— Ճիշտ որ մարգարտաշար է:

Քիչ հետո յուր ընկերը խոր քնի մեջ ընկղմվեց, այնինչ Քռակը արթուն էր և երբ լսեց նրա խռխռոցը, զգուշությամբ նրա ծոցից հանեց Գագիկ Արծրունու նամակը և հեծնելով յուր ընկերոջ ձին, կես-գիշերին սլացավ առաջ...

ԻԶ

Պարզ, անամպ երկնակամարի վրա զվարթությամբ բարձրանում էր արևը և յուր կենարար ճառագայթները սփռում չորս կողմ: Հուսահատ, աղքատացած և ոտնատակ տված գյուղացին դեպի դաշտն էր շտապում, խանութպանը՝ դեպի խանութ, վաճառականը յուր առևտուրն էր սկսում, երբ հանկարծ մի չարագուշակ դեպք սառցրեց ամենքին և մի տեսակ ահավոր դրության մեջ ձգեց նրանց: Օրվա կեսին, երբ ամեն մարդը տաքացած յուր գործն էր շտապում վերջացնելու, լույսը սկսեց հետզհետե անհետանալ և նրա տեղ տիրեց խորին, անթափանցելի խավարը: Աներևույթ զորությունը ծածկել էր արևի երեսը, և նրա փոխարեն երկնքի անհուն տարածության վրա փայլփլում էին աստղերը և հուսո միայն թույլ նշան թողնում սարսափահար ամբոխի սրտում: Մութ խավարի մեջ հանկարծակի լսվեցան սիրտ պատռող հառաչանքներ և զարհուրելի հեծկլտանք: Ամբոխը չոքել էր, ձեռքերը տարածել դեպի վեր, դեպի անմահը և աղոթք էր անում: Ամբոխը աղոթում էր անկեղծ, անարատ սրտով և խնդրում, որ տերը հեռացնե հայոց ազգից այն պատուհասը, ինչ որ գուշակում էր արևի խավարումը: Նա հավատում էր, որ երկինքը արևի խավարում ով գուժում է ազգին հասանելիք վիշտը և նա, առանց այդ էլ վշտի և տանջանքի մեջ լինելով, սարսափում էր նոր գալիք չարիքից:

Բայց աներևույթ զորությունը երկար չպահեց արևի երեսը և խավարը հետզհետե նահանջեց, և նրա տեղ կրկին բացվեցավ պայծառ լույսը, այնինչ ամբոխի սրտի մեջ մնաց մի անորոշ, մթին կասկած գալիք չարիքի մասին:

Եվ ամբոխի կասկածը զուր չանցավ: Նախճվանում նստող արաբաց Նըսր ոստիկանը հեղեղի նման յուր զնդերը առաջ էր քշում դեպի Հայաստան և միանգամայն ուզում էր կուլ տալ նրան և իսպառ ոչնչացնել առանց այն էլ քայքայված ազգը: Նա ուզում էր բռնել ազգի երկու պետերին՝ հոգևոր և մարմնավոր, ոչնչացնել դրանց և ապա ամբողջ Հայաստանը յուր ձեռքը ձգել: Լքված և հուսահատված էին երկու պետերն էլ: Աշոտ Երկաթն արդեն հուսահատվել էր դավաճանություններից և ապստամբություններից, իսկ Հովհաննես կաթողիկոսը շվարել էր, թե որտեղ անցկացնի յուր կյանքի վերջին մնացորդը, որ արաբների ձեռքը չընկնի:

Աշոտ Երկաթը աներոջ դեմ այնպիսի փայլուն հաղթությունը դեռ նոր էր տարել, երբ լսում է, որ Շամշադին ամրոցի վերակացու Վասակ Գնթունին ապստամբել է: Նա յուր կտրիճներով կայծակի արագությամբ հասնում է այդտեղ, ջարդում նրանց, հնազանդեցնում գուգարներին և ուտիացիներին ու դառնում Կոտայք գավառը: Հենց այդ ժամանակ նորից ապստամբում է Ուտյաց վերակացու Ցլիկ Ամրամը՝ յուր ստորադրյալ իշխաններով: Աշոտ Երկաթը շտապում է Ուտիք, իջևանում Կուր գետի ափին, անտառների մեջ, բայց տեսնելով, որ անտառներում կռվել անհնար է և ցանկանալով զորքին հանգստություն տալ, մտնում է մի անմարդաբնակ ամրոց, ուր շրջապատվում է Ամրամի զորքերով: Աշոտ Երկաթը այդպիսով յուր զորքով բանտարկվում է այդտեղ, ուր ո՛չ ջուր կար և ո՛չ պաշար: Չկար դուրս գալու անցք, բացի նեղ կիրճից, որովհետև ամրոցի շուրջը անդունդներ էին՝ մացառախիտ անտառներով պատած: Նեղում են Աշոտ Երկաթի զորքին, որ դավաճանելով թագավորին՝ խոստանում է կապել Աշոտ Երկաթին և հանձնել թշնամուն: Աշոտ Երկաթը լսում է այդ և զարհուրում: Գիշերով, կայծակի արագությամբ ճեղքելով թշնամյաց բանակը, անցնում է և գնում Կաքավաբերդ, այստեղից էլ, հարյուր մարդ վերցրած՝ գնում Սևան կղզին: Այդ ժամանակ անտեր է մնում ամբողջ Հայաստանը, և Նըսր ոստիկանը, օգտվելով հանգամանքից, նախ ուզում է բռնել Հովհաննես կաթողիկոսին և ապա՝ Աշոտ Երկաթին:

Այդ միջոցին Հովհաննես կաթողիկոսը գտնվում էր Բյուրական ամրոցում, որ իրեն էր պատկանում և ուր շինել էր կուսակրոնների վանք և հոյակապ եկեղեցի՝ կոփածո քարերով: Նըսր ոստիկանի գնդերը արդեն մոտենում էին Բյուրականին: Հեղեղը արդեն ջարդում, ոչնչացնում էր անցած տեղերը և այժմ միանգամից ուզում էր լափել Բյուրականը և դրա հետ միասին՝ հայոց հոգևոր գլխին, երբ Հովհաննես կաթողիկոսը յուր ընծաներով շտապում է մեղմել Նըսրի բարկությունը, բայց նա միայն առ երես ընդունելով նրա ընծաները, քիչ ժամանակից հետո դրժում է յուր խոսքը և յուր խոսքերը կրկին առաջ քաշում դեպի Բյուրական ամրոցը: Հովհաննես կաթողիկոսը լսում է այդ և շուտով փախուստ տալիս այդտեղից դեպի Բագարան, Աշոտ Բռնավորի մոտ:

ԻԷ

Գիշերը ցերեկ էր դառնում, ցերեկը՝ գիշեր և օրը վազում օրի ետևից, բայց Հեղինեի կյանքի մեջ ոչ մի փոփոխություն չէր լինում: Օրավուր նա հալվում էր, մաշվում և նրա սիրուն աչքերի շուրջը կապույտ շրջանակներ կազմվում: Տաղտկալից էր նրա կյանքը: Մատաղ կյանքը թառամում էր դառն և սիրտ խոցոտող մտքերով, և նա անհույս հայացքը չորս կողմն էր դարձնում, մի հույս էր փնտրում, բայց ոչ մի կողմից լուր չէր ստանում: Հեռու էր յուր հայրը, որի կարոտը օրավուր մաշում էր նրան, հեռու էր նաև Գնորգ իշխանը, որից ո՛չ մի լուր չուներ, թե ո՞ւր է նա և ի՞նչ է շինում: Եվ Հեղինեն, միայնակ փակվելով յուր սենյակում, մտքերի ծովն էր ընկնում, որոնք անխնա կրծում էին մատաղ սիրտը և գերեզմանին մոտեցնում: Մի օր էլ Հեղինեն փակված յուր սենյակում արտասուք էր թափում, երբ աղախինը ներս եկավ և հայտնեց, որ ինչ-որ մի մարդ ուզում է ներկայանալ իրեն:

Հեղինեն իսկույն սրբեց արտասուքները և, ուղղելով ցրված մազերը, հարցրեց.

— Ո՞վ է այդ մարդը:

— Չգիտեմ, իշխանուհի՛, նա սարսափելի դեմքով մարդ է և ուզում է քեզ հետ առանձին խոսել:

— Որտեղի՞ց է նա, չհարցրի՞ր:

— Վասպուրականից:

Հեղինեի սիրտը տրոփեց: Նա ձեռքը տարավ դեպի կուրծքը, կարծես այնտեղով անցավ ինչ-որ անհայտ մի բան:

— Կանչեցե՛ք նրան, — հարամայեց Հեղինեն վճռական ձայնով:

Աղախինը դուրս գնաց, և երբ ներս մտավ մարդը, Հեղինեն քարացած կանգ առավ և ապուշի նման սկսեց նայել: Նրա առջև կանգնած էր Քոսակը, որի դեմքը ծանոթ էր իրեն:

— Ի՞նչ բան ունես, — հարցրեց սառն կերպով Հեղինեն՝ մի փոքր լռությունից հետո:

— Իշխանուհի՛, մի բարի համբավ ունիմ հաղորդելու քեզ, հույս ունիմ, կվարձատրես ինձ ի տրիտուր այն նեղության, որ ես կրեցի ճանապարհին:

— Ասա՛, ի՞նչ ուրախ լուր, վաղուց է, որ իմ սիրտը ուրախ լուրեր չի ճաշակել:

— Իշխանուհի՛, ինձ ուղարկեց հայրդ, Վասպուրականի թագավորը, նա կարոտ է քո տեսությանը և րոպե առ րոպե սպասում է քեզ:

— Հա՞յրս... ինձ կա՞րոտ է... Մի՞թե նա մոռացավ, որ ես զենքը ձեռքիս իրեն դեմ էի գնում: Մի՞թե ես չէի, որ փախուստ տվի նրանից, և նա կատաղի կռիվ մղեց իմ պատճառով և ամենուրեք սկսեց հալածել ինձ: Այժմ ի՞նչ է ուզում ինձանից... Եթե ուզում է վերջ դնել կյանքիս, նա առանց այն էլ մոտ է յուր օրհասին...

— Իշխանուհի՛, դու ինձ չհասկացար: Հայրդ ամեն բան մոռացել է և այժմ միայն քո կարոտն է քաշում: Քեզ ուզում է գրկել, համբուրել և ոչ թե կախաղան բարձրացնել:

Հեղինեն թափանցող հայացքով նայեց Քոսակին: Ըստ երևույթին չէր հավատում նրան: Քոսակը այդ հասկանում էր, բայց ուզում էր դեռ փորձել:

— Մի՞թե ինձ չես հավատում, իշխանուհի: Ինչո՞ւ դու ոտքի տակ ես տալիս քո հորը, որը բազուկները կարկառում է քեզ գրկելու և յուր երջանկությունը միայն քո մեջ է գտնում:

— Ո՛չ, ես չեմ հավատում, — սուր կերպով պատասխանեց Հեղինեն:

— Ահա՛ ապացույցը, — պատասխանեց Քոսակը և մեկնեց դեպի Հեղինեն մագաղաթի կտորը:

Հեղինեն շտապով առավ նամակը, նայեց գրին, և նրա սիրտը սկսեց դողդողալ: Նա ճանաչեց հոր գիրը, որին կեղծել ոչ ոք չէր կարող, և նրա աչքերը մթնեցան: Սրտատրոփ սկսեց կարդալ նամակը, և աչքերը լցվեցան արտասուքներով: Նա մոռացավ Քոսակին, որը աչքը չէր հեռացնում նրանից և մտքով գնաց հեռու՝ դեպի Վասպուրական, ուր հայրը արցունքներ էր թափում յուր համար: «Թանկագի՛ն Հեղինե, — գրած էր նամակի մեջ, — երկինքը վկա եմ կանչում, որ առանց քեզ իմ կյանքը մաշվում է և գերեզմանին մոտենում:

Հեղինե՛, հասիր քո հոր արցունքները ցամաքեցնելու. նրա սիրտը քեզ է կանչում, քո տեսությանն է կարոտում: Զղջում եմ արարքներս և մեղա գալիս քո անարատ անվան առաջ, միայն թե նամակս ստանալուն պես շտապես դեպի ինձ: Լսո՞ւմ ես... քո հայրը քեզ մոտ մեղա է գալիս: Դու քո թույլ տեղով հաղթեցիր ինձ: Հասիր, Հեղինե՛, հասիր, իմ տարածված բազուկները սպասում են քեզ գրկելու...»:

Հեղինեն վերջացրեց նամակի ընթերցումը, դարձյալ սկսեց կարդալ, դարձյալ վերջացրեց: Ամեն անգամ նա մոտեցնում էր նամակը շրթունքներին և համբույրներով ծածկում այն: Խե՜ղճ. նա կարոտել էր հորը:

— Վերջապե՜ս, — ասաց նա և խոր հոգոց հանեց, — վերջապե՜ս, — կրկնեց նա, — իմ հայրը այլևս դավաճան չէ, նա թողեց այդ սև դրոշմը, ետ կանգնեց խայտառակության ճանապարհից, բայց թե ինչո՞վ պիտի սրբի յուր կատարած նախատինքի դրոշմը... Ո՛հ, եթե ամբողջ Վասպուրականը զոհի ազգին, դարձյալ չի ազատվի... Բայց մի՞թե բավական չէ, երբ նա զղջում է յուր արարքները և ես ի՞նչ իրավունք ունեմ այժմ հակառակելու նրան և դառնացնելու նրա առանց այն էլ դառն օրերը... Օ՛, հայր, ես կարոտում եմ քեզ, ես ուզում եմ թռչել դեպի քեզ, գրկել քեզ, — ասաց Հեղինեն ինքն իրեն ու մոտենալով պատուհանին, թանձր վարագույրները ետ քաշեց և նայեց դուրս: Թարմ օդը շոյեց նրա բորբոքված դեմքը և զովացրեց նրան: Փայլուն, պսպղուն աչքերով Հեղինեն դեպի երկինք նայեց, ուր այդ ժամանակ կախված էին մի քանի սպառնալից ամպեր, որոնք պղտորեցին նրա սիրտը, և նրա մտքով անցավ Գևորգ իշխանը:

— Իսկ Գևորգ իշխա՞նը, — ասաց ինքն իրեն, — ո՜հ, ես նրան էլ չեմ կարող թողնել և առանց նրա չեմ կարող մնալ: Ո՞ւր է նա արդյոք: Մոռացա՞վ ինձ, թե այժմ նրա հոգին միայն շրջում է երկրի վրա և անիծում ինձ... Ո՛հ, իշխա՛ն, դուրս բեր ինձ այս անհայտությունից և հասիր ինձ: Հասիր, որ թռչենք դեպի Վասպուրական, ուր իմ հայրը՝ Վասպուրականի գոռոզ թագավորը, կօրհնի մեր միությունը...

Այդ միջոցին, որ Քոսակը համբերությամբ նայում էր, տեսնելով, որ Հեղինեն մոռացավ իրեն, սկսեց դիտմամբ հազալ, որ յուր վրա դարձնի Հեղինեի ուշադրությունը: Այդ բանը հաջողվեց նրան: Հեղինեն արցունքոտ աչքերով դեպի Քոսակը նայեց և ասաց.

— Ա՜խ, ես քեզ բոլորովին մոռացա: Քո բերած լուրը այնքա՜ն անսպասելի էր, որ ինձ վրա խոր տպավորություն գործեց:

— Շատ ուրախ եմ, հույս ունիմ, որ գոհ մնացիր ինձանից:

— Առ քո վարձատրության համար, — ասաց Հեղինեն՝ մի քսակ տալով Քոսակին: — Գագիկ Արծրունին ավելի լավ կվարձատրի: Հայտնիր հորս, որ ես պատրաստ եմ նրա կամքը կատարելու: — Քոսակը ագահությամբ առավ քսակը և համբուրեց աղջկա փեշերը:

— Բայց, իշխանուհի՛, շատ էլ մի՛ շտապիր, այժմ վտանգավոր է ճանապարհորդելը: Մի՞թե չգիտես, թե ինչ խառն ժամանակ է:

— Ի՞նչպես, — հարցրեց զարմացած Հեղինեն:

— Ապստամբները և արաբները ճանապարհներս բռնել են, ես հազիվ ազատվեցա նրանց ճանկերից: Ճանապարհին դիակներ էին փռված: Ես սարսափեցի, երբ տեսա Գևորգ իշխ...

— Ի՞նչ Գևորգ իշխանի, ասա՛, նա կենդանի՞ է, թե մեռած, — խեղդված ձայնով հարցրեց Հեղինեն և բռնեց յուր սիրտը:

— Նրա նեխված և այլանդակված դիակը քաշկռտում էին գազանները, — հարվածեց Քոսակը դիվական հրճվանքով: Բայց այդ միջոցին Հեղինեն մի ճիչ արձակեց և անշունչ գետնին փռվեցավ:

Քոսակը դուրս թռավ սենյակից և ինքն իրեն մտմտաց.

— Ա՛յս Գևորգ իշխանի վրեժը, որ ուզում էր ինձ փշերի մեջ բռնել: Այժմ ինձ հարկավոր է դեպի Նըսր ոստիկանը շտապել...

ԻԸ

Արագած լեռն ճակատը վեր պարզած, խորին մտմտունքի մեջ ընկղմված, նայում էր դեպի յուր ավագ եղբայրը՝ Մեծ Մասիսը և խոր հառաչում: Ճակատը դեռ ձյունով էր ծածկված. իսկ փեշերը, որ ընդարձակ կերպով փռել էր չորս կողմը, արդեն ծածկվել էին քնքուշ կանաչներով և երփներանգ ծաղիկներով: Յուր չորս կողմը սփռում էին Շիրակա և Փամբակա դաշտավայրերը, իսկ փեշերի վրայից վազում կարկաչահոս աղբյուրները և վճիտ ջրերի «Բյուր ակունքը»: Ուրախ էր շուրջը, ուրախ էր բնությունը, այնինչ ինքը՝ տխուր, հուսահատ: Մի մթին ամպ պատել էր նրա զվարթ դեմքը և կորցրել ուրախ ժպիտը:

Արագած լեռան հարավ-արևելյան փեշերին, մի թմբի գլխին, որի տակ քչքչալով վազում էր մի առատ առվակ, փայլում էին Բյուրական ամրոցի պարիսպները, որտեղից լսվում էր եկեղեցու կոչնակի մելամաղձոտ հնչյունները, որ տարածվելով չորս կողմ, գյուղականներին դեպի ժամ էին հրավիրում: Եկեղեցին լի էր աղոթողներով: Սրբազան պատկերների առաջ ծխում էին մոմերն ու խունկը, իսկ հոգևորականների քաղցր ու ներդաշնակ երգեցողությունը դյութում էր ժողովրդի սիրտը:

Այնտեղ էր Սահակ սրբազանը, այնտեղ էր և Մարտիրոս վանահայրը, որոնց դեմքի վրա թեև երևում էր մի տեսակ թախիծ, մի անորոշ երկյուղի արտահայտություն բայց նրանք ամեն կերպ աշխատում էին մեռցնել իրենց մեջ հոգեկան այդ բուռն վրդովմունքը:

Սկսվեց քաղցրանվագ «Տերողորմյան», և ամենքը չոքեցին, Մարտիրոս վանահայրը բարձրացրեց յուր զիլ, բայց դողդոջուն ձայնը և երբ արտասանեց.

> Եկ, տե՛ր Հիսուս, ողորմյա՛ մեզ,
> Ողորմության ժամ է արդեն,
> Եկ, Բարեխնա՛մ, ա՛յց արա մեզ,
> Այցելության ժամ է արդեն:

Նա փղձկաց, արտասուքները դուրս ցոլացին նրա աչքերից և նա այլևս չկարողացավ շարունակել խոսքերը:

Զգաց ժողովուրդն էլ այդ խոսքերի ազդեցությունը, սուր սլաքի նման ցցվեցան նրա սրտի մեջ, և նա էլ, ինչպես մի հոգի և մի մարմին, սկսեց լաց լինել, հեծկլտալ այնպես, ինչպես լաց էր լինում «յուր սուրբը»: Ժամասածությունը նոր էր վերջացել, երբ Բյուրականի հորիզոնի վրա երևացին փոշու ամպեր, իսկ քիչ հետո՝ Նըսր ոստիկանի արաբաց իրոսակները։ Վայրենի աղաղակներով, դիվական իրճվանքով և թմբուկներածելով կանգ առան արաբները Բյուրականի պարիսպների տակ և պինդ օղակով շրջապատեցին այն։ Մյուս օրն նեթ նրանք դևերի նման հարձակվեցան Բյուրականի պարիսպների վրա, որ նրան մի ակնթարթում ոչնչացնեն և ջնջեն աշխարհի երեսից։ Սակայն փոքրաթիվ հայ զինվորների անձնվեր քաջությունը ետ մղեց նրանց պարիսպներից և թույլ չտվեց ներս խուժել ամրոց։ Արաբները զարմացան նրանց դիմադրությունից, սպառնալիքներ ու հայհոյանքներ ուղարկեցին դեպի ամրոցի կտրիճները, պահանջելով, որ նրանք անձնատուր լինեն։ Բայց Բյուրականի կտրիճները արհամարհանքով նայեցին արաբների սպառնալիքներին։ Նրանց առաջ կանգնած էր իրենց սուրբը՝ Մարտիրոս հայրը՝ մի կողմն ունենալով Սահակ սրբազանին, որը յուր եպիսկոպոսական վեղարը մի կողմ ձգած, գլխին դրել էր փայլուն սաղավարտ, իսկ ինքը կորել էր զենք ու զրահի մեջ։ Նրա դեմքից կորել էր յուր հանաքչի ժպիտը, և նա ահռելի կերպարանք էր առել։ Հոգևորական անձինք, բացի աղոթելուց, զենք էին առել և միացել իրենց ժողովրդին նրանց հետ ապրելու և նրանց հետ մեռնելու։

Արաբները կատաղաբար նորից հարձակվեցան, սանդուղքներից ուզեցան դևերի նման վեր մագլցել պատերի վրա, բայց նրանք նորից ետ մղվեցան։ Նրանք պարիսպների վրա տեսան ծերունի վանականին, որ խրախուսում էր հայ կտրիճներին և դրանով էլ չբավականանալով, պոկում էր ահագին ժայռի կտորներ ու շպրտում իրենց վրա։ Ո՞վ էր այդ հոգևորականը, որ այդպես ազդել էր հայերի վրա և սարսափի մեջ ձգել արաբներին, որոնք ամեն անգամ հարձակվելիս ետ էին մղվում։

— Ո՜հ, ես նրան ոսկով կշրջապատեմ, ով այդ ծերունու գլուխը ինձ կբերի, — կանչում էր կատաղած Նըսրը և հնարքներ որոնում Բյուրականը ձեռք ձգելու։ Նա կատաղած և վրդովված ման էր գալիս յուր վրանի մոտ, երբ նրա առջև հանկարծ կանգնեց մի մարդ։ Նըսր ոստիկանը բարկացած սուրը պատյանից հանեց և ուզեց այդ հանդուգն մարդու գլուխը թռցնել, երբ սա չոքեց և ասաց.

— Թող ալլահը պահե մեծ ամիրապետին, ես ուզում եմ մի ծառայություն անել իմ տիրոջը։

— Ի՞նչ ծառայություն, գյավո՛ւր, մի՞թե դուք կարող եք ծառայություն անել ուղղափառներին։

— Թող Մարգարեն պահի իմ տիրոջը, բայց վաղը, մինչև արևի մուտքը, Բյուրականը մոխիր կդառնա և ծերունի վանականի գլուխը քո ոտքերի տակ կլինի։

Նըսր ոստիկանին դուր եկան այդ մարդու խոսքերը, և նա, սուրը պատյանի մեջ դնելով, ասաց.

— Ասա, գյավո՛ւր, ո՞վ է այդ վանականը և ինչպե՞ս կարող եմ առնել ամրոցը, այն ժամանակ դու առատապես կվարձատրվես ինձանից։

— Մի՞թե չի ճանաչում իմ տերը այդ վանականին, որ միանալով Աշոտ Երկաթի հետ, ամբողջ Հայաստանը տակնուվրա արավ և ուղղափառներին հալածեց: Դրան «սպիտակ դև» են ասում, իսկ հայ ժողովրդականք «սուրբ» են անվանում: Դա մի քանի խելառների «փիրն» է, անունը՝ Մարտիրոս, Բագրևանդի վանահայրը: Մի՞թե չես լսել:

— Հը՛մ, հիշում եմ, շատ եմ լսել դրա անունը: Լավ է ուրեմն, ձեռքիցս չի գնա:

— Իհարկե, տե՛ր, առյուծի ճանկից էլ չի ազատվի:

— Բայց դա որտեղի՞ց գիտես այդ բաները, և ինչպե՞ս մենք կարող ենք առնել բերդը:

— Տե՛ր, ես այս րոպեիս Բյուրականի մեջն էի, ամեն բան տեսա, ամեն բան լրտեսեցի և շտապեցի իմ տիրոջը տեղեկություն տալ:

— Լավ է, լավ, — ասաց, ինքնաբավական կերպով Նըսրը, — բայց ասա, զյավո՛ւր, ինչպե՞ս կարող ենք մտնել բերդը:

— Բերդի հյուսիսակողմը — մի գաղտնի անցք, կա, որը ազատ է պահապաններից, ես այդ անցքը պատրաստ եմ ցույց տալու քո զորքերին հենց այս գիշեր:

— Շա՛տ լավ, հենց այս գիշեր մենք հարձակումը կսկսենք: Եթե ուղիղ դուրս եկան խոսքերդ, դու արժանավոր վարձատրություն կստանաս:

— Թող ալլահը պահե քեզ, տե՛ր, որ չես մոռանում խեղճ մարդկանց, — կրկնեց Նըսրի խոսակիցը:

— Բայց ի՞նչ է քո անունը:

— Քոսա՛կ, քո ծառան:

— Լավ, Քոսա՛կ, այժմ դու հանգստացիր, երբ կանչեմ՝ իսկույն կգաս:

Քոսակը խոր գլուխ տվեց և գոհ սրտով հեռացավ:

Մատնիչը գոհ էր և մտածում էր ամենահեշտ միջոցով թշնամիներին բերդ մտցնելու, այնինչ այդ ժամանակ ամրոցի մեջ կին, երեխա, ծեր թե երիտասարդ լցվել էին եկեղեցու մեջ և արտասվաթոր աչքերով լսում էին Մարտիրոս հոր քարոզը: Մարտիրոս հայրը կանգնած բեմում խոսում էր անմահության վրա և բացատրում մահվան նշանակությունը: Կարծես նա զգում էր ինչ-որ մի չարագուշակ բան, կարծես նրա հոգին գուշակում էր, որ մատնիչը յուր գործը պիտի կատարի, ուստի շտապում էր վառ և կենդանի պահել հուսահատ ու թուլացած ժողովրդի մեջ հավատքի հոգին և ուժը:

— Այո՛, ես տեսնում եմ նրան, — ասում էր Մարտիրոս հայրը, — նա՛ է միայն հավիտենականը և անմահը, իսկ ամեն ինչ անցավոր է: Մի ակնթարթ, ժամանակի մի կարճ գոյություն, երբ մենք ճաշակում ենք նրա բարիքները, ճանաչում նրա անմահ գործերը և ապա սլանում դեպի հավիտենականություն: Թող չվախեցնե ձեզ արաբաց սուրը, նրանց սոսկալի տանջանքը և ամենքդ ի մի դարձած, պինդ պահեցեք ձեր կրոնը և արժանացեք նրա սուրբ նահատակությանը: Ես չեմ ասում վիզներդ ներկայացրեք անհավատների մերկացրած սրերին, որ նրանք կտրեն. ո՛չ, քավ լիցի: Թանկ ծախեցեք ձեր կյանքը և քանի որ շունչներդ բերաններումդ է՝ սուրը ձեռքներիցդ չձգեք, կռվեցեք ձեր թշնամիների դեմ, որն ուզում է խախտել ձեր կրոնը: Վեհ է այն նահատակությունը, որ կատարվում է հայրենիքի և կրոնի համար: Հենց այս իսկ վայրկյանին դուք կռվում եք և՛ հավատի, և՛ հայրենիքի համար: Կոտորվեցեք ամենքդ էլ, մինչև վերջին մանուկը և դրանով դուք կարժանանաք Քրիստոսի անմահ պսակին:

Մարտիրոս հայրը լռեց և չոքեց աղոթելու: Ինչպես մարմնացած աստվածություն, նա մի քանի վայրկյան անշարժ մնաց և ապա ցնցվեց, երիտասարդի նման վեր թռավ տեղից և իջավ բեմից: Ժողովուրդը հեծկլտում էր և դառն արտասուքներ թափելով ընդունում ս. հաղորդությունը: Երբ մինչև վերջին մարդը ընդունեց ս. հաղորդությունը, կանայք և երեխաները մի կողմ քաշվեցան և մոտ 200-ի չափ զինված մարդիկ դեպի պարիսպները շտապեցին: Պարիսպներից դուրս հնչում էր արաբների դիվական քրքիջը և զենքերի շաչյունն ու շառաչյունը: Ըստ երևույթին նրանք պատրաստվում էին նորից հարձակվելու ամրոցի վրա: Երեկոյան դեմ էր, արևն արդեն թաքնվել էր, և հետզհետե մութն ընկնում էր, երբ կատաղի գնդերը գրոհ տվին դեպի պարիսպները և ճանճերի նման փաթաթվեցին ամրոցին, որոնք կարծես ուզում էին շփոթել բյուրականցիներին, այնինչ մի ուրիշ գունդ Քոսակի առաջնորդությամբ գաղտնի անցքով մտնում էր բերդը:

Հայ կտրիճները անտեղյակ այդ բանից, քաջերի նման կռվում էին և հույս ունեին նորից հալածելու, երբ ներսից մի չարագուշակ աղաղակ մի վայրկյան միայն սառեցրեց և սարսափ պատեց նրանց: Ամրոցի մեջ, այնտեղ, ուր գտնվում էր եկեղեցին, նրա ճիշտ առջևում, երևում էր մի սև գունդ, որը վայրենի աղաղակներով աշխատում էր կոտրել եկեղեցու դուռը, ուր ապավինել էին հայ կանայք, երեխաներ և անկար ծերունիներ: Հայերը զգացին իրենց անհուսալի և վտանգավոր դրությունը, ու սառը քրտինքը պատեց նրանց: Սոսկալի մռնչյուն արձակելով՝ նրանք թողին պարիսպները, որտեղից արդեն բարձրանում էր թշնամին և կատաղությամբ ընկան ներսի թշնամիների վրա: Գիշերային խավարի մեջ սկսվեց ձեռնամերձ սոսկալի կռիվը, որ ներկայացնում էր մի ահագին մսյա գունդ, ուր որդերի նման վժվժում էին մարդիկ և իրար գրկած շունչները փչում, ընկնում իրենց ոտքի տակ տարածված դեռ տաք դիակների կույտի վրա և անհետանում, որովհետև նոր շարժուն կետեր բարձրանում էին դրա վրա և նորից իրար գրկում…

Զարհուրելի էր այդ կռիվը: Երեխաների և կանանց ճիչն ու աղաղակը, վիրավորների հառաչանքը և սրերի շաչյունները մինչև երկինք էին հասնում: Կռվողների ոչ մի կողմը չէր ուզում տեղի տալ մյուսին, և նրանք մինը մյուսի ետնից կոտորվում, մորթվում էին: Բայց հայ զինվորների թիվն արդեն պակասել էր, այնինչ արաբները քանի գնում ստվարանում էին: Միայն մի բուռն հայ կտրիճներ կռվում էին վերջին, օրհասական կռվով, երբ ամրոցի ամեն անկյունից կրակե հրեղեն լեզուներ երևացին և լուսավորեցին սգապատ տեսարանը: Այդ իսկ միջոցին տապարի հարվածներից ջարդ ու փշուր եղան եկեղեցու դռները, և կատաղի հոսանքը ներս խուժեց... Լսվեց այնտեղից սիրտ պատառող ձայներ, կանանց ու երեխաների մահամերձ խռխռոցը: Արաբներն այնտեղ կոտորում էին երեխաներին, կոտորում կանանց և կողոպտում տաճարը:

Հայ կտրիճները, որոնց հազիվ 40 հոգի էին մնացել, երբ տեսան անօրենների եկեղեցի ներս խուժելը, հանկարծ գրոհ տվին թշնամուն և դիմեցին դեպի տաճարը: Նրանց մեջ էին Մարտիրոս հայրը և Սահակ սրբազանը, որոնք մինչև սրունքները արյան մեջ թաթախված, արյունաներկ սրերը ձեռքներին առաջնորդում էին հայերին: Այդ միջոցին տաճարի բեմը բռնկվեցավ, և բոցերը ճարճատյունով սկսեցին ս. սեղանը լափել և լուսավորել կռվողներին, ուր խառնվել էին իրար հետ կին, երեխա, ծեր, արաբ թե հայ զինվորներ և սպանդանոցի նման մորթոտում էին իրար: Մի չէչոտ մարդ միայն, վառած ջահը բռնած, որ հենց նոր կրակ էր տվել բեմը, կանգ էր առել ս. սեղանի վրա և դիվական հայացքով նայում էր կռվողներին: Կարծես սովորական բան լիներ կատարվելիս նրա առջև, կարծես մարդիկ չլինեին կոտորվելիս, նա նայում էր սառն և անտարբեր հայացքով և երբ մինը մյուսի ետնից ընկնում էին հայ զինվորները, մի տեսակ ինքնաբավական ժպիտ էր փայլում նրա հրեշավոր դեմքին: Հանկարծ նա ցնցվեց, և նրա դեմքը կապույտ գույն ստացավ, աչքերը կատաղեցին և յուր ջահը ճոճելով՝ զարհուրելի ձայնով ասաց.

— Է՛յ, ուղղափառնե՛ր, սպիտակ դևին մի՛ սպանեք, դրան կենդանի պետք է ներկայացնել Նըսր ոստիկանին:

Բայց սրա ձայնը խեղդվեցավ վայնասունի ու աղմուկի մեջ և ոչ ոք ուշադրություն չդարձրեց: Այդ իսկ միջոցին ընկավ Սահակ սրբազանը մի քանի տեղից վիրավորված, իսկ երկու սրի հարված կտրատեցին Մարտիրոս հոր թևերը, բայց նա, հինգ թե վեց հոգով շրջապատված, դեռ կանգնած էր, երբ ջահը ձեռքին մարդը, որ Քուսակն էր, ցած թռավ սեղանից ու առանց երկյուղի մղվեցավ կռվողների մեջ և որոտաձայն կանչեց.

— Հեռո՛ւ այստեղից: Անհավատների սրբի դատաստանը ինքը ամիրապետը պիտի անի:

Մարտիրոս հայրը նայեց դեպի դավաճանը և արհամարհական հայացք ձգելով՝ առաջ եկավ ու ասաց.

— Հուդա՛, արա, ինչ անելու ես...

Մարտիրոս իոր ուսերից առատապես բխում էր արյունը, և նա հազիվ էր ոտքի վրա կանգնած: Քոսակը ջահը մի կողմ շպրտեց և, դիվական քրքիջ արձակելով, գրկեց յուր անպաշտպան զոհին, որ ուշաթափ արդեն վայր էր ընկնում:

Այդ միջոցին երկու հարյուր հայ զինվորներից ո՛չ մեկը կենդանի չէր: Արաբները հանգիստ շունչ քաշեցին և դների նման սկսեցին կողոպտել տները, առևանգել հայ կույսերին ու մորթել երեխաներին: Այդ ժամանակ Բյուրականը ներկայացնում էր Սոդոմը, ուր կրակն ու անօրենների կատաղությունը ամենազզվելի պատկեր էր ներկայացնում...

ԻԹ

Թալանը վերջացել էր: Սև ծուխը ամպի նման ոլոր-մոլոր բարձրանում էր վեր և Բյուրական ամրոցում էլ քարը քարի վրա չէր մնացել: Արևը արդեն կանգնած էր զենիթում: Նըսր ոստիկանի բանակից լսվում էր ուրախ դիվական քրքիջ, հայհոյական և անամոթ երգեր: Բյուրականի և շրջակա հայ գյուղերի նորատի կույսերն ու կանայք համարյա մերկ, նրանց նախատինքի առարկաներն էին դարձել և միևնույն ժամանակ նրանց վայրենի կրքերին բավականություն տվողներ: Այնտեղ՝ բաց երկնքի տակ, մի դիվական ճաշ էր կատարվում, ուր խորովածի, օշարակի և թմբուկի հետ միասին ամենաասոսկալի տեսարաններ էին տեղի ունենում: Մինչդեռ բանակի միջից լսվում էր թմբուկի, վայրենի քրքիջի և երգի ձայներ, Նըսր ոստիկանը յուր շքեղ վրանի առաջ անցուդարձ էր անում և անտարբեր աչքով նայում էր յուր բանակի մեջ տեղի ունեցող անասնական տեսարաններին:

— Այդ քիչ է գյավուրների համար, — ասում էր նա, — դեռ շատ սարսափելի բաներ կտեսնեն ինձանից: Թող դեռ ճանկս ձգեմ Հովհաննես կաթողիկոսին և Աշոտ Երկաթին, այն ժամանակ հեշտ է դրանց ոչնչացնելը:

Այդ միջոցին նրա աչքովն ընկավ Քոսակը, որ նրանից քիչ հեռու կանգնած, նայում էր արաբաց ոստիկանին, երևի նա եկել էր յուր վարձատրությունն ստանալու:

— Ա՛... գյավո՛ւր, դու եկել ես, շա՛տ լավ: Ես իսկույն քեզ արժանավոր վարձատրություն կտամ քո ծառայության համար: Բայց ո՞ւր է սպիտակ դևը, ես նախ նրան պիտի պատժեմ, արդյոք նա ուշքի եկա՞վ:

— Ո՛չ, տե՛ր, նա յուր հոգին արդեն փչեց, — պատասխանեց Քոսակը՝ գլուխ տալով:

— Ա՛... իսկ ի՞նչ արիր դիակը:

— Դաշտի մեջ ձգեցինք:

— Վայրենի գազաններին կերակո՞ւր:

— Այո՛, տեր, նա, ով քո ամենակար զորության դեմ է գնում, ավելի սոսկալի նախատինքի և պատժի է արժանի:

— Լա՛վ ուրեմն: Կեսօրից հետո մեր բանակը հանվում է այստեղից, ես չպետք է մոռանամ քեզ վարձատրել,— ասաց Ներսը ոստիկանը և ապա, դիմելով յուր մարդոց, ինչ-որ մի հրաման տվեց նրանց, որոնցից մեկը հեռացավ, իսկ մյուսները, մոտենալով Քոսակին, բռնեցին նրան և դեպի Ներսը բերին:

Ներսի օտարոտի վարմունքը սարսափ բերեց Քոսակին, նա դեռ շփոթված սպասում էր, թե ի՞նչ պիտի լինի:

Անցան մի քանի սարսափելի րոպեներ, և ահա հեռվից երևաց մի կատաղի ձի, որի վրա նստած էր այն արաբը, որ մի փոքր առաջ կանգնած էր Ներսի մոտ: Ձիավորը կանգ առավ Ներսի առջև և իսկույն ցած թռավ ձիուց:

— Տեսնո՞ւմ ես այս ձին, — ասաց Ներսը դիմելով Քոսակին, — այս ձին քեզ եմ ընծայում, միայն ոչ թե դու պիտի սրան կառավարես, այլ դա՝ քեզ: Ես դրանից ավելի լավ վարձատրություն չեմ գտնում քեզ համար:

Քոսակը չհասկացավ նրան, բայց զգաց, որ ինչ-որ մի զարհուրելի բան է պատրաստում յուր համար:

Ձին թամբած չէր և անհամբերությամբ ոտքը գետին էր զարկում:

— Կատարեցե՛ք հրամանս, — ասաց Ներսը դիմելով արաբներին: Արաբները իսկույն մի պինդ թոկ բերեցին և ձգեցին Քոսակի վիզը: Իսկ մյուս ծայրը կապեցին ձիու ագիից:

— Տե՛ր, խղճա՛ ինձ... — մրմնջաց լեղապատառ Քոսակը, երբ հասկացավ իրողությունը:

— Ո՛չ, քո արժանավոր վարձատրությունը դա է: Եթե դու քո ազգին այդ ես անում, ուրիշին ի՞նչ կանես, — պատասխանեց Ներսը և նշան տվեց:

Այդ միջոցին ձիու սանձը հանեցին և մի քանի սաստիկ մտրակներ տվին նրան: Ձին ցավից կսկծաց և ահագին թռիչք արավ՝ քարշ տալով յուր ետևից Քոսակին:

Բանակի ուրախությանը մի նոր բան ավելացավ: Նրանք տեսան, թե ինչպես Քոսակի գլուխը քարերին էր դիպչում և նրա ուղեղը ցաք ու ցրիվ գալիս...

Կեսօրից հետո Ներսը հանեց յուր բանակը և դափ ու զուռնով ուղղվեց դեպի Նախճվան: Բավական ժամանակ նրանք առաջ էին գնում, և վայրենի քրքիջի, ուրախության ձայները մինչև երկինք էին հասնում:

Նրանք ճանապարհին քշում էին ձիերը և նշան դնելով գերիների վրա, ցցում էին իրենց նիզակները նրանց սրտի մեջ և կտրելով գլուխները՝ ամրացնում նիզակների ծայրին և ձեռքերին պտտեցնելով վազում առաջ: Գերիների լացը, կականը և ողբը, միախառնվելով արաբների քրքիջին, մի զարհուրելի երաժշտություն էին կազմում, որը սառցնում էր մարդուս արյունը: Երեկոն մոտենում էր: Նըսրի բանակը կանգ առավ մի առվակի մոտ գիշերելու: Վառվեցան խարույկները, և ընթրիքի պատրաստություններ սկսան տեսնել, այնինչ գերիներին մի կողմ թողնելով, միայն մի քանի պահապան կանգնեցրին նրանց հսկելու, իսկ իրենք սկսեցին իրենց գազանական ընթրիքն անել:

Այդ իսկ միջոցին մի խումբ ձիավորներ զգուշությամբ մոտենում էին Նըսրի բանակին: Նրանք, ըստ երևույթին, վաղուց է որ հետևում էին բանակին, բայց հարմար ժամանակ չէին գտնում իրենց նպատակին հասնելու:

— Տղե՛րք, — դարձավ խմբի գլխավորը յուր ձիավորներին, որոնք թվով մոտ երեսունհինգ էին, — այս բանակի հետ կռիվ սկսելով գլուխ դուրս չենք տանի, մենք պիտի միայն գերիներին ազատենք և խույս տանք: Ձեզանից մի մասը պիտի գերիներին տանի, իսկ ես մի քանի մարդկանցով նրանց ուշադրությունն ինձ վրա կդարձնեմ, որ նրանք ձեզ հանգիստ թողնեն: Այժմ ամենից հարմար ժամանակն է:

— Մենք պատրաստ ենք, իշխա՛ն, — պատասխանեցին ձիավորները:

Այդ ժամանակ խմբի գլխավորը, որ Գևորգ իշխանն էր, նշան տվեց, և մի ակնթարթում հարձակվելով գերիների պահապանների վրա, բոլորին կոտորեցին և գերիներին սկսեցին տանել: Բանակում իրարանցում ընկավ: Գևորգ իշխանը փոքրիկ խմբով բանակի հակառակ կողմը թռավ և մեծ աղմուկ հանելով սկսեց շփոթել բանակին: Արաբները գերիներին թողած զրոհ տվին դեպի Գևորգ իշխանը, որը կամաց-կամաց սկսեց նահանջել, իսկ երբ տեսավ, որ բավական ժամանակ է վաստակել, հանկարծ անհայտացավ խավարի մեջ և շուտով միացավ մնացած խմբին, ուր գտնվում էին և հայ գերիները: Նրանք առաջ գնացին դեպի Բյուրական, երբ արշալույսը նոր էր բացվում: Գևորգ իշխանը տխուր առաջ էր գնում, երբ մի աղոտ լույս նկատեց, որ իջնում էր երկնքից: Նա ձին շտապեցրեց դեպի լույսն իջնող տեղը և սարսափահար կանգ առնելով, մի վայրկյանից հետո ցած թռավ ձիուց, վերցրեց գլխարկը և չոքեց: Նրա առաջ տարածված էր Մարտիրոս հոր դիակը, առանց ձեռքերի, որը լուսավորվել էր երկնքի լույսով: Հասան և գերությունից ազատվածները, որոնք տեսնելով իրենց «սրբի» դիակը, սկսեցին լալ և հեծկլտալ:

Գևորգ իշխանը համբուրեց Մարտիրոս հոր սառն ճակատը, որին

հետևեցին և մյուսները, ապա նրա դիակը վերցնելով, տարան Բյուրականի տաճարը հողին հանձնեցին: Հողը իր գիրկն առավ սրբազանի դին, և հենց այդ ժամանակ արտույտները սկսան կրկչալ իրենց տխուր տաղերը, իսկ արշալույսը սփռեց երկրի վրա յուր կենարար ցոլմունքները...

Ն

Բյուրականի կոտորածից հետո Հեղինեն հանգստություն չուներ: Նա, ինչպես պահապան հրեշտակ, անցնում էր գյուղե-գյուղ, քաղաքե-քաղաք ու դեղ ու դարման անում տնանկներին ու վիրավորներին: Նա յուր կյանքը սկզբից ի վեր նվիրել էր թշվառներին ու այդ պատճառով, գիշեր-ցերեկ աշխատելով սիրած ժողովրդի մեջ, նրանց վերքերն էր բուժում և այդպիսով մի փոքր հանգստություն տալիս յուր վշտաբեկ սրտին...

Երեկո էր:

Արևի վերջին ճառագայթներն ընկել էին լեռան լանջին փռված մի գյուղի վրա, որի գետնափոր տնակների առաջ, զանազան դիրքերով, ընկած էին հիվանդ ու խեղճ թշվառներ, որոնք ծանր հառաչելով դիտում էին արևի մուտքը:

Հեղինեն նստած էր մի մեծ քարի վրա և յուր անթարթ աչքերով նույնպես դիտում էր արևի մուտքը, որը կամաց-կամաց ծածկվելով լեռան քամակին, յուր ետևից թողնում էր մի սև ու մռայլ ստվեր... Սևով էր պատած և Հեղինեի սիրտը:

Դառն ու սրտամաշ մտքերը պաշարել էին նրան ու ձգել մտքերի ահեղ օվկիանը:

Նրանցից քիչ հեռու, կանաչ խոտի վրա կիսաթեք պառկած էր ծերունի Մաթոսը, որն անշարժ, ինչպես մարմնացած արձան, նայում էր Հեղինեին:

Հանկարծ նա շարժվեցավ, դողդոջուն ձեռքերով փայտին հենվեց ու դառնալով դեպի Հեղինեն, լալագին կանչեց.

— Ա՜խ, մի կաթիլ ջուր, ես այրվում եմ, պապակում:

Հեղինեն ցնցվեց: Ետ մղեց յուր մռայլ մտքերը, ծերունի Մաթոսին նայեց ու վեր թռչելով տեղից, մի գավաթ ջուր մեկնեց նրան:

— Ա՛ռ, Մաթո՛ս ապեր, այս աղբյուրի ջուրը կհագեցնե ծարավդ և կզովացնե քեզ:

— Ա՜խ, սրտիս հրդեհը ոչ մի աղբյուրի ջուր չի կարող հանգցնել, —

պատասխանեց Մաթոսը՝ առնելով գավաթը: — Աղջի՛կս, ես պապակում, այրվում եմ: Դժոխքը յուր բոլոր զարհուրանքով սրտիս մեջ է նստած ու ինձ տանջում, չարչարում է, հոգիս էլ չի առնում, որ ազատվեմ անծայր տանջանքից:

— Հանգիստ մնա, Մաթո՛ս ապեր, ամեն ինչ կանցնի, աստված ողորմած է, — մխիթարելով ասաց Հեղինեն:

Մաթոսը ուղղվեց, նստեց ու դառնալով ասաց.

— Աստվա՛ծ... Այո՛, բայց մենք այդ աստծուն չտեսանք, տե՛ր, մեղա՛ քեզ: Նրա փեշերից բռնելով տանջանքների և արհավիրքների ծովը նետվեցինք, բայց նրա գութն ու ողորմությունը չտեսանք: Տե՛ր, մեղա՛ քեզ: Արաբը յուր սուրը հանած, մեր աչքերի առաջ մեր աղջիկներին ու կանանց առևանգում է, մինչդեռ մեր հարազատ իշխանները նրանց թև ու թիկունք են դառնում: Մենք տրորվում ենք, ոտնատակ լինում, ինչպես մի հասարակ մրջյուն և ո՛չ ոք, ո՛չ ոք յուր գթառատ ձեռքը չէ մեկնում մեզ պատուհասից ազատելու: Աստվա՛ծ, բայց ու՞ր էր այդ աստվածը, երբ Բյուրականում դժոխքն էր տիրապետում: Ու՞ր էր նա, երբ այնտեղ՝ սպանդանոցի նման 200 հոգի ընկան, երկու հարյո՛ւր նահատակ, ծեր թե երիտասարդ, կին թե մարդ, տղա թե աղջիկ, որոնք աստծո փեշից բռնած լալագին հայացքով օգնություն էին մրմնջում ու շունչները փչում... Ես, միայն ես ազատվեցի այնտեղից և իբրև այդ զարհուրելի սպանդանոցի կենդանի վկա, բողոքում եմ աստծո դեմ, բողոքում նրա անտարբեր, սառն, անգութ վերաբերմունքի համար, տե՛ր, մեղա՛ քեզ...

— Այդպես մի՛ ասի, Մաթո՛ս ապեր,— ընդհատեց Հեղինեն, — մի՛ բողոքիր աստծո դեմ: Նա յուր դատաստանը այսպես շուտ չէ անում: Նա համբերում է, բայց յուր աստվածային շանթով խորտակում անօրենին:

— Հա՛, վերջը... այն ժամանակ, երբ հազարավորներ կենդանի-կենդանի խորովվում են, անասելի տանջանքներով հոգիները փչում: Բայց ո՞ր մեղքի համար: Ասա, աղջի՛կս, ի՞նչ է արել ծծկեր մանուկը, որ անօրենի սրից զոհ է գնում: Ասա, ի՞նչ հանցանք են գործել կանայք, որոնց ստինքների պտուկներից շարաններ են շինում և իբրև հաղթական դափնի՝ իրենց վիզը ձգում: Օ՛... անասելի դժոխք էր ներկայացնում Բյուրականը սրի և կրակի մեջ, ուր ընկավ մեր սուրբը՝ Մարտիրոս հայրը, որը դիակների մեջ կանգնած, երկու ձեռքերն էլ կտրտված, հարյուր տեղից վիրավորված, դեռ աղոթք էր մրմնջում ու սիրած ժողովրդի համար երկնքից օգնություն հայցում... Սակայն երկինքը լուռ էր, անզգա, անգութ...

— Հայի ճակատագիրն է այդ, Մաթո՛ս ապեր, ի՞նչ կարող ենք անել:

— Ինչ կարող ենք անե՞լ... բայց ի՞նչ են անում մեր իշխանները, որոնք արաբի հետ միացած՝ մեզ ծեծում են, արյունաքամ անում, եղբայր եղբոր դեմ հարուցում ու իրենց սիրուն հայրենիքը սրի ու հրի ասպարեզ դարձնում: Մեր գութանն ու մաճը մնաց անտեր, դաշտերն ու արտերն ամայացան, լծկան եզն ու գոմեշը կոտորվեցան, ինչո՞ւ, որովհետև մեր իշխանները փոխանակ միանալու, իրենց սին փառքի համար օտարի առաջ ստրկանում են, քծնում, շողոքորթում և մեզ անտեր թողնում... Օ՜ ... եթե լիներ մեր մեջ համերաշխություն, սեր, զիտակցություն, մենք այս օրին չէինք հասնի...

— Այո՛, համաձայն եմ: Ա՛խ, հայի այդ սոսկալի եսը և փառամոլությունը իրեն տունն է քանդում, բայց դրանք էլի չեն խրատվում: Ի՞նչն է պատճառը, որ մեր թագավորը Սևանա վանքն է քաշվել և վիշտը սրտի մեջ, դառն հեծկլտում է Հայաստանի վիճակին նայելով: Ա՛խ, եթե իշխանները և նախարարները միանային ու ժողովվեին թագավորի շուրջը, այն ժամանակ Հայաստանի արշալույսը կբացվեր և դո՛ւ, խե՛ղճ ժողովուրդ, հանգիստ կապրեիր... Այդ ի՞նչ եմ ասում. Այդ արշալույսը չի բացվի, քանի որ հայրս է թագավորի դեմ գնում, իսկ ես, ինչպես մի ստվեր, դեգերում եմ հիվանդ ու մեռնող ամբոխի մեջ ու քավում հորս մեղքերը:

— Եվ թող աստված երկարացնե կյանքդ, աղջի՛կս, դու սփոփիչ հրեշտակ ես մեզ համար, երկնքից տրված մի պարգև, որ դառն ու հուսահատ րոպեներին քո քնքուշ ձայնով հուսո նշույլներ ես ներշնչում մեզ... բայց մի ծաղկով գարուն չի գա, աղջի՛կս, և մենք մեռնում ենք, օրեցօր գերեզմանին մոտենում:

— Ո՛չ, Մաթո՛ս ապեր, ժողովուրդը չի մեռնի, նա կապրի: Կապրի, որովհետև նրա կենսատու ուժը անսպառ է: Իշխանները կգան ու կերթան, բայց ամբոխը կմնա: Կմնա ու կզարթնի մի անգամ: Այն ժամանակ խավարը կցրվի, մութը կանհետանա, և գեղածիծաղ արշալույսը կծագի ամեն կողմում:

— Օ՜... տա աստված այդպես լինի, — գլուխը օրորելով պատասխանեց Մաթոսը: — Բայց ահա սրտիս մեջ դժոխքը կրկին շարժվեց, և ես հիշեցի Աստղիկիս, հիշեցի նրա նշանած Դավթին, որը վերջին շունչը փչելիս ինձ նայեց ու անհուն ժպիտը անցավ նրա դեմքով. կարծես հասկացնել ուզեց ինձ, թե հայրենիքի համար մեռնելը ինչքա՛ն քաղցր, ինչքա՛ն վսեմ է... Դավի՛թ, իմ քաջ և աննման փեսա, դու գնացիր ու ինձ ծով արցունքի մեջ թողիր... Օ՜... ես էլ կգամ, ես էլ կգամ, — ասաց ծերունին, գլուխն իջեցրեց, լուռ կացավ, և արցունքի երկու կաթիլ գլորվեցին նրա ալեզարդ մորուքին:

Հեղինեն նայեց նրան ու սիրտը բռնեց: Ապա, հեռանալով նրանից, նորից նստեց լեռ քարի վրա ու ինքն իրեն մտմտաց.

— Քնե՛ց... մի քանի րոպե լռեց նրա սրտի դժոխքը, և ես այս բովանդակ երկրում մնացի միայնակ... Սուտ չէ ասում նա: Չորս կողմը ավե՛ր, սրածությո՛ւն, կոտորա՛ծ: Ամեն կողմից լացի ձայն եմ լսում, որ սիրտս քրքրում, տրորում է ու ինձ զգում հուսահատության անդունդը: Ա՜խ, բարձրյա՜լ աստված, անողո՛ք երկինք, մինչև ե՞րբ հայի արցունքը քո գահի պատվանդանը պետք է ողողե, մինչև ե՞րբ հայի հեծկլտանքն ու հառաչանքը քո սրահի նվագածությունը պիտի կազմեն... Գթա, տե՛ր, այդ ազգին: Դու ներշնչիր իշխանների մեջ սեր ու միություն: Հանիր նրանց սրտից ատելության ու նախանձի որոմները և ի մի դարձրու բարբարոսներին հալածելու...

Հեղինեն էլ լռեց ու քիչ հետո դադարեց մտածելուց:

Պահ մի դառն մտքերը դադարեցին նրա սիրտը կրծելուց, ու նա ընկղմվեց քնի մեջ...

Հեղինեն քնած էր գլուխը լեռ քարին դրած, մինչդեռ արևը մայր էր մտել ու սկսվել էր լեռների ցուրտը, որ գողունի կերպով մտնում էր Հեղինեի տանջված ու հյուծված մարմինը և կամաց-կամաց յուր ավերմունքը գործում...

ԼԱ

Առյուծը բանտարկված էր վանդակում...

Մի սեպացած ժայռ, որի վրա երևում էին մի քանի վանքեր, յուր սև կուրծքը դուրս էր ցցել կապույտ ջրերի միջից և գոռոզաբար նայում էր շուրջը: Պարզ, վճիտ ջրի կոհակներն էին վխտում նրա շուրջը, որոնք երբեմն մանրիկ, քնքուշ ալիքներով լիզում էին նրա ափերը, գորովագութ մոր նման շոյում փեշերը, համբուրում նրան և ապա միմյանց ետևից ետ նահանջում: Իսկ երբեմն փրփրած ալիքները կատաղած վրա էին վազում դեպի այդ սեպացած ժայռը, որ համդգնել էր իրենց տեղը խլել: Վիշապի նման գլուխները վեր բարձրացրած ալիքները ուժգնությամբ ծեփվում էին ժայռին, նրան խորտակելու նպատակով, ջարդվում, փշրվում և ապա իրենց ոտքերի տակ անդունդներ բանալով՝ ամոթահար թաքնվում այնտեղ և կորչում անհայտության մեջ. բայց ետևից նոր ալիքներ էին գալիս, ավելի բարձր, ավելի զարհուրելի, որոնք դիպչելով ժայռերին, անհույս կերպով նույնպես ոչնչանում էին, մինչև որ դադար էին տալիս իրենց անհույս հարձակմանը և լռում: Այդ ժամանակ լճի մակերևույթը պարզ հայելի էր ներկայացնում յուր խոր հատակով, ուր լուսնի դյութող ճառագայթների հետ պար էին բռնում ոսկե ձկները, փայլուն արծաթագույն ձկնիկները, գեղարքունին ու կողակը և ձկների իշխանը:

Այդ սեպացած ժայռի մեջ էր բանտարկված առյուծը՝ Աշոտ Երկաթը, որի հառաչանքից սարերը ձայն էին ածում և լճի ձկները սարսափից փախուստ տալիս:

Ուժասպառ ընկած էր նա յուր կտրիճներով, որոնց թիվը 70-ի էր հասնում և յուր մթագնած հայացքը դարձնում դեպի Սևանի ափերը: Նա խոր, շատ խոր հոգոց է քաշում՝ տեսնելով Հայաստանի ալեծուփ դրությունը, և նրա սիրտը լցվում է խորին կսկիծով: Հայաստանը քանդվում էր, ժողովուրդը տառապում, իսկ ինքն ի՞նչ էր անում... Ո՜հ, վեր կաց, Աշո՛տ Երկաթ, քաշիր երկաթե սուրդ, հուր ու մոխիր դարձրու թշնամիներիդ, որոնք ոչնչացնում են հայ ժողովրդին... Թո՛ղ անշարժությունդ, ի՞նչը արդյոք սուրդ ժանգոտեց և վհատեցվեց քո հոգին... Տե՛ս, արաբները կրկին գլուխ են բարձրացրել և հայերի ծուխն ուզում են կտրել, իսկ դու մի՞թե մոռացար հորդ ստվերին տված երդումը, թե՞ խորին հուսահատությունը վհատեցրեց քեզ... Հասի՛ր, Երկաթ, հասի՛ր, ժողովուրդը քեզ է սպասում, ազգը քեզ է կանչում...

Եվ Աշոտ Երկաթը ցնցվեցավ: Քաջի ցնցումից սարերը դողացին և Սևանա լճի կոհակները դուրս թռան իրենց տեղից և կատաղած իժի նման գլուխները ցցեցին: Հողմը շառաչեց, և սպառնալից ամպերը թռան անհուն երկնակամարի խորքից և որոտալով ու փայլփլելով կախվեցին Սևանա գլխին: Տարերքն էլ կատաղել էր քաջի դեմ և նրա ցնցումի դեմ յուր սպառնալիքներն էր տալիս:

— Է՜, հե՛յ, — ձայն տվեց Երկաթը յուր քաջերին, — հողմն ու մրրիկը, ծովն ու ցամաքը մեր դեմ կռվի են գալիս, զարթնեցեք, նիզակներդ սուր սրեցեք, թրերիդ ժանգը սրբեցեք, կուրծքներդ պատնեշ շինեցեք և պահպանեցեք ձեր թագավորին: Չե՞ք տեսնում, ծովն ուզում է կուլ տալ ինձ, մրրիկը՝ երկինք բարձրացնել, իսկ փայլակը՝ կայծակնահար անել: Մեռած չէ ձեր թագավորը, դեռ առողջ են կռներս, անվնաս իմ պողպատե սարը: Հրեղեն է այս սուրը, որ մի ակնթարթում հազարավոր գլուխներ կթռցնի և ծովին ու երկնքին կիրամայի…

— Ապրի՛ մեր թագավորը, ապրի՛ Աշոտ Երկաթը, — գոռում են յոթանասուն կտրիճները և նիզակներ ճոճում օդի մեջ:

— Տվե՛ք իմ սաղավարտը, զենք ու զրահը, հերիք է ինչքան հանգստացանք, — ասում է Աշոտ Երկաթը և աչքերը դեպի լճի ափը դարձնում:

Նա տեսնում է այնտեղ արաբների անհուն բազմություն, որոնք պինդ օղակով շրջապատել էին իրեն և դյութական քրքիջ էին արձակում՝ տեսնելով քաջին զենք ու զրահի մեջ կորած:

Մի տեսակ դառն, արհամարհական ժպիտ է արձակում Երկաթը և հրամայում տասը նավակ պատրաստել:

Տեսնում են արաբները և ժպտում բանտարկված առյուծի պատրաստության վրա:

Ժպտալիս երևում են նրանց սպիտակ ատամները, որոնք սարսուռ էին ազդում մարդուն:

— Խելացնո՛ր Աշոտ, ի՞նչ է ուզում նա անել, — ասում են հեգնորեն արաբները,— մի՞թե չի տեսնում ինչքա՛ն շատ ենք մենք, ինչքա՛ն ահավոր: Արաբիայի և Աֆրիկայի խորքերիցն ենք եկել մենք, որ դրա արյունը խմենք, իսկ դա ո՞ւր է ուզում թռչել...

Բայց երկյուղի ո՛չ մի նշան չի երևում Աշոտ Երկաթի սառն դեմքին, նրան չեն վախեցնում սև-սև դեմքերը, տափակ ճակատները, հաստ շրթունքները և թշնամիների «բյուր» թիվը: Աներկյուղ նստում է նա նավակի մեջ և նշան տալիս քաջերին, որոնք տեղավորվելով յոթնական մարդ յուրաքանչյուր նավակի մեջ, շարժում են թիակները և դեպի թշնամին դիմում:

— Աշո՛տ Երկաթ, — գոռում են արաբները, — թող քո խելառ վարմունքը, զենքդ ցած դիր և արի չոքիր մեր Բըշր[12] ոստիկանի առաջ, որ չխավարեցնի արևդ: Ե՛լ, գթություն խնդրիր ամիրապետից, մոռացիր պիղծ հավատդ և պաշտիր Մահմեդին:

Լսում է Աշոտ Երկաթը և կատաղությունից մռնչում: Նրա մռնչյունից ծովը ավելի է կատաղում, և հորձանքները ավելի ուժգին են զարկվում ժայռերին:

Տասը նավակը տասը տաշեղի նման կոհակները պար են ածում և սպառնում կուլ տալ անտակ ջրերում: Բայց անվախ են նավավարները, անվախ քաջի պես: Թռչում են նավակներն առաջ, թռչում դեպի թշնամիները: Նրանք երբեմն բարձրանում են լեռ ալիքի գագաթը, երբեմն իջնում խոր անդունդներ, և նրանց գլխին թափվում են բյուրավոր նետեր:

— Տղե՛րք, հառա՛ջ, հառա՛ջ — կանչում է Աշոտ Երկաթը և սուրը պատյանից հանում: Այդ ժամանակ նրանք մոտենում էին ափին, ուր թշնամին խիտ-խիտ կանգնած ուզում էր կուլ տալ Աշոտ Երկաթին և յուր կտրիճներին:

Թռչում են նետերն անթիվ, անհամար: Ծովը կուլ է տալիս բյուրավոր նետեր, և Աշոտ Երկաթը անվնաս մոտենալով ափին, հանկարծակի այնպես գրոհ է տալիս, որ թշնամին առ ժամանակ մնում է սառած, քարացած:

Պլպլում է Աշոտ Երկաթի սուրը և աջ ու ձախ մահ սփռում: Գոռոզ արաբը ալլահ է կանչում և մահվան մեջ տոչորվում: Սարսափը պատում է արաբաց ահռելի բանակին, և նրանք չեն իմանում դևեր են իրենց հետ կռվում, թե մարդիկ: Բայց մի՞թե մի բուռ մարդիկ կհանդգնեն ահռելի բանակի դեմ կռիվ մտնել: Չէ՛, դրանք դևեր են կամ դյութած մարդիկ և իրենց սուրը չի կտրում դրանց, — մտածում են արաբները և լեղապատառ փախուստի դիմում: Ցրվում է բանակը, և նրանք անհովիվ ոչխարների նման սկսում են զանազան կողմ վազել ու իրենց գլուխն

---

[12] Այդ ժամանակ Նըսրի տեղ ոստիկան էր նշանակված Բըշրը:

ազատել, բայց ամեն տեղ հասնում են Աշոտ Երկաթի կտրիճները և նրանց ջարդուփշուր անում:

Բայց ո՞վ է սիա գեղեցիկ արաբական նժույգ նստած բանակից փախուստ տալիս և ամոթահար գլուխը ցած իջեցրած անխնա մտրակում ձիուն: Հասի՛ր, Աշոտ, հասի՛ր, դա գոռոզ Բըշըր ոստիկանն է, որ քեզ սպառնալիքներ էր տալիս և ուզում էր քո արյունը խմել: Աշոտ Երկաթը նայում է նրան և մի հեգնական ժպիտ է արձակում:

— Թող գնա՛, էլ նա չի համարձակվի ոտք կոխել Հայաստան: Լավ դաս էր, որ ստացան արաբներն ինձանից,— ասում է նա և հրամայում դադար տալ հալածելուն:

Բայց Բըշըրը էլ ետ չէր նայում, իսկ նրա ետևից վազում էին փախստական զնդերը:

Երկար ժամանակ նրանք առաջ էին գնում, երբ նրանց առաջ երևաց Քեղայոց ամրոցը, և կատաղած Բըշըրը հրամայեց կանգ առնել այդտեղ և հուր ու մոխիր դարձնել այդ ամրոցը: Աշոտ Երկաթի վրեժը դրանից էր ուզում առնել, բարկության բոցը Քեղայոց ամրոցի վրա էր ուզում թափել, երբ հանկարծ մի խումբ ձիավորներ վրա տվին արաբներին և պակասն էլ իրենք լրացրին:

— Տղե՛րք, ձեր սրերը կտրուկ արեք, մեկի տեղ հինգ գլուխ թռցրեք,— կանչեց խմբի գլխավորը՝ Գնորգ իշխանը և մղվեցավ արաբների մեջ:

Բըշըրը սարսափեց: Նրա մարմնով սառը դող անցավ. Նա տեսավ, որ ալլահը յուր երեսը դարձրել է արաբներից, և ուզում է գլուխն առնել կորչել, բայց այդ միջոցին նրա ձին ծանր վիրավորվեց և մահամերձ վայր ընկավ: Կատաղությունից նա ատամները կրճտացրեց, վեր թռավ տեղից և խելագարի նման աջ ու ձախ նայեց: Անզիտակցորեն յուր կեռ սուրը մխեց իրեն մոտից անցնող արաբի սիրտը և ինքը հեծնելով նրա ձին, առանց գլխարկի, մազերը փշաքաղված, առաջ սլացավ և շուտով անհետացավ ձորերի մեջ…

Գնորգը ցնծում է յուր հաղթության վրա և շտապում դեպի Աշոտ երկաթը: Թագավորն ու իշխանը գրկախառնվում են և փառաբանում աստծուն:

Այդ հաղթությունը վերջնական էր: Արաբներն այլևս չեն համարձակվում ոտք դնել Հայաստան, դավաճանների ձայնն էլ չի լսվում և նրանք երկյուղից քաշվում են անկյունները: Աշոտ Երկաթը ազատ շունչ է քաշում և սկսում է խնամել յուր երկիրը…

ԼԲ

Սևանա ճակատամարտից հետո Հայաստանի մի ծայրից մինչև մյուսը խաղաղություն սփռեցավ: Կոտորածները վերացան, և հայերն ազատ շունչ քաշեցին, իսկ Աշոտ Երկաթը սկսեց դարմանել ժողովրդի վերքերը:

Այդ միջոցին Հովհաննես19 կաթողիկոսը գնում է Վասպուրական Գագիկ Արծրունու մոտ, ուր միայն մի տարի կենալով, վախճանվում է ծեր հասակում և թաղվում այնտեղ: Բայց Աշոտ Երկաթը դեռ նոր էր սկսել հանգստանալ, երբ մի չարագուշակ ամպ մթնացրեց հայոց երկնքի հորիզոնը, Աշոտ Երկաթը մահիճ մտավ:

Ծանր հիվանդությունը բռնեց քաջին, որից նա հաղթական չկարողացավ դուրս գալ:

Երբ նա հավիտյան պիտի փակեր աչքերը, կանչեց յուր եղբորը՝ Աբասին, որը դեռ թշնամությամբ էր նայում իրեն և դողդոջուն ձայնով ասաց.

— Տո՛ւր, եղբայր, ձեռքդ և մոռանանք մեր անցածը: Ես մեռնում եմ և իմ գահը հանձնում եմ քեզ, խնամիր ժողովուրդը, պահպանիր նրան, որովհետև նա է կազմում ազգի հիմքը: Փոթորիկն անցավ, և այժմ սկսվում է գեղածիծաղ արևը, օգտվիր նրանից, բայց հեռու կաց քսու և դավաճան իշխաններից: Սեր և խաղաղություն եմ թողնում քեզ, պահպանիր հայրենիքդ և այն ժամանակ տերը կօրհնի քեզ... — ասաց Աշոտ Երկաթը, և նրա հոգին մարմնից բաժանվեց: Աբասը չոքեց, համբուրեց եղբոր սառը ճակատը և փակեց քաջի աչքերը:

Այլևս չկար Աշոտ Երկաթը, որը փոթորկալից կյանք վարեց 14 տարի և 6 ամիս:

ԼԳ

Գևորգ իշխանը, Քեղայոց ամրոցում Բըշր ոստիկանին ջարդելուց մի քանի ամիս հետո, շտապում էր դեպի յուր Հեղինեն:

Նա անխնա մտրակում էր ձիուն և առաջ սլանում: Նա արդեն կատարել էր Հեղինեին տված խոսքը և այժմ հաղթական կերպով գնում էր ստանալու թանկ գնով ձեռք բերած Հեղինեի ձեռքը:

— Երկրիս վրա խաղաղություն է տիրում, և այլևս չկան թշնամիներ, որոնց հալածեմ: Հեղինե՛, գալիս եմ քո ոտքերի տակն ընկնելու և քեզանից սեր խնդրելու: Դադարեց կռիվը, խորտակվեցան արաբները, և այժմ տեսնենք ո՞ւր կուղարկես ինձ... Օ՜, էլ ոչ մի վայրկյան չեմ կարող առանց քեզ մնալ, էլ դու ինձ չես կարող հեռացնել: Կատարեցի տված խոստումնսքս և այժմ դու իմն ես և էլ ո՛չ ոք չի կարող խլել քեզ ինձանից, — ասում էր Գնորգ իշխանը և ավելի շտապեցնում ձիուն, բայց մի տեսակ անորոշ զգացմունք նրան հանգստություն չէր տալիս և շփոթեցնում էր նրա սիրտը: Նա վաղուց է, որ տեղեկություն չուներ Հեղինեից, թեև գիտեր, թե որտեղ է գտնվում նա:

— Իսկ եթե ինձ մոռացած լինի... Օ՜, այն ժամանակ սոսկալի կլինի իմ դրությունը... կամ թե Վասպուրական լինի գնացած... Հոգ չէ, եթե Վասպուրական գնացած լինի, ես կերթամ նրա համար մինչև աշխարհիս վերջը, բայց եթե մոռացած լինի ինձ կամ արհամարհելիս, ահա՛ սոսկալի բանը... Բայց չէ, ես ճանաչում եմ նրա հոգին, նա սիրում է ինձ, սիրում անհուն, անարատ սիրով: Նա սպասում է ինձ, և ես պիտի թռչեմ դեպի նա, — ասաց Գնորգ իշխանը և առաջ սլացավ:

Բայց ի՞նչ դրության մեջ էր Հեղինեն: Մենք թողինք նրան ուշաթափ, երբ Քոսակը խաբեց նրան, հայտնելով, թե Գնորգ իշխանը սպանված է: Այն օրից Հեղինեն մահիճ մտավ: Հետզհետե նրա դրությունը վատացավ, և նա կռվում էր մահվան հետ: Զառանցանքների մեջ միշտ հիշում էր Գնորգ իշխանին և նրան կանչում, իսկ նա չկար ու չկար:

Այն օրը, երբ Գնորգ իշխանը քաղաք մտավ՝ Հեղինեն զառանցում էր և այլևս ոչ ոքի չէր ճանաչում: Նրա մոտ կանգնած էր Սահակ քահանան և լացակումած աչքերով նայում էր Հեղինեի բորբոքված դեմքին: Նա նոր էր տվել հիվանդին ս. հաղորդությունը և աղոթում էր Հեղինեի փրկության համար:

— Այս ո՞ւր եք տանում, — ասում էր Հեղինեն, — ես չեմ ուզում այդ ճանապարհով գնալ: Չե՞ք տեսնում ահագին ժայռի կտորները, իսկ նրանց գլխին՝ սև-սև արաբներ... հիմարնե՛ր, այդ էլ չեք հասկանում... Հ՛ը, ի՞նչ ես դեմքդ ծռել, տե՛ր հայր, դու ծիծաղո՞ւմ ես, բայց ինչո՞ւ է դեմքդ ծամածռվում... ու, տես, ինչպես երկարացավ, իսկ հիմա տափակացավ... ճշմարիտ որ ծիծաղելի է... Դարձյալ սև ամպեր, անգութները հենց սրտիս վրա են պառկում և ճնշում ինձ... Գնո՛րգ իշխան, ո՞ւր ես գնում, սպասի՛ր... ա՛յ դու անգութ, ինչպե՞ս չես խղճում ինձ, մի՞թե սիրտ չունես, որ ինձ միայնակ ես թողնում... Չե՞ս տեսնում, սենյակիս առաստաղը վերցնում են, պատերը հեռու քաշում, իսկ ցուրտը կամաց-կամաց մտնում է մարմինս...

Սահակ քահանան լալիս էր և հեղեղի նման արցունքներ թափում: Նա հասկանում էր, որ ո՛չ մի ուժ այլևս չի կարող մատաղ կյանքը փրկել, և խոր կսկիծը ցնցում էր նրան: Մի փոքրիկ, աննշան հույս ուներ նրա առողջանալու համար և այդ հույսը Գնորգ իշխանն էր: Ո՛հ, եթե նա գար, եթե թռչեր յուր Հեղինեի մոտ, այն ժամանակ գուցե բժկվեր, բայց Հեղինեի կյանքի րոպեները համրված էին, մի քանի րոպեից հետո գուցե ուշ լիներ...

— Է՛հ, անգո՛ւթ են մարդիկ, ինձ չեն խղճում... մի՞թե դուք քար սիրտ ունեք, մի՞թե չեք հասկանում, որ ցուրտ է, ձյուն է գալիս, ես մրսում եմ, ձյունը ուղղակի վրաս է թափվում, սենյակս առաստաղ չունի, իսկ դուք այստեղ կանգնած ծիծաղում եք... Անգութնե՛ր, — ասաց Հեղինեն և մեքենաբար սկսեց կոլոլվել վերմակի մեջ, ապա հանկարծ նա դեն շպրտեց վերմակը, ուզեցավ վեր թռչել, բայց, ուժասպառ ընկնելով բարձին, ճչաց.

— Գևո՛րգ իշխան, ես քեզ սիրում եմ, հասի՛ր ինձ, ո՞ւր ես դու, — կանչեց նա և մի խոր հոգոց հանեց:

— Տե՛ր, դու փրկիր մատաղ կյանքը, — կանչեց Սահակ քահանան: Այդ իսկ ժամանակ աղախինը ներս մտավ և Սահակ քահանայի ականջին ինչ-որ մի բան փսփսաց:

Սահակ քահանայի աչքերը մի տեսակ ոգևորության փայլ ստացան, և նա, մոտենալով Հեղինեին, բռնեց նրա սառը ձեռքը և ասաց.

— Հեղինե՛, աղջի՛կս, կուզե՞ս տեսնել քո սիրած մարդուն:

— Հիմա՛ր, դու էլ բան ասացիր, կարծես ես չեմ տեսնում, որ ծովը ծփում է, և նավակով այլևս չի կարելի գբոսնել:

— Հեղինե՛, Գևորգ իշխանն է եկել, ուշքի արի, — կրկնեց Սահակ քահանան, և արտասուքները խեղդեցին նրան:

— Գևորգ իշխա՞նը... — շշնջաց Հեղինեն և ապուշի նման սկսեց նրա դեմքը դիտել, ապա նրա աչքերի մեջ մի տեսակ թախիծ անցավ, և նա հազիվ լսելի ձայնով ասաց.

— Սուտ եք ասում, ինձ խաբում եք, նա արդեն մեռած է...

Այդ ժամանակ Գևորգ իշխանը ներս մտավ և տեսնելով Հեղինեի գունատ ու մահվան դեղնությամբ պատած դեմքը, մի վայրկյան սառածի նման կանգ առավ և ապա հանկարծակի գրկեց Հեղինեին ու սկսեց համբույրներով ծածկել նրա դեմքը:

— Հեղինե՛, լսի՛ր ինձ, — կանչեց նա խեղդված ձայնով:

Հեղինեն լսեց յուր սիրած մարդու ձայնը և ցնցվեցավ: Նա լայն բացած աչքերով նայեց իշխանին և ճանաչեց: Հրաշքը կատարվեցավ: Հիվանդության ճգնաժամն անցավ, և Հեղինեն փաթաթվեց իշխանին: Նրանց շրթունքները հպվեցին, և երկար, շատ երկար բաց չէին թողնում իրար...

Հեղինեն փրկված էր, կարճ ժամանակից հետո հիվանդությունն անցավ և սիրող սրտերն ապրեցին երջանիկ ու հանգիստ կյանքով:

Սահակ քահանան օրհնեց նրանց միությունը, իսկ Գագիկ Արծրունին համբուրեց յուր աղջկա և փեսայի ճակատները:

www.ingramcontent.com/pod-product-compliance
Lightning Source LLC
Chambersburg PA
CBHW032117020726
47494CB00007BA/2116
9781604448283